科创、金融与经济
——首都城市发展的基础性问题研究

王广宏　著

人民日报出版社

北　京

图书在版编目（CIP）数据

科创、金融与经济：首都城市发展的基础性问题研究／王广宏著 . — 北京：人民日报出版社，2021.6

ISBN 978-7-5115-7070-3

Ⅰ . ①科⋯　Ⅱ . ①王⋯　Ⅲ . ①城市－发展－研究－北京　Ⅳ . ① F299.271

中国版本图书馆 CIP 数据核字（2021）第 117478 号

书　　名：科创、金融与经济：首都城市发展的基础性问题研究
　　　　　KECHUANG、JINRONG YU JINGJI:SHOUDU CHENGSHI
　　　　　FAZHAN DE JICHUXING WENTI YANJIU

作　　者：王广宏

出 版 人：刘华新
责任编辑：曹　腾　高　亮
封面设计：赵广慧

出版发行：人民日报出版社
社　　址：北京金台西路 2 号
邮政编码：100733
发行热线：（010）65369527　65369509　65369510　65369846
邮购热线：（010）65369530　65363527
编辑热线：（010）65369523
网　　址：www.peopledailypress.com
经　　销：新华书店
印　　刷：河北信德印刷有限公司

开　　本：710mm×1000mm　1/16
字　　数：285 千字
印　　张：18
印　　次：2021 年 6 月第 1 版　　2021 年 6 月第 1 次印刷

书　　号：ISBN 978-7-5115-7070-3
定　　价：68.00 元

前　言

本书是关于首都城市发展的。首都是指一个主权国家的中央政府所在地，是国家的行政中心。我国的首都是北京。北京是我国的政治中心区、中华优秀传统文化传承发展示范区、和谐社会建设成果综合展示区。她担负着政务服务、文化传承、精神凝聚、形象展示、价值引领等重要职能，是国家第一城市、先进文化殿堂、民族精神高地、和谐社会窗口。

政治功能是首都的核心功能。北京要牢固树立"四个意识"，以首善标准不断提升"四个服务"水平，以高度的政治自觉肩负起首都的政治担当，全力维护首都政治安全，圆满完成中央和全国人民交办的各项政治任务，保障国家政务活动安全、高效、有序进行。这是北京的核心要务。

然而，首都本身也是一个城市，需要尊重其自身发展规律，保障其基本经济运行。因此，要处理好首都功能与城市基础功能之间的关系，不能将两种功能过度地叠加和交叉，也不能人为地过度地分割。加强两种功能的优化与协调，真正有效解决首都城市的一般城市功能与首都功能之间的协调配合问题，对于北京来讲，具有特殊重要的意义。在这方面，随着国家发展战略的需要，北京做了很多有益的探索，取得了理论和实践上的成效。从新中国成立到1996年，北京以工业型城市作为发展策略。1996年至2014年，北京以符合首都城市功能要求和资源特点的"首都经济"为经济发展方向。2014年2月，习近平总书记视察北京时提出了北京建设"四个中心"、推动京津冀协同发展的重大国家战略；而推动京津冀协同发展的出发点和落脚点就是要解决北京"大城市病"问题，为全国乃至世界治理"大城市病"提供"中国方案"。要时刻把握好"都"与"城"、"舍"与"得"、疏解与提升、"一核"与"两翼"的辩证关系，根本解决好"建设一个什么样的首都、怎样建设首都"的问题。

习近平新时代中国特色社会主义思想为新时代北京工作指明了方向。解决新时代北京发展问题，要把握好北京的首都功能与城市功能的辩证统一性，把握好"四个中心"与"四个服务"的辩证统一性，把握好各个要素之间的辩证统一性，把首都发展放在第一位，坚持有所为、有所不为，在推动发展中为人民谋福祉、满足人民的美好生活需要。

为此，要坚持创新发展原则，进一步深化体制改革，健全创新创业服务体系，加快"三城一区"建设，构建高精尖经济结构和以创新驱动为引擎的首都现代化经济体系，以提高首都发展质量和效益。要坚持减量发展原则，以资源环境承载力为硬约束，在瘦身健体中有效去除"大城市病"，改善人民群众的工作和生活条件。要坚持绿色发展原则，切实打好污染防治攻坚战，早日补齐北京的生态环境短板，加快构建国际一流的生态宜居之都。要坚持均衡发展原则，特别是要加快实施乡村振兴战略，解决城乡之间、南北之间、区域之间的发展不平衡问题。

本书就是在坚持这些原则的基础上，立足于北京的科技创新资源和金融资源优势，经过深入调查研究而写成的。中心内容是：北京要落实好"四个中心"战略定位，必须以首都发展为统领，以高质量发展为主题，立足自身科技创新和金融发展方面的资源禀赋，以减量、创新为主要途径，走出"都"与"城"协调发展的新路子。为此，要大力促进产学研协同创新，完善大数据、医药健康等产业创新生态，完善支持企业自主创新的政策，大力发展应用信息技术、促进生产方式变革；要做好首都金融高质量发展总体谋划，合理发展科技金融、绿色金融、碳金融、农村金融，积极健全中小企业融资服务体系，统筹优化金融园区布局；要从京津冀协同发展的战略高度，发展数字经济、平台经济等战略性新兴产业，促进形成"高精尖"经济结构，构建首都现代化经济体系。这些内容对北京率先基本实现社会主义现代化，率先探索新发展格局的有效路径，在新征程、新阶段，破解深层次、综合性难题，将起到积极的启示和借鉴意义。

目 录

第三部分　技术经济评价

第四部分　产业经济

第五部分　区域经济

第六部分　综合经济

第七部分　他山之石

第一部分　科技创新

　　创新是引领发展的第一动力。北京拥有丰富的科技资源，已成为全国最大的技术商品和信息集散地，成为国家技术转移中心。但要在全球科技创新中脱颖而出，成为国际科技创新中心，北京应有全球领先的科技、领先的创新成果、领先的产品，引领全球科技潮流，并应通过引领型发展展示好中国在国际舞台上的形象。这无疑是一项挑战性极强的工作，需要付出很大努力。对此，我们别无选择。在全面建设社会主义现代化国家的新征程上，我们要突出强化科技北京战略，以全球视野谋划科技创新，坚决落实创新在现代化建设中的核心地位，把科技自立自强作为发展的战略支撑，强化科技创新平台主阵地引领作用，强化企业创新主体地位，抓住人才和体制的关键，面向世界科技前沿、面向经济主战场、面向国家重大需求、面向人民生命健康，实施国家科技创新战略行动计划。要健全产学研协同创新机制，优化产业创新生态，促进生产方式变革，塑造发展新优势。

健全北京市产学研协同创新机制的
总体思路和原则

　　健全北京市产学研协同创新体制机制，要以习近平新时代中国特色社会主义思想为指导，深入学习贯彻习近平总书记对北京工作的重要指示和关于科技创新工作的一系列重要论述精神，以建设具有全球影响力的科技创新中心为统领，以深化科技体制改革为动力，以共同利益为基础，以资源共享或优势互补为前提，以促进创新资源合理配置、开放共享、高效利用为主线，促进产学研各方共同投入、共同研发、共享收益、共担风险，健全产学研协同创新体制机制促进科技成果转化，推进北京引领全国、辐射周边的创新发展战略高地建设和更具活力的世界级创新城市建设，为使北京成为全球科技创新引领者、高端经济增长极、创新人才首选地，到2020年初步成为具有全球影响力的科技创新中心、到2035年成为全球创新网络的中坚力量和引领世界创新的新引擎、到2050年成为世界主要科学中心和科技创新高地，做出应有的贡献！

　　加强产学研协同创新，必须更好发挥政府配置资源的导向作用，创新资源配置方式；创新产学研合作的组织模式和运行机制，积极推动产业联盟或技术研发联盟的建立，促进产业技术创新链的形成，提升产业核心竞争力；加快建设面向产学研协同的公共技术平台和服务体系；进一步完善促进产学研合作的政策环境，调整和完善对大学和科研机构的评价考核政策，鼓励和推动企业通过产学研结合建立自己的研发支撑体系；加强部门之间的协调，调动各方的积极性，形成政策合力。

　　针对北京的具体情况，健全产学研协同创新体制机制，特别要注重以下几点：

——注重市场决定。大力发展技术市场。打破行政主导和部门分割，建立主要由市场决定技术创新项目和经费分配、成果评价的机制，发挥市场对技术研发方向、路线选择、要素价格、各类创新要素配置的导向作用。

——注重企业主导。充分发挥企业在创新中的主体作用，完善企业主导型的产学研协同创新机制，引导和支持创新要素加快向企业集聚，使企业切实成为创新的投资主体、研发主体和科技成果应用的主体。

——注重人才发展。落实人才强国战略和首都人才优先发展战略，推进人才发展体制改革和政策创新，形成具有国际影响力的人才制度优势。特别是要完善人才激励机制和服务保障体系，营造有利于各种人才脱颖而出的社会环境。

——注重体制改革。重点是健全科技决策机制，加强部门之间、地方之间、部门与地方之间、军民之间的统筹协调，努力消除体制机制性障碍。把政府的主要工作从对具体项目的微观管理，转到加强科技宏观管理，营造有利于产学研协同创新和人才成长的政策环境上来。

优化北京大数据产业创新生态系统 ①

当今创新研究范式已经从"封闭式创新""创新系统"发展为"创新生态系统",创新生态系统在国家、产业以及企业发展层面的重要作用已经得到了各界认同。越来越多的国家和地区开始认识到培育和营建优良创新生态系统的重要性。

大数据产业是我国重点发展的战略新兴产业中新一代信息技术产业的细分行业之一。在加快建设数字中国大背景下,发展大数据产业是推进数字经济和信息社会发展的重要引擎,是推动经济增长的重要抓手。北京市近年来也在积极推进大数据产业的发展,发展水平在全国处于领先地位,潜力巨大。但是,政府数据开放共享不足、缺乏顶层设计和统筹规划、法律法规建设滞后、创新应用领域不广等问题亟待解决。本研究以大数据产业为例,分析当前北京大数据产业创新生态系统的现状和问题并提出建议,同时也为北京其他产业创新生态系统的完善提供参考。

一、产业创新生态系统的概念、构成与功能

产业创新生态系统是指创新群落与产业创新环境构成的,通过创新物质、能量和信息流动所形成的相互作用、相互依存的具有生态系统特征的系统。产业创新生态系统是产业情境下生态系统和创新系统的融合,它重点关注有机联结的各种创新种群之间,以及它们与创新环境之间协同互动、开放

---

① 本节是在作者 2019 年主持的"优化北京产业创新生态系统研究——以大数据产业为例"课题研究报告的基础上缩写而成的,课题组成员还有赵永珊、唐文豪、高瞻、周方、刘沛罡、刘晨。

循环、共生演化的关系，目的是提升产业的整体创新能力和竞争力。

产业创新生态系统主要由创新群落和创新环境构成。创新群落可以分为创新生产者、创新分解者、创新消费者。创新生产者是指创新技术相关知识的发明者，包括研发型企业、高校、各类科研机构等。创新分解者是指进行创新技术和知识的转换和转移，实现创新技术产品化的群体，主要指中介机构。创新消费者是指依靠创新生产者的创新成果得以生存的群体，一般指大型公司或用户，他们通过收购高校、研究机构和企业的创新成果而不断发展。创新环境包括创新政策、创新市场、创新资源、创新科技、创新文化和创新服务等。

产业创新生态系统兼有生态系统和创新系统的相关性质，主要体现为系统性、多样共生性、动态性、复杂性、开放性等特征，同时具有资源配置功能、互补协作功能、信息共享功能和规模效应等。

二、北京大数据产业创新生态系统分析

（一）大数据产业创新生态系统的构成及作用机制

大数据产业指以数据生产、采集、存储、加工、分析、服务为主的相关经济活动，包括数据资源建设、大数据软硬件产品的开发、销售和租赁活动，以及相关信息技术服务。大数据产业创新系统与自然生态系统类似，是指一个区间内各种创新群落之间及与创新环境之间，以不同的链条形式，通过物质流、能量流、信息流的联结传导，形成共生竞合、动态演化的开放、复杂系统，如图1所示。

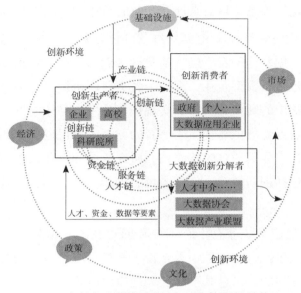

图1 大数据产业创新生态系统的组织结构

（二）北京大数据产业创新生态系统的发展现状

1.生产者

截至2018年年底，北京市大数据企业共1435家，占全国27%，居全国首位；产值达到1206亿元，占全国的22%，居全国首位；上市企业全国数量最多，达37家。高校在大数据科技创新领域起步较晚，目前基本都处在开设大数据专业的起步阶段；北京市共有19所高校开设了大数据相关专业，如北京科技大学开设了大数据管理与应用专业，北京林业大学开设了数据科学与大数据技术专业等。以大数据科技创新活动为主要业务的科研机构是比较鲜见的，北京市目前有北京城市大数据研究院、北京大数据研究院和清华大学大数据产业联合会等三家大数据研究机构。

2.消费者

大数据产业创新生态系统的消费者主要是大数据技术的应用者。北京市大数据技术的应用场景是比较丰富的，在政务应用方面有市规划自然资源委空间三维仿真系统、海淀区区块链+不动产应用示范系统等，在农业应用方面有基于互联网的农业环境与灾害大数据平台应用与推广解决方案等，在工业应用方面有北京东方国信科技股份有限公司承建的Cloudiip工业互联网平台等，在服务业应用方面有京东数科银河大数据平台、中国民生银行大数据实时交易反欺诈系统等。

3.分解者

与全国其他省市相比，北京市的大数据交易机构和产业联盟发展较好，拥有中关村海数大数据交易平台、北京大数据交易服务平台、京津冀大数据交易中心、中关村大数据产业联盟等。

4.外部环境

在基础设施方面，到2018年为止，北京拥有的超大规模数据中心达5座，大型和中型数据中心分别为11座和42座，小型数据中心107座，总数达到了165座，总机架数153000个。在政策环境和体制机制方面，国家层面发布了《促进大数据发展行动纲要》和《数据安全管理办法（征求意见稿）》，市级层面发布了《北京市大数据和云计算发展行动计划（2016—2020年）》和《北京市公共数据管理办法（征求意见稿）》。2016年12月，京津冀大数据综合试验区建设正式启动。2018年11月，北京市经济和信息化局加挂市大数据管理局牌子。2019年4月，市经济和信息化局设立大数据应用与产业处。北京市的大数据管理体制机制已基本建立，政策环境相对完善。在金融环境方面，北京市设立了北京大数据产业投资基金，它是由北京市发展改革委发起，由北京国富大数据资本管理中心联合海淀区政府引导基金、相关行业上市公司及金融机构等共同设立的市场化产业投资基金。

5.创新群落作用机制

北京已形成了相对较好的产学研协同局面，如清华大学、北京理工大学、国防科学技术大学、百度等共同打造了大数据系统软件国家工程实验室，北京航空航天大学、中国交通通信信息中心、北京市交通信息中心等共同打造了综合交通数据应用技术国家工程实验室等。

（三）北京大数据产业创新生态系统存在的问题

1.大数据产业创新相关主体作用需要进一步加强

一是大数据企业的创新主体地位和主导作用需要进一步增强。北京缺乏具有世界影响力的大数据创新型企业，且核心技术受制于人的局面还没有得到根本改变。二是大数据科研院所的创新引领作用需要有效发挥。高校和科研院所科技创新的积极性不高，科研院所科技资源配置效益没有最大化。人才流失、科技人员收入偏低、激励机制不健全等问题突出。三是大数据中介服务组织作用需要进一步发挥。中介机构规模总体偏小，服务功能单一，技术性收入比重偏低。行业组织不重视交易金额较小的小发明、小创新。中介组织政策依赖性强，从业人员创业动力不足，机构的竞争力不强。

2.大数据产业各类创新主体需要加强协同互动

一是产学研合作机制需要进一步完善。产学研合作的长效机制缺乏，为企业服务的团队也趋向个体化，流动性强。并且，产业链协同创新不够，产业配套能力不强。二是大企业带动小企业创新的机制还没有形成。龙头企业往往受利益因素影响，与其他企业、科研院所的关系较松散，没有形成有效的创新链条和生态系统。三是大数据创新企业之间的协同联动不够。企业技术同质化，所使用的硬件架构、基础软件几乎都是以Hadoop等开源产品为主。因受限于Hadoop/Map Reduce技术的固有弱点，大多数企业应用服务能力较弱、服务面过窄。

3.大数据产业创新生态环境还需要进一步完善

一是大数据产业创新的制度环境需要完善。北京还没有大数据相关的立法，在知识产权保护、科技创新成果转化等方面急需从法律层面进行规范和引导。大数据产业相关标准体系还没有建立，限制了工业数据的有序流动，制约了工业大数据产品跨行业跨领域的应用推广。二是大数据产业市场环境还需要优化。大数据产业应用场景不足，技术创新成果外地转化比本地多。市场机制不健全，政府监管缺失。数据开放与数据安全问题并存。在一些领域，数据资源无序滥用和不用并存，存在非法交易数据的黑色产业链。三是大数据产业创新的人文环境还需要加强。政府和市场对大数据的认识还需要进一步加强，民间还没有形成数据文化，大多数老百姓对政府开放数据并不感兴趣。对大数据产业创新的包容意识还不强。四是大数据产业创新基础设施还需要完善。大数据相关的重大实验室、科研基地、数据中心等创新基础设施缺乏，存在重复购置、封闭使用、管理落后、效率低下的现象。有的委办局的数据基础设施存在壁垒，不愿意分享自己的数据信息。

4.大数据产业各创新链条衔接还需要加强

一是产业链和创新链的衔接要加强。大数据应用场景不足，大部分技术成果在外地实现转化，导致产业链和创新链并不完全配套。二是创新链和资金链的衔接要加强。各类支持大数据行业的政府资金相对较少，创新创业投资满足不了产业发展需要。大量中小型企业资金紧张，融资渠道单一，担保难、抵押难。三是服务链和创新链、产业链的衔接要加强。长期以来对大数据产业创新实行条块分离的管理方式，存在各扫门前雪的现象。产业服务链条尚未形成，中介服务机构相对较少，深度服务能力不足，新的服务模式和服务业态也比较稀少。四是人才链和产业链、创新链的衔接要加强。北京大数据人才培养体系建设起步晚，层次和模式相对单一。北京缺乏大数据基础技术开发、专业咨询、数据分析等方面的专业人才；亟需既懂信息技术，又兼具专业运作能力、行业动态理解能力的多学科复合型人才。

（四）优化北京大数据产业创新生态系统的建议

1.充分发挥大数据产业创新主体的作用

一是强化大数据企业在创新决策、资金投入、风险承担方面的主体作用。吸收领军企业、龙头企业作为大数据产业相关规划制定的成员，将技术研发经费投入占企业产值比例作为考核企业业绩的重要指标。二是加强高校、科研院所、大数据企业源头创新。推动高校、科研院所设立大数据研究中心，协调资源支持百度等大数据相关领域的龙头企业建立研究院。三是发挥新型研究机构整合资源的作用。加强整合型、平台型、应用型研究机构的建设，推动研究机构承担大数据产业创新重大项目。

2. 进一步完善关于大数据产业创新的法律、法规与政策

一是从法律上明确数据所有权、转移权、使用权、经营权、流通权以及相应的权责追溯等。呼吁国家加快《数权法》的立法进程，探索制定《数据安全条例》《数据交易管理条例》《个人数据和隐私保护条例》《大数据应用促进条例》等法规制度。二是加强大数据安全监管与法律保障。设立大数据安全监管部门，建立统一的市级数据管理平台，运用区块链技术+监管政策等，建立数据安全标准体系和安全评估体系。三是加强大数据相关政策的协同性。相关部门联合推动具有整体性、全局性的大数据产业创新相关政策的出台，加快建立政策协调审查机制。四是营造大数据产业创新发展的氛围。通过大力宣传、发布政策、解读政策等，推动形成强烈的发展和应用大数据的意识，打造"云上北京"品牌。

3. 进一步推动政府数据、市场信用数据的合理共享

一是树立政务数据"公有、共享、增值"的理念。破除政务数据"部门私有""有数据就有权利"等旧有观念，要认识到通过数据共享会产生新的价值。二是加强数据地方标准建设。组建标准建设部门并制定相关政策推动大数据地方标准建设分阶段、分批次地有序推进。三是加快推动数据共享的类型、方式、内容、对象、条件规范化。将数据资源分为"普遍共享""按需共享""不共享"三种类型，明确区分"红黄蓝"数据的标准，并就全市政务数据资源目录的集中存储、统一管理、目录体系建设制定流程。四是加快推动政府部门、市场机构之间信用信息的互联互通。推动政府部门、金融机构、市场化信息平台机构之间信用信息的互联互通，加快推动企业综合信用评价体系建设。

4. 进一步拓展大数据应用领域

一是推动大数据技术应用带动传统产业转型升级。联合津冀地方政府针对传统产业制定正向激励机制，改变企业经营管理者保守、落后的认知，加快推动传统产业转型升级。二是加快大数据技术在政务服务领域的推广应用。将大数据应用纳入政务服务绩效评估体系中，确定大数据应用的评估指标和权重。推动市区两级政府部门大数据相关项目向社会开放，将某个区域做得好的项目作为示范试点加快推广至其他区域。三是加快大数据技术在公共服务领域的推广应用。制定企业遴选机制，遴选出在医保、教育等公共服务领域开展大数据应用的优秀企业。四是加快大数据技术在城市治理方面的推广应用。建立政产学研协作机制，加快"城市数据大脑"在交通治堵、城市副中心建设、科技冬奥等场景的推广应用。

5. 推动京津冀大数据综合试验区加快发展

一是加强京津冀大数据产业协同发展的政策、机制保障。加强落实促进云计算、大数据产业发展的指导意见，不断完善政府和社会互动的大数据采集、共享和应用机制，建立数据资源定价机制和交易机制。二是推动特色产业集群发展。促进廊坊物流金融遥感大数据示范区、承德旅游大数据示范区、秦皇岛健康大数据示范区等建设特色产业集群。三是进一步加强大数据基础设施支撑。制定网络基础设施发展蓝图，加快核心网、骨干网、接入网等多个关键环节的升级优化。鼓励百度等龙头科技企业在国家超级计算天津中心等重点区域建设数据中心。

6. 促进大数据产业链、创新链、服务链、人才链、资金链深度融合

一是促进创新链与产业链融合。完善财政、税收等激励政策，推动独角兽企业、领军企业、大企业加快与中小企业构建上下游合作网络。围绕上下游产业链，布局一批重点技术开发项目和重大平台建设项目。建设一批以企业为主体的重点实验室、工程中心等研发机构。加快健全利益分配机制，推动企业、高校、科研院所各方长效协同。二是促进服务链与创新链融合。推动知识产权保护与运营联盟、工程中心联盟、技术经纪联盟等服务组织的发展。构建承接大数据技术成果转化的副中心特区等国家级大数据技术成果转化基地。三是促进人才链与创新链融合。推动高校、科研院所，以及北京大数据研究院等新型研究机构加强与斯坦福大学等国外拥有大数据分析专业的顶尖高校开展交流合作。推动高校、科研院所设置大数据专业。大力推广在职培训，提升大数据从业人员的综合素质。四是促进资金链与创新链融合。制定合理的大数据企业申请财税优惠政策的门槛条件，为大数据企业提供精准补贴。充分发挥北京市大数据发展基金、市经济信息化局高精尖产业基金的作用，撬动社会资本投入。鼓励社会资本组成配比基金，与科研机构合作转化技术成果。

三、几点启示

（一）提高站位，深刻认识产业创新生态系统的重要性

在新一轮科技革命和产业变革中，一个产业的生存状态和发展前景，主要取决于其创新生态系统的好坏。当前，北京面临构建高精尖产业结构的迫切要求，在如何推动北京产业创新发展的路径思考上，要以创新生态系统的理念去完善相关制度设计，把政策着力点从技术政策转向基于"生态化思维"的创新政策。

（二）统筹规划，加强北京产业生态系统建设的顶层设计

一是发挥好政府的协调、引导、整合等作用，努力打造良好的创新环境。二是研究编制《优化北京产业创新生态行动计划》，科学确定优化北京产业创新生态系统的近期、中期和远期目标与任务举措。三是推动形成优化北京产业创新生态系统的工作合力。促进相关部门工作联动，成立由市政府主要领导担任组长，市发展改革委、市经济和信息化局、市科委等相关部门参与的优化北京产业创新生态系统工作专班。

（三）突出重点，着力在创新群落培育、创新环境优化和体制机制建设三方面下功夫

1.培育多样、竞合的产业创新群落

一是形成大中小企业协同创新的发展格局。重点培育一批世界级的创新企业，同时也要关注具有较强创新潜力的中小企业群落。鼓励大企业搭建线上线下相结合的大中小企业创新协同、产能共享、供应链互通的新型产业创新体系。二是突出高校、科研院所知识创造和人才培养的作用。建立导

向明确、激励约束并重的分类评价标准和评价方法，将科技成果转化业绩和产业化效果作为考评和职称晋升、分配激励的重要指标。进行科技成果使用权、处置权和收益权改革，落实科技成果转化尽职免责制度。三是发展多元化的科技服务群落，促进创新群落之间加强协同共生。重点发展技术转移、检验检测认证、创业孵化等专业科技服务。鼓励民间资本进入科技服务行业。加强对科技中介服务的规范管理。加大科技服务人才培养。

2.完善互利共生的产业创新环境

一是建立公平竞争的市场环境。充分发挥知识产权法院的作用，保护创新，加快推进知识产权运营服务试点工作。坚持创新企业"宽进严管"。健全以信用管理为基础的创新创业监管模式。二是完善政策法规体系，推动政策由单项的科技政策向系统化的产业创新政策体系转变。加快协同创新、开放式创新以及需求侧政策、创新文化等领域的政策创新。三是打造有利于创新的文化环境。倡导科学精神、企业家精神、创新精神，营造活跃的知识交流与共享的创新环境。重视培育创业企业家精神，营造"鼓励创新、宽容失败"的社会文化氛围。

3.完善协同共生的运行机制

一是完善以企业为主导的产业技术创新体制机制。吸收领军企业参与产业规划、重大项目立项以及政策和标准的制定。对市场需求明确的技术创新活动通过风险补偿、后补助、创业投资引导等方式，引导社会投入。鼓励企业通过产学研结合的方式自主开展各类研发活动。二是完善人才发展机制。从户籍、居住证、股权激励、职称评定、住房等方面给予创新人才更多的获得感。强化知识产权的激励作用。建设一批创新人才培养示范基地。共建共享"政产学研用"协同创新人才联盟数据库。建立人才交叉培养机制，推行"双导师制""多导师制"。三是完善以企业为主体、市场为导向、政府引导与社会资本相结合的多元化协同创新投入机制。发挥财政资金和各类政府基金的杠杆作用，引导信贷资金、风险投资等社会资金投入。着力引导社会资本投向初创型科技企业、中小型创新企业。完善企业信用评价体系。四是完善协同创新机制。构建产学研用创新联盟，建设一批国家级技术创新平台。搭建产学研合作交流与知识共享平台，加快建设新型研发机构。进一步发挥中关村创新平台、北京院市合作协同创新联盟的作用，引导在京中央高校、科研院所服务北京"高精尖"产业发展。以建设京津冀全面创新改革试验区为抓手，促进有利于协同创新的各种政策机制、资源成果、人才团队等在京津冀地区有效整合。

完善北京医药健康产业创新生态

近些年，生命科学与生物技术呈现多学科、多领域融合快速发展的态势，具有突破性、颠覆性、引领性特征；诸多领域出现新的突破，重大研发成果不断涌现。加之新冠肺炎疫情在全球的蔓延，推动着各国各方进一步审视医药健康产业的战略地位。目前，国内外众多机构在快速检测、临床诊治、疫苗研发等方面开展科技攻关"竞赛"，政府和多种社会组织也大力支持企业加快研发。医药健康产业毫无疑问是新一轮产业革命的主攻方向之一，不仅是全球竞争的制高点，也是区域竞争的制高点。

北京具有得天独厚的发展医药健康产业的优势，医药健康科技资源和影响力位居全国之首。北京拥有清华北大等著名高校和北京生命科学研究所等70余家医药健康领域国家级科研机构、57家国家药物临床试验基地，拥有众多"千人计划"人才，聚集了一批国际顶尖研发团队，产出了一批具有国际影响力的成果。2017年12月，北京市政府发布了《北京市加快科技创新发展医药健康产业的指导意见》，将医药健康产业列为今后重点发展的十大高精尖产业之一。在近10年高速增长（显著高于全市GDP增速）的基础上，2019年，北京医药健康企业主营业务收入已经突破2000亿元，2020年继续增长。医药健康产业与新一代信息技术产业一同正在成为支撑北京经济高质量发展的"双引擎"。

然而，北京医药健康产业研发创新能力仍有待提高，在生命科学前沿技术探索与科技成果转化方面，还存在一些明显的短板。比如，生命科学发现转化孵化能力不足，孵化器的专业支撑能力不够高，原创药品种稀少，企业的创新主体地位还需要进一步增强，等等。解决这些问题，需要站在科技制高点，建立融企业创新系统、供应链创新系统、产学研协同创新系统、创新服务系统和政府治理系统等为一体的创新链、产业链、资金链和政策链准确对接的创新生态系统，全面提升北京在全球创新格局中的生态位势，进而增强北京医药健康产业的创新能力和综合竞争力。

如何进一步完善医药健康产业创新生态、为创新主体提供优良环境，进而提高产业创新力和核心竞争力，是北京医药健康产业发展的主要课题。为此，要从"生态系统"的视角，对北京医药健康产业创新生态进行力所能及的探究。首先，对该产业创新生态现状进行调查分析，包括研发环境、消费市场、中介组织、政策环境等；其次，研判北京医药健康产业创新生态存在的问题，深入剖析阻碍产业创新发展的因素；然后，针对存在的问题，辅之以国内外医药健康产业创新发展的先进经验，从打造完整创新群落、补齐制度与要素短板、优化创新群落协同等方面提出行之有效的解决措施。

探究结果表明，北京医药健康产业发展的现状特征，一是产业布局"一南一北"，即北京医药健康产业以中关村生命科学园、大兴生物医药基地、亦庄生物医药产业园为主要承载地，产业资源和生产环节明显向海淀、昌平、大兴重点区域聚集，已基本形成南制造、北研发的"一南一北"发展格局，并保持快速增长态势。二是医药健康领域创新群落的实力领跑全国，龙头企业规模稳中有升，引领带动作用明显；潜力创新型企业频出，广泛聚焦细胞领域、单抗药物研发、人工智能与医药健康等新兴前沿领域。三是医药健康产业创新环境持续优化。具体表现在政策体系不断完善，平台服务持续提升，创新人才加速聚集，融资渠道日益增多。四是医药健康产业创新氛围比较浓厚，表现在科研活动积极活跃，成果产出优势明显，新业态培育状况比较亮眼等。

北京医药健康产业创新生态存在的问题，一是产业群落实力虽然领跑全国，但创新能力不足（主要体现在龙头企业数量不多、企业研发投入不足、高校院所和医院创新能力不高等方面），二是创新服务体系不健全（主要是各类专业服务平台、孵化器的缺失和知识产权保护政策缺位），三是创新人才和支持早期研发的资金缺乏，四是制度环境和基础设施供给有待优化，五是产业链和创新链的融合度不够、成果转化不足。

　　为此，要从以下方面完善北京医药健康产业创新生态：一是以培育企业创新主体地位为重点，大力增强研发群落创新能力。要激励企业扩大研发投入，要集中力量培育一批龙头企业，同时也要营造开放包容的创新文化环境，通过完善研究人员评价制度、建设研究型医院等进一步激发高校、科研院所和医院的创新积极性。二是打造创新服务群落，补齐专业服务平台和知识产权保护政策短板。下力量培育一批医药合同定制生产企业（CMO）、医药合同定制研发生产企业（CDMO）、临床研究服务企业（CRO）；建设一批具有国际一流水平的高端药物制剂中试平台、高端医疗器械检测服务平台、生物医药高科技孵化器；积极培育价值评估、注册审评、成果转化等多种专业化服务机构。要建立生物医药专利信息数据库、改革技术保密制度、健全专利侵权赔偿体系。三是完善多元人才发展机制，拓宽多样融资渠道。四是通过编制创新药研发指南、探索"AI+"的创新药研发模式、改革创新药评审制度、让创新药优先进入医保目录、鼓励创新药扩大市场占有率等措施健全创新药的研发管理政策，推进仿制药一致性评价进程和药品上市许可持有人制度落实，建立公共技术设施设备共享使用机制。五是促进产学研医协同创新，畅通成果转化通道，推动构建京津冀区域性生物医药产业链。

完善北京市支持企业自主创新政策的
总体考虑与具体建议

一、总体思路

完善北京市支持企业自主创新政策，要以习近平新时代中国特色社会主义思想为指导，以习近平总书记多次就北京工作发表的重要讲话精神为根本遵循，坚持创新、协调、绿色、开放、共享的新发展理念，立足北京市情和新的阶段性特征，改革科技管理体制机制，更加突出创新驱动，健全创新驱动导向评价体系，加强创新政策的统筹制定和实施，进一步完善企业主导的产学研用协同创新机制，鼓励和支持企业建设高水平研发中心，健全创新型企业培育机制，推进中关村国家自主创新示范区全面创新改革试验，促使企业真正成为自主创新的核心主体，为把北京建设成为具有较大全球影响力的国际科技创新中心，进而支撑我国2030年跻身创新型国家前列做出应有的贡献！

二、目标

完善北京市支持企业自主创新政策的目标，应是充分发挥北京高端人才聚集、科技基础雄厚的资源优势，统筹发挥好各种科技创新资源的作用，突出重点，补齐短板，到2025年基本形成与有较大全球影响力的国际科技创新中心相匹配的企业自主创新政策体系。到2030年，使北京市支持企业自主创新的政策体系更加完善，企业作为研究开发的骨干、自主创新的核心主体的作用得到更好的发挥，为使北京成为引领世界创新的新引擎发挥更加有力的支撑作用。

——做好顶层设计并构建跨部门的综合协调机制，着力解决政出多门，发力不集中，企业社会负担重、受惠程度有限的问题。

——完善满足企业需求、符合北京实际的人才发展政策，着力解决引进人才范围不宽、高端领军人才短缺、实用技术型人才流失严重的问题。

——完善以市场为主导、企业为主体引导配置研发资源的机制，采取财政、金融等方面的扶持措施，引导企业增加研发投入，促使企业特别是大型企业建立研发机构，着力解决企业研发积极性不高、创新后劲不足的问题。

——完善以企业为主导的产学研协同创新机制，着力解决科技成果转化效率低，引进消化吸收再创新的能力不足的问题。

——完善支持科技中介服务网络建设的政策，着力解决科技中介服务体系不健全，信用评价与担保机构、检验认证机构、技术评估机构等满足不了企业自主创新实际需要的问题等。

三、完善北京市支持企业自主创新政策的具体建议

（一）转变政策制定的思路

1.由科技政策向创新政策、产业政策转变

科技政策与创新政策在政策范式(包括问题定位、政策目标、工具与政策选择、政策过程、决策执行)上有一些差别。从政策目标来看，科技政策主要是为了解决科技领域中的知识生产问题，如配置资金支持科技活动、培养科研人才、规制研发活动的潜在危害、协调影响科技活动的相关政策等，

其中技术政策更聚焦在具体技术领域上。而创新政策主要是解决运用知识创造价值的问题，比如增加知识供给、完善市场框架与环境，激励知识向价值的转化。从政策范围来看，科技政策集中在研发政策之上，而创新政策要与广泛的产业政策联系起来，不仅研究产业政策、还要研究一般性的经济政策对科技成果商业化的推力。从政策着力点来看，科技政策集中在科技研发的供给方面，而创新政策更多地强调科技成果的商业化，关注的是需求方面。

产业政策是针对某一特定产业制定的扶持、鼓励政策。北京市现有政策多是注重对技术研发进行鼓励、支持。但对某一产业的重点发展却缺乏针对性的鼓励政策，如针对制造业企业迷茫的现状可出台相关的产业政策来明确产业发展的未来，让企业有明确的预期，以期企业在创新方面做出更大成绩。

2. 由直补政策向担保政策转变

由于当前北京市支持企业自主创新的政策多是直补型的，且存在"政出多门"的问题，这就导致了"过度申请"和"一策难求"双重存在的现象，致使政策效果和效率大打折扣。以后，借鉴参考中关村科技担保模式，整合各部门资金，设立实际科技创新担保基金，以"政策化引导、专业化管理、市场化运作"为宗旨，在坚持融资担保机构政策性定位的基础上，实现其商业可持续运营。政策性体现在以服务科技型企业为中心，提高科技型企业融资可获得性，降低融资成本；专业化坚持建立适应科技型企业特点的差异化风控体系，创新体制机制，建设有激情有竞争力的专业团队；市场化强调围绕市场需求创新融资服务产品，以增值服务收益反哺政策性业务。政策性是基础，专业化是手段，市场化是保障，最终实现担保资源更为有效地配置给科技型企业。

3. 从注重减成本向注重培养创新能力转变

当前北京市支持企业创新活动的政策主要是从减少企业经济负担角度出发的，如企业研发费用加计扣除等政策，但"授人以鱼不如授人以渔"，真正能够帮助企业更好地进行科技创新活动的政策应该是重在增强企业科技创新能力的政策。应当有针对性地出台一些提高企业创新能力的政策，如鼓励员工在职培训，在企业购买一些大型设备时给予一定的补贴，促进产学研协同的深入实施等。

4.从滞后性向前瞻性转变

改变现有政策跟不上相关领域创新"步伐"的局面，在制定或是修改政策时，留出预留空间，如可在政策试用条件留出"其他"内容，为创新活动留出一些未知的发展空间。

（二）优化政策制定的市场环境

1.强化法制思维和法治方式，优化科技立法体系

建立北京科学技术基本法制度。北京市需在基本立法层面上确立一部全面规范全市科学技术活动的基础性法规，体现本市科技发展的基本理念和原则，即《北京市科学技术进步条例》或《北京市自主创新条例》，在此基础上进行北京市的科技立法框架构建。

构建科技单行法体系。在北京市科学技术基本法的基础上，综合考量北京国际科技创新中心建设的新形势，从科技资源分配、科技活动、可持续发展等方面，完善专门领域的科技法规和政策。如研究修订《北京市实验动物管理条例》；将现有首都科技条件平台开放共享经验及时总结，制定《北京地区科技资源共享条例》等。

加强科技附属性立法。处理好北京市科技立法与其他相关立法的关系，对传统法律如经济法、行政法、刑法等领域中的有关科学技术方面的立法规范展开研究，对其中不符合科技发展的内容提出修改、补充和完善的意见。

2.加快营造公平竞争的市场环境

一是完善市场准入准则，用好市场准入的倒逼机制，改革产业准入制度，制定和实施产业准入负面清单。改进互联网、金融、环保、医疗卫生、文化、教育等领域的监管，支持和鼓励新业态、新模式发展。积极发挥知识产权法院的作用，健全知识产权维权援助体系。加强侵权假冒领域犯罪情报信息交换互动，加大对知识产权侵权案件的查处力度。完善知识产权相关政策法规，针对互联网等新技术和新产品领域技术更新速度快的特点，研究调整知识产权的申请、审批和授权时间等相关政策。

二是强化企业技术创新主体地位，发挥企业和企业家在创新决策中的应有作用。健全国有企业技术创新经营业绩考核制度。完善激励企业创新发展的需求侧政策。健全优先使用新技术新产品的采购政策，将国家、地方两级财政性资金全额投资或部分投资的公共服务项目的出资、建设和管理单位（政府机关、事业单位、团体组织、企业）列为采购人，探索建立符合国际规则和产业发展的政府采购技术标准体系、面向全国的新技术新产品（服务）采购平台以及"首购首用"风险补偿机制。

三是完善科技创新服务平台体系。深化"首都科技条件平台"建设，促进重大科研基础设施、大型科研仪器和专利基础信息资源向社会开放。鼓励小微企业和创业团队通过创新券方式利用国家级、市级重点实验室、工程技术研究中心及北京市设计创新中心资源，开展研发活动和科技创新。加强研究开发、技术转移和融资、检验检测认证、质量标准、知识产权和科技咨询等科技服务平台建设。鼓励社会化新型研发机构发展，构建集创业孵化、资本对接、营销服务等为一体的众创空间，优化国家实验室、重点实验室、工程实验室、工程（技术）研究中心布局。

四是充分发挥社会组织作用。重点培育并优先发展科技类社会组织，深化科技创新类社会组织登记管理改革试点，推进社会组织诚信体系建设。改进创新治理的决策机制，引入民间和社会公众力量参与决策；积极推进学会等中介组织有序承接政府转移职能扩大试点，建立并逐步完善可负责、可问责的职能转移机制。发挥学术咨询机构、协会、学会、智库等社会组织对科技计划、项目、政策、规划的监督与评估作用，实现创新决策、监督、执行分离。

（三）切实加强政策宣传工作

可通过报纸杂志、广播电视、互联网、新闻媒体等传媒发布创业政策信息；可通过举办创业培训班，指导创业者怎样获得优惠政策的扶持；还可通过组织宣讲活动，印发详细的宣传资料，拓展宣传广度，并做好政策汇编和指导手册，方便企业申报。政府有关部门应加强联合，依据不同创新主体关注政策的内容不同，将全部创新政策进行编辑整合，形成针对不同创新主体的定制化政策内容大全；同时，要建立一个政策宣传和交流的互动平台，供政策制定者、政策受益者、政策研究者和其他关心北京市创新政策的人对政策内容进行交流和答疑解惑等。

（四）狠抓政策落实

1.提升政策制定人员的能力和水平

各级政府部门是政策制定的主体，相关公务人员的业务能力直接关系到政策的实施效果。为此，应制订完整的培训计划对政策制定人员进行业务培训，包括理论学习、实地调研、政策评价等方面，切实提高政策制定人员的能力和水平，以保证政策实施效果。

2.搭建全市统一机构，整合各部门政策资源

北京市支持企业自主创新的优惠政策，由于政出多门，内容相对繁杂。因此，需对科技部门、发展改革部门、财政部门、税务部门等相关单位制定的优惠政策进行整合，统一管理，简化审批程序，以方便创新主体能更快捷地享受政策优惠。可以考虑由上述部门抽调相关人员成立一个跨部门的新协调机构，新协调机构可设在市科委国际科技创新中心建设办公室下面，负责监督管理全市的创新活动，同时为创新主体进行相关优惠政策的服务。这样既有利于政府对创新活动的管理，又缩减了企业为享受优惠政策而支付的综合成本，有助于全社会创新活动的开展。

一是完善政府统筹协调机制。发挥政府顶层设计、统筹协调、整体推进、督促落实的作用，强化高层对话协商机制，加强创新资源的统筹配置以及科技政策和经济政策的有效衔接。建立科技创新沟通协调机制。探索建立由市委市政府主要领导牵头，北京市、国家有关部门、高等学校、科研院所、企业等有关方面参加的国际科技创新中心建设领导机制，汇聚首都创新

资源，实现资源优化配置。加快建立健全全市范围内的科技计划项目资金统筹机制。

二是全面推进科技管理基础制度建设。建立全市统一的科研管理信息化平台。完善创新政策调查和评价制度，定期对政策落实情况进行跟踪分析，及时调整完善。全面实行科技报告制度，健全科技报告共享服务机制，将科技报告的呈交和共享情况作为对项目承担单位后续支持的依据。建立健全创新调查制度，发布各区、各园区、重点企业的创新能力监测评价报告。

3.切实加大政策和体制机制落实力度

一是进一步明确各项创新政策和体制机制改革责任主体和第一责任人，对实施效果较好的政策和体制机制予以常态化。二是切实落实研发费用的税收抵扣等政策，统一科技与税务部门的统计口径等。三是继续加大针对创新政策和体制机制的监督评估，市人大和市政协定期组织实施检查。监督评估的重点可考虑：尽快建立北京市创新调查制度；定期完整评估一次综合性政策和重大体制机制改革；对新实施的创新政策和体制机制同步开展监督评估；组织开展对标监测分析与评价；加强同政策实施对象的直接交流反馈等。

4.加快先行先试，打造中关村改革升级版

用足用好现有"1+6"和新四条等系列试点政策，完善中关村创新平台功能，完善一区多园统筹发展机制。同时，对先行先试政策进行梳理，对于"1+6"和新四条政策进行分析，结合国家文件或参考国外政策进行修订，不断优化政策效果。当前，内外资企业所得税的税率统一为25%，国家认定高新技术企业减按15%的税率征收企业所得税，但受制于认定标准门槛（高新技术产品或服务收入占企业当年总收入的60%），中小企业大都难以享受相关优惠政策。鉴于美英法日等国都专门制定了针对中小企业的税收优惠政策，建议扩大税收优惠试点范围，提高普惠性税收政策支持力度，进一步完善中关村高新技术企业认定办法，将科技型中小企业纳入中关村先行先试政策的适用范围。

强调改革的系统性、协同性、整体性。根据中关村政策体系的空白和

薄弱环节，从加速融入全球国际化、强化企业主体地位，积极应对产业结构转型升级与新兴业态，聚集整合核心要素，加快要素流动，推动企业间合作与产学研战略联盟、国家科技金融创新中心建设、各类服务平台建设等方面进行政策布局。例如，推动区域股权市场登记托管机构视同证券登记结算机构试点，推动建立并完善"新三板"和"四板"之间的转板和降级制度，鼓励"众筹、众包、众创、众扶"的融资模式，等等。

　　根据中央科技体制改革的战略部署，针对《中共中央国务院关于深化体制机制改革加快实施创新驱动发展战略的若干意见》提出的试点内容，开展先行先试政策研究，积极推进新一轮试点改革。例如，对包括天使投资在内的投向种子期、初创期等创新活动的投资，探索开展税收支持政策试点；开展知识产权证券化试点；开展符合条件的持学习类居留证件的外国人兼职创业、休学创业试点；试点推行工商登记和股权变更全程电子化和"零见面"相结合的登记服务模式等。

（五）重视创新文化培育，打造北京创新精神

　　党的十九大报告提出"倡导创新文化"。要以传统文化为基础，以北京精神为背景，充分发挥报刊、广播、电视、网络等媒体的作用，诠释北京创新文化，多层次、多角度宣传创新成果、创新方法，让创新活动走进社区、走进市民，使创新文化在全社会广为弘扬，使"北京创新精神"植根于民，使之成为推动科技创新的取之不尽、用之不竭的力量源泉。

对我国工业企业实施 CIMS 工程工作的建议 ①

一、CIMS概念

CIMS，即计算机集成制造系统（Computer Integrated Manufacturing Systems），其含义是采用各种计算机辅助技术和先进的科学管理方法，实现企业产品开发过程、经营管理过程、加工制造过程及质量管理和控制过程等的信息集成，进而实现技术、经营机制及人的集成，以求得生产经营的优质运行，达到产品上市快、质量好、成本低和服务好之目的，提高企业竞争能力。

二、我国工业企业实施CIMS工程情况简要分析

（一）成绩

我国将CIMS列为863计划的一个主题。除了深入开展研究和攻关工作外，推广应用工作也取得了显著成绩。机械、电子、航空、航天、石油、化工、纺织、轻工、冶金、邮电等行业的60多家企业（其中大中型企业51家）早已进入实用阶段，取得了令人瞩目的经济效益：产品开发周期约缩短三分

---

① 本文原载于《中国工程师》（1997 年第 4 期），收入本书时，由作者进行了修改完善。本文虽然是针对 CIMS 工程而言的，但其思想观点对当前北京发展数字经济、建设数字经济标杆城市仍具有现实借鉴意义。

之一，产品质量提高，库存下降，企业管理水平显著提高，市场竞争能力大大增强。例如，生产大型涡轮压缩机的骨干企业沈阳鼓风机厂过去生产一项产品（人工报价）需6个星期，交货期比国外同行长1/3，丧失了国际投标资格；实施CIMS工程后，产品交货期明显缩短，在两周内即可完成中英文技术报价、财务报价，企业在世界同行中的排名从第十几名上升到第六位。试点实践证明，CIMS是我国企业适应市场经济和实现集约型经济增长方式的关键支撑技术，是目前国有企业改革和建立现代企业制度的一项有效手段，它的推广应用将为企业的生产方式带来一场巨大变革。

当然，也有一些企业在实施过程中出现了这样那样的问题，没有达到预期效果。它们的曲折为我们提供了宝贵的经验和教训。

（二）存在的问题

1.投资控制不得力

有的企业CIMS工程投资计算出入很大。如华宝空调器厂计算出其CIMS工程费用是1165万元，而国家CIMS工程中心计算出的结果是3700万元，二者竟相差2535万元。有的企业投资强度较大。如成都飞机工业公司仅用于MIS的三台服务器小型机，就花了一百多万美元，软件与硬件费用之比是1:1还多。

2.建设周期长

长安汽车有限责任公司与西南自动化研究所等单位合作从1989年开始前后搞了三次MIS总体设计，到1996年7月按准时制模式把微车的六种免检零部件生产计划纳入计算机管理，前后长达7年时间。其他企业也有类似情况。

3.管理效果不明显

（三）产生问题的原因

在思想认识上，存在一些误解。有人认为当前企业的主要问题是管理，尚谈不到CIMS。有的认为CIMS需要大量投资，企业承受不了。有的认为CIMS是搞无人工厂，不适合国情。相当多的一部分企业虽然接受了CIMS，但不自觉地将立足点放在先进性上，忽略了实用性，使得CIMS系统包罗万象，过于庞大，从而造成投资很大，而效果相对来说并不太明显。

在工作模式上，一直沿用高校同企业合作为特定企业设计CIMS的模式。这种模式在一定程度上使国内有限的专家力量背上了具体合同的包袱，影响了对CIM哲理的整体研究，浪费了人力物力。这种模式需要让企业提供目前无法提供的原始资料和智力支援，对企业的要求超出了其能力。科研上的巨大希望值与有限的可依据资源之间的明显反差造成工作浮化，降低了成果的实用性。

在前期工作中，没有充分揭露矛盾，反复比较利弊。有些企业对CIMS工程投资计算不准，往往是见物不见人，见硬件不见软件，对知识产权、无形资产和人本身的价值与作用估计不够；对CIMS所能产生的效益及产生效益的时间和方式认识不清。

在工程实施和项目管理过程中，虽然引进了先进的制造设备，购置了昂贵的管理系统，但缺乏基础工作，在某种程度上忽视了车间的技术准备和生产管理，各项基础数据无法有机传送，使得设备层与管理层之间脱节，管理系统脱离实际运行。对系统中的重要对象数控设备本身所具有的强大潜力，特别是其监测功能的开发，重视不够。另外，由于体制改革和管理水平的提高使管理模式不断调整，造成MIS方案的修改、补充和完善，甚至可能全部推翻，重新设计。这就导致了方案的反复，迟迟见不到明显效果。

三、工作建议

（一）正确认识CIMS

CIMS是一种技术，更是一种哲理，它体现了生产力和生产关系必须同步发展的规律。不同于一般的自动化技术，CIMS是能够把企业整体经营战略、决策、产品开发、生产和市场营销联系在一起，并改变生产经营模式的高技术，它的实施并没有固定的模式。可以说，实施CIMS使企业的现代化管理变成了可以操作的、贯穿经营生产各个环节的各种人的共同行动，将推动和促进企业现代化管理。

CIMS并不神秘。它的主要工具就是计算机。现在哪个厂没有几台计算机？关键看怎么使用，一个个孤立地单独使用与整体统筹使用效果大不一样。在CIMS中，是人利用计算机这个工具实现集成的；人的思维丰富、敏捷，就能开发出更多的软件系统，就能使计算机发挥更大的作用。因此，国际上有些专家认为CIMS的实质是人在起作用。从这个意义来说，哪个单位都可以搞，至于搞到什么程度，则是一个发展动态的过程。各企业可根据自己的实际，分步实施。

CIMS不会大量减员。实施CIMS不是搞完全自动化的无人工厂。人的创造性，特别是产品开发中的创新与经营决策中的创造性劳动，是永远不可能由计算机替代的。即使国外有一段时间搞的有"显示度"的"无人车间"，也由于投入大、产出小而降温了。当前，国有大中型企业难以搞活的一个主要问题是管理落后，推广CIMS比增加设备效果好得多。当然，这要求相应人员必须学习现代化的管理思想和方法，掌握计算机技术。我国工业企业实施CIMS，重点应放在产品开发和科学管理上，不可能存在搞"无人工厂"的问题。

关键在于转变观念。多数人对那陌生的键盘和屏幕有一种抵触心理。虽然手工抄写、计算比计算机要慢得多，但人们还是更为相信自己的手和脑。更何况开始建立CIMS，大量的基础数据必须先输入计算机。欲先取之，必先予之，任何先进的计算机都不可能无中生有。但当我们熟悉了计算机后，就会感到离不开它了。

（二）正确把握企业的定位

CIMS要求企业进行整体的顶层设计，需要企业主要领导带领大家克服困难进行实施。企业应该是行为的主体。企业的需求是动力所在，领导和专家只是支撑条件。如果企业没有动力，其他一切都等于零。

（三）突破传统的服务队伍组织模式

传统的CIMS服务队基本上由计算机、自动化专家组成。他们是信息技术的行家，但往往对企业的具体生产和管理情况不太了解，对具体产品更是知之甚少。而CIMS工程从总体规划到实施，除了涉及信息技术外，还有很多规划、设计、生产、经营、管理等方面的问题。因此，应按交响乐团的模式去组织CIMS服务队。这个队伍应该是个强有力的系统协调组织，其成员应包括规划、设计、实施、生产、管理、财务等各方面的专家，以确保CIMS工作不会有重大失误。

（四）以效益驱动、总体规划、分布实施为指导原则

CIMS这一本身也是系统化技术的推广应用，也是一项系统工程，其实施要以效益作为目标和衡量标准。切合实际的总体规划必不可少，但要分步实施，以阶段性、局部性的运用效果使企业逐步增强全面应用CIMS的技术实力，并产生利用CIMS新技术成果的内在效益驱动，降低企业的经济压力。

（五）进行企业诊断，选好切入点

各个企业的特点和基础不同，对CIMS的认识和需求不同。为确保CIMS工程达到预期效果，应首先对企业进行诊断，找出"瓶颈"，然后，以此为切入点，分步实施，确保每实施一步均产生相应的效益。

（六）通过应用CIMS给企业管理带来积极影响

一个企业即使不采用最先进的设备，仍可通过先进高效的管理来展现

现代化风貌，产生较高的经济效益。CIMS正是用信息时代的计算机、网络等技术手段将信息与资源高效综合起来，创造出经营管理人员及工程技术人员能够充分发挥智能的新型管理体制，使其根据经营环境，灵活及时地改变企业的产品结构及人力、物力、财力等生产要素的配置，实现全局优化，赢得最佳效益。面对日益激烈的市场竞争，只有适应性强的企业才能获得生存和发展。因此，CIMS技术在现阶段的推广应更多地着眼于改变落后的管理思想和手段，以产生更好的示范性引导作用。

（七）应用重点放在信息综合和设备集成上，并把产品设计、工艺规划、加工制造、经营管理等过程有机地联系起来，而不要搞最底层的无人自动化工厂

（八）结合技术改造计划，科学地估算投资，有效地使用资金

一般在设计、管理方面采用信息技术的技改费用，约为加工设备改造的10%左右。借助技术改造的资金实施CIMS工程，不仅可以更好地实现技改的目标，而且可以更快更广地使CIMS走入企业。

（九）处理好引进与开发的关系

企业是应用单位，引进合适的硬件和软件无疑是一条发展捷径。引进得合适，可争得时间。但国外的环境与国内不同，在国外能够保证的条件，在国内不一定具备。比如，一些发达国家的企业，可以把全国甚至更广的范围看作它的仓库，所需坯料和外购件可以按需要准时送到。而受场地、交通、法律意识等因素的影响，这点在我国当前环境下是难以做到的。因此，有些引进软件（如MRP-Ⅱ）的使用效果不好，虽对它进行修改和二次开发，仍不理想。据资料介绍，如果引进的软件需要10%～25%以上的修改，那么这种引进就不算成功。而依靠国内或本厂与外单位相结合开发，则投资少，风险小，更适合于国情和厂情。

（十）高度重视人员培训问题

要开发应用CIMS，就要有自己的专家、技术人员和熟练的操作人员，就要改变对CIMS的不正确认识，消除阻力；还需要提高规划、设计和实施人员的工作效率。因此，必须对各类人员进行培训，要在企业内部培养一支开发和应用CIMS的技术队伍，营造实施CIMS的良好氛围。

积极推进工业生产方式的变革 ①

目前，我国市场的发育和生产、生活水平的不断提高，要求企业生产方式进行相应变革，进而推动产品发展、技术进步和管理水平的提高。

一、我国工业生产方式的现状和先进生产方式的应用

目前，我国工业产品市场的发育和企业生产方式，大体存在三种态势：一是对于农业机械、交通运输、水利、电力、建筑、石油化工、邮电通讯等行业提供的主要工业品，多为大宗产品。这些产品的竞争，主要依靠价格和质量优势。相应企业多采取大量生产方式，金字塔型的组织结构，追求规模效益。二是对于家用电器、自行车、摩托车、服装、钟表和室内装饰品等与人们日常生活密切相关的工业品，市场向多元化、产品向多样化发展，并且经过一段时间的卖方市场后，大多数产品已转向买方市场。相应地，不少企业改变了原来的大量生产方式，采取精益生产方式组织生产经营，向多角化的企业集团发展，在产品开发、制造和营销的全过程中开始实行并行工程和一体化管理，取得了可喜的成绩。三是针对新兴工业、金融保险和信息咨询业的需要，我国开始出现了模拟虚拟企业，如产学研结合的工业设计公司，科研、教学和艺术结合的广告、策划公司等，采取全新的生产方式组织生产经营，有力地推动着工业产品市场的开拓。

自20世纪80年代中期以来，我国对以CIMS为代表的综合自动化系统的

---

① 本文原载于《宏观经济管理》（1997年第1期），选入本书时，由作者进行了修改完善。

研究与应用有了长足的进步。国家在这方面的试点，已覆盖机械、电子、航空、航天、石油、化工、纺织、轻工、冶金、邮电等多个行业，促进了工业生产方式的变革。有关企业如成都飞机工业公司、沈阳鼓风机厂、北京第一机床厂等，先后取得了明显的经济效益和社会效益。此外，许多企业在学国外先进经验的基础上，结合自身特点和实际，进行着生产方式的变革。如一汽集团推广精益生产方式，生产现场实行以整理、整洁、清扫、清洁、素养为内容的"5S管理"。生产组织实行"以现场为中心，以工人为主体，以车间主任为首"的三为管理体制。在销售服务体制改革中，将七大地区经理部改为七大地区公司，全权负责所辖区内的产品销售、备件供应、售后服务、货款回收和信息反馈等工作，使销售服务一体化、全方位。邯钢集团公司采取"模拟市场核算、实行成本否决"的管理方式，把市场机制引入内部管理，在保持现代企业专业化、分工协作和统一管理基础上，落实责任制，使"千斤重担大家挑，人人肩上有指标"，形成了高效运转的企业生产方式。沈阳飞机制造公司在与外商合作中，决定从承包波音舱门生产的分厂入手，由点到线、到面，把现代工业工程推广到全公司，提高了企业综合效益，找到了大型企业改造原有落后管理系统，建立管理科学的现代企业之路，为精益生产方式、敏捷生产方式在企业的应用营造了良好氛围。其他一些企业也在积极探索应用先进生产方式。

二、培育生产方式变革典型，推进工业生产方式升级

由于历史原因、市场牵动和管理水平不一等因素，目前我国工业企业生产经营状态差别很大。有的企业步入良性循环，有的企业正在艰难地爬坡，还有的企业陷入极端困难的境地。因此，不能采取一刀切、齐步走的方式进行生产方式的变革，必须采取分类指导、营造试点、以点带面的发展战略，推进我国工业企业生产方式的升级。

对于常规军品生产，要结合国家批准的能力调整计划，根据武器装备

新体制的要求，在最具特点的行业中选择试点，或是将多个企业的生产能力集中在少数企业，或是将多条生产线变为一条生产线进行柔性生产，在压缩老产品生产能力的同时，提高和增加新产品的开发和制造能力。这种企业生产方式的调整，要由党中央、国务院、中央军委统一部署，有关部门和行业性总公司牵头组织。

对于常规民品生产，要根据市场竞争态势的变化，以国有大中型企业和企业集团为主体，选择向精益生产方式过渡和向大量生产方式递进的企业进行试点，尽快地形成新的开发能力，提高制造技术水平，构建新型企业管理结构，促进我国工业产品的振兴。

对于高新技术产品开发和产业化发展，要选择有一定转化条件和前景的科技成果项目，以科研院所为主体，实行产学研联合，组建科技企业集团，促进高科技产品商品化、产业化。有的则需要国家有关部门牵头组织"战略联盟"，如"设计中心"和关键技术"攻关团队"等，促进高科技柔性企业的发展。这种"联盟"将打破原有企业和研究单位之间的行政隔阂，形成新的柔性企业和新型生产方式，盘活存量，给我国社会主义市场经济带来新的活力和生机！

案例：在线监测一朝拥有　尖峰时刻轻松行走 [①]

每年凉爽的秋风拂面而来后，北京市就要总结当年的电力迎峰度夏工作。尽管全市能源供应能力有了大幅度提高，但由于经济持续增长和城市规模扩大，能源供应仍然难以很好地满足城市发展和人民生活的旺盛需求，迎峰度夏期间的电力紧缺和用电管理问题突出。迎峰度夏期间被称为尖峰时刻。为了较好地解决相关问题，必须对尖峰时刻用电状况进行科学监测。为此，我们选择政府机构作为监测对象，组织建成了政府机构用电在线监测系统；这套系统的建成为全面分析和把握政府机构的用电状况提供了基础界面，也为监测其他组织的用电状况提供了经验做法。

一、一目了然的用电情况

我们组织实施了54家政府机构用电在线监测系统的建设，其中8家由于自身改造或搬迁暂未实现在线监测，其余46家全部完成用电计量系统改造，实现用电在线监测，其数据已接入"北京能源信息监测平台"。利用在线监测平台，可以实现对政府机构用电情况的动态监测，并进行在线分析，进而提出约束政府机构自觉进行节能降耗的措施建议。

上述46家政府机构在2007年7、8月份的总用电量为1889万度，日均用电

[①]　这是一篇关于信息技术应用的文章，由邓清平与王广宏合作完成，原载于北京节能环保中心内部刊物《节能环保信息》（2007年第46期），收入本书时，由作者进行了修改完善。本文描述的"用电在线监测系统"，是信息技术在节能领域应用的典型案例，其基本理念和方法对北京加强能源运行管理、构建数字城市具有较大的借鉴意义。

量为30.5万度，月均电量为944.5万度，人均电量为757度。总用电量中尖段用电量为306.8万度，占16％；峰段用电量为488.3万度，占26％；平段用电量为729.2万度，占39％；谷段用电量为364.9万度，占19％；7月30日的用电量最大，为37.3万度。在总用电量中，动力系统用电298.5万度，占16％；照明系统用电727.7万度，占39％；集中空调用电660.3万度，占35％；信息中心用电202.7万度，占11％。

二、及时准确的分析结果

（一）用电特性

这些政府机构在监测时间段的日最大有功负荷为25.9万千瓦，出现在7月30日10：30；出现最大有功负荷时，集中空调的有功负荷为9143kW，占最大有功负荷的35％。可见，集中空调的负荷在所有用电负荷中所占比例较大。

尖段和峰段的用电量占到42％，比例较大；谷段用电量只占到了总用电量的19％，比例较小。用电负荷峰谷差较大。

（二）节电潜力

目前，根据试点单位一年取得的节电成效估算，仅通过一些简单的、零成本的节电措施平均每家政府机构一年就可以节电约3万度；监测范围内的全部政府机构一年可节电约140万度，节省电费约100万元。其中，7、8月份用电量约占全年用电量的五分之一，监测范围内的政府机构这两个月可以节电约28万度，占总用电量的1％。如果再有针对性地进行一些节能改造，节电效果将更加明显。

三、有针对性的节电措施

通过监测平台，可以及时发现政府机构在用电过程中存在的用电问题，例如电压偏高、负载率偏低、热水器夜间不关闭等。针对这些问题可采取相应的节电措施。

（一）降压节电

监测发现，有些单位的变压器低压侧出线电压长期超出标准电压。实际使用过程中，电压越高，造成的损耗越大，用电设备的耗电量也会增加。因此，可以适当调低变压器低压侧出线电压，保证用电设备的正常用电即可。初步估算结果表明，电压降低5%，可以节省总用电量的1%～2%；电压降低10%，可以节省总用电量的2%～4%。实际操作中只需调整变压器的分接头，即可降低变压器低压侧出线电压，达到明显节电的效果。

（二）提高变压器负载率

被监测的多家单位的变压器负载率都偏低，即使在用电负荷最大时，也不到40%。同时，大部分单位的配电室都配有2台变压器，在负载率比较低的情况下，可采用一用一备的方式，使用1台即可。这样，可以节省其中1台变压器的损耗，一年可节电2万到4万度。因此，通过改变变压器的运行方式，仅需提高变压器负载率，即可达到比较明显的节电效果。

（三）合理控制热水器开闭时间

在被监测的用能单位中，多家单位都配备了电热水器，用来供给热水。由于缺乏专人管理，部分单位热水器存在24小时常开的情况。在非工作时间，热水器会把其中的水反复加热几次，造成了不必要的电能消耗。这部分被消耗的电能约占全天电能的三分之一。一个单位的热水器在一年之中的非工作时间消耗掉的电能约2万到4万度。因此，只要派人专门负责一下热水器的开闭时间，即可节省不必要的损耗，达到明显的节电效果。

除了上述一些节电比较明显的措施外，还有其他一些措施，包括：合理安排电容器投切时间，改变变压器不合理的运行方式，通过调整负荷保证三相负载平衡，加装滤波装置消除谐波等。虽然节电量有限，但采取这些措施可以加强用电需求侧管理，提高节能效果，并且保证用电安全，进而在全社会起到良好的示范作用。

第二部分　金融发展

　　金融是现代经济的核心。金融搞好了，一着棋活，全盘皆活。北京具有富集的金融资源，是国家金融管理中心、金融科技中心。目前，北京已初步形成了格局完整、层次丰富、活力高效的金融组织体系、产品体系、市场体系和服务体系。但总体上来看，北京金融业发展空间处于"紧平衡"状态，缺乏有较大影响力的全国性金融交易市场，对外开放与国际化水平不够高，国际化金融人才体系不健全，防范化解金融风险的压力加大。为此，在新的历史时期，北京金融发展总体上是要以金融安全为底线，防范化解各类金融风险；以资本要素市场化改革为契机，完善多层次资本市场；以实体经济高质量发展为导向，巩固发展符合北京定位的特色金融；以更好服务国家战略为使命，加强金融服务支持；以金融科技创新为引擎，促进金融科技赋能首都金融新发展；以金融双向开放为路径，在双循环大格局中服务国家"一带一路"战略；以疏解整治促提升为抓手，进一步优化金融业空间布局。结合科技创新中心战略定位及国际一流和谐宜居之都建设的要求，北京要抓好科技金融、绿色金融、农村金融以及中小企业融资服务体系建设等具体工作。

"十四五"时期首都金融要高质量发展

金融是现代经济的核心；金融搞好了，一着棋活，全盘皆活。十八大以来，以习近平同志为核心的党中央高度重视金融工作，习近平总书记在不同场合就金融改革和金融政策发表了许多重要讲话，提出了一系列重大判断、重要论述和明确要求。要从实现"两个一百年"奋斗目标、实现中华民族伟大复兴中国梦的历史高度，从推进国家治理体系和治理能力现代化的战略高度，以高度的责任心、使命感、紧迫感，齐心协力，勤勉尽责，坚定不移推进金融改革发展。

北京是国家金融管理中心、金融科技中心，聚集了大量的金融机构总部和重要金融基础设施。十八大以来，北京全市上下以习近平新时代中国特色社会主义思想为指导，秉承创新、协调、绿色、开放、共享的发展理念，深入学习贯彻全国金融工作会议精神、落实国家金融改革的各项战略部署，进一步优化提升首都金融核心功能，推动金融更好地服务"四个中心"功能建设、服务京津冀协同发展战略。进入"十三五"以来，北京金融业继续平稳较快发展，在首都经济中的战略支柱地位越发巩固，金融业对北京经济增长平均贡献率接近两成，实现三级税收占比接近四成，金融机构资产规模从2017年年初的130.5万亿元增加到2020年上半年的157万亿元（占全国近50%），2019年北京金融业增加值占全市GDP的比重达到18.5%。到2020年，北京已初步形成了格局完整、层次丰富、活力高效的金融组织体系、产品体系、市场体系、服务体系。北京金融部门、金融市场、金融资源聚集的优势进一步释放，为更好地服务国家金融改革发展战略和经济发展大局，全面高水平地建设与我国经济发展相适应、与北京城市战略定位相统一、与大国首都地位相匹配的现代国家金融管理中心，构建以国内大循环为主体、国际国内双循环相结合的新发展格局打下了良好基础。

然而，按照全面建设社会主义现代化的要求，目前北京金融业发展依然存在一些需要面对的问题和挑战，一是发展战略空间处于"紧平衡"状态，二是缺乏有影响力的全国性金融交易市场，三是对外开放与国际化水平不够高，四是国际化金融人才体系不健全，五是防范化解金融风险的要求增高、压力加大等。

面对"十四五"时期外部环境的复杂变化，我们要深入学习领会习近平总书记关于金融工作的一系列重要论述，做好新时期首都金融工作。

首都金融业发展要以金融安全为底线，防范化解各类金融风险；以资本要素市场化改革为契机，完善多层次资本市场建设；以实体经济高质量发展为导向，巩固发展符合北京定位的特色金融；以更好地服务国家战略为使命，加强金融服务支持；以金融科技创新为引擎，促进科技赋能首都金融新发展；以金融双向开放为路径，在双循环大格局中服务国家"一带一路"倡议；以疏解整治促提升为抓手，进一步优化首都金融布局。为此，必须加强党对首都金融工作的领导，进一步加大金融基础设施建设力度，优化金融生态环境，并加强对金融消费者的教育和保护。

推动北京科技金融创新发展的
基本思路和工作建议 ①

　　当前，创新竞争日益激烈。北京正处于加快转变经济发展方式、率先形成创新驱动发展格局的关键时期。引导金融资源向科技领域配置，促进科技与金融融合，推动北京科技金融创新发展，是深化科技体制和金融体制改革的必然选择，是激发创新活力、增强创新动力的根本要求，是促进科技成果转化和产业化的重要举措，是建设国家创新中心的战略需要。应重点把握好以下几个观点。

　　——科技金融创新发展的着眼点是为加快经济发展方式转变提供新动力，为建设创新型国家提供新引擎，为建设中国特色世界城市提供新坐标，为实现"两个百年"目标、实现中华民族伟大复兴的中国梦做出新贡献。

　　——科技金融创新发展的着力点是统合使用多种融资工具、创新融资模式，加快形成科技与资本对接的有效机制。目前，我市科技企业融资结构仍以债权融资为主。债权所有者需要定期获得固定收益，与科技企业特别是初创期科技企业的风险不匹配；相对于债权融资而言，股权融资在科技金融中应扮演更加重要的角色。但股权融资一定程度上稀释了创业者对企业的控制权，一些创业者不愿意采用这种融资方式。要引导和促进金融机构加大金融工具、金融产品和商业模式创新，加强多种金融工具的统合使用，促进直接融资和间接融资、政府资金和社会资金、实业资本和金融资本的有机结合，形成为不同发展阶段科技企业提供更好的金融服务的良好效应。

　　——科技金融创新发展的关键是发挥好政府的推动作用。科技是第一

_____

　　① 本文原载于北京市经济与社会发展研究所内部刊物《经济社会发展研究》（2013年第70期）。

生产力，科技进步关乎国家富强、民族振兴和人民幸福，而科技企业特别是早期科技企业资产少、规模小、实力弱、风险高，科技与金融结合存在天然的障碍，这就要求政府承担起推动科技金融发展的责任。政府应通过搭建平台、完善制度、营造氛围、加强监督等手段，有效化解信息不对称、风险收益结构不合理、社会资金投入不足等问题，在弥补科技研发和产业化阶段市场失灵缺陷等方面发挥应有的作用；运作中应注意发挥市场配置资源的基础性作用，采用多种方式，努力使政策措施产生尽可能好的效果。

——科技金融创新发展的重点是解决科技型中小企业的融资难问题。高投入是科技创新的重要条件。科技型中小企业特别是初创期企业资金缺乏且风险大，融资非常困难。日本、韩国、台湾等国家和地区，都在积极探索建立适合本国或本地区的科技型中小企业融资通道，加大对中小企业科技创新的支持力度。我国大陆一些地方也进行了有益的实践。中关村国家自主创新示范区针对科技企业多元化的有效融资需求，探索形成了"一个基础、六项机制、十条渠道"的科技企业融资促进机制，并使之在实践中不断完善。

——科技金融创新发展的难点是解决金融机构和科技企业之间的信息不对称问题。科技创新涉及领域多，专业性强，金融机构很难对科技成果的价值、科技企业的发展前景做出准确判断，这影响了为科技企业提供融资服务的意愿和效率。应通过培育和发展各类中介组织搭建金融机构和科技企业之间的有效沟通桥梁，特别是要加强科技成果价值评估，把关于科技企业的有用信息提供给金融机构并让其采信，使那些有创新实力、有市场潜力的企业及时获得融资。应支持引导规范互联网金融发展，逐步发挥其资源开放化、成本集约化、渠道自主化等优势，促进破解信息不对称难题。

综上，进一步推动北京科技金融创新发展的基本思路是：围绕科技成果转化和产业化这一中心任务，充分发挥各类主体作用，完善科技金融体系，优化科技金融环境，以破解中小型科技企业融资难为重点，建立健全以政策性资金为引导，直接融资和间接融资相补充、政府资金和社会资金相配套、实业资本和金融资本有机结合，多种融资手段统合使用的科技企业融资工作机制，促进科技资源与金融资源高效对接和良性互动，促进首都率先形成创新驱动发展格局。

当前，应重点抓好以下几项工作：

（一）加强工作协调和政策集成

一是完善科技金融国家层面和市级协调工作机制。充分发挥国家科技金融创新中心建设指导委员会的作用，加强对北京科技金融创新发展的高层指导与统筹协调。拓宽中关村创新平台科技金融工作组服务范围，使其统筹负责全市科技金融发展。加强部门之间的沟通交流，统筹使用科技金融资金，改变各方资金一定程度上的分割游离状态。

二是增大科技金融政策合力。从整体上加强金融政策、财税政策与科技政策的协调，形成推动北京科技金融特别是国家科技金融创新中心建设的政策合力。协调国家相关部门联合研究制定一系列先行先试政策的落实措施，建立健全跨地区跨部门的工作协调机制，完善政府各有关部门的政策服务体系。加强对各部门各区已出台的支持科技企业信贷融资、债券发行、上市、私募股权融资以及信用体系建设等政策的分类整合和效果评估。根据科技金融创新发展的重点需求以及现有政策缺陷，进一步完善对知识产权质押、商业银行引导和民间资本进入等的支持的政策；对部分不符合改革方向和上位政策规定的条款，及时清理或修改完善。

（二）积极推动国家科技金融功能区建设

按照国家九部委和市政府联合发布的《关于中关村国家自主创新示范区建设国家科技金融创新中心的意见》（京政发[2012]23号），以中关村核心区为基础，建设国家科技金融功能区。由国家科技金融创新建设指导委员会（下设办公室）具体负责国家科技金融功能区的组织领导与统筹协调工作。要从系统论的角度看待国家科技金融功能区。应用系统论观点，构建动态的空间布局，充分整合各种资源，最大限度地释放功能区系统的功能，切实发挥功能的导向和龙头作用。具体开发建设工作由属地政府委托相应的融资建设平台来进行。经认定的科技金融机构享受相应的优惠政策。在功能区内先行先试科技金融改革创新工作，总结和积累经验。特别是要加快中关村西区产业转型调整和空间腾退，充分发挥该地区已有的科技金融要素聚集的优势，充分释放本地区科技金融支持科技创新的潜力，尽快出形象、出品牌、出影响力。

（三）优化调整财政资金支持重点

依靠政府各部门掌握的企业信息以及专业机构评审等多种方式，挑选出创新潜力较大、发展前景较好的早期或首次融资的中小科技企业作为扶持重点，采取资本跟进、贷款贴息、无偿补贴等方式，加大支持力度。要注重从平台建设、政策扶持、手段采纳等方面，构建政府、金融机构和科技企业等多方共同参与的风险分担机制，建立支持金融机构参与科技创新的长效激励机制。在支持债权融资上，把扶持重点从给企业贴息，转到金融机构的风险补偿上来，通过设立风险备偿金并逐步扩大其规模，提高风险补贴的针对性。在支持股权融资上，通过整合现有股权投资引导基金、追加财政资金、追加国有资本经营预算等手段，做大北京股权投资母基金规模，支持母基金与创业投资机构的合作。

（四）大力促进股权投资机构发展

进一步完善落实有利于股权投资基金在京注册、发展的激励机制，吸引行业经验丰富、行业背景深厚的"一般合伙人"团队。推动社保基金、保险资金、信托资金、捐赠基金、境内外机构投资等期限较长的资金积极参与股权投资基金募集，激活"有限合伙人"资金储备。全力支持全国性场外交易市场、区域性股权交易市场建设，推动更多私募股权在北京金融资产交易所交易。发展并购市场，拓宽股权投资退出渠道。鼓励天使投资、创业投资、风险投资等在中关村核心区继续聚集，促进金融机构与股权投资机构开展针对科技型中小企业的银投联贷、并购重组、股权交易等投融资合作，使中关村核心区成为全国创新资本中心。

（五）创新和改进间接融资服务

深化政府与政策性银行的合作，在控制系统性风险的前提下，降低科技型企业融资门槛，稳步扩大统贷业务规模。

鼓励商业银行按照银监会提出的四单原则（即小企业专营机构单列信贷计划、单独配置人财资源、单独进行客户认定与信贷评审、单独进行会计核算）完善特色化的考核管理机制，适当提高对小企业不良贷款的容忍度，探索对未发生道德风险、单笔数额不大、经追索确定无法收回的小企业不良贷款的自主核销机制。抓住国家鼓励和引导民间投资健康发展的机遇，申请先行先试政策，争取民间资本尽快在京开办银行。

借鉴"硅谷银行"模式，设立科技银行或创新创业银行，与风险投资公司密切合作，灵活运用股权与债权，为不同行业不同阶段的科技型中小企业提供融资和增值服务。

支持依法设立专门面向中小企业的特色担保公司，适当扩大中关村科技担保有限公司等专业担保机构的资本规模，支持融资性担保机构之间通过分保、联保、再担保等方式提高行业承保能力。鼓励中小企业通过联保、互保等抱团方式实现增信。

鼓励商业银行与保险公司合作开展共保保险，利用履约保证保险给企业增信，降低授信风险。保险公司要着重加强对高新技术产业风险的研究，加大对科技保险新型险种的开发力度，尤其是科技企业对外合作和产品推广应用方面的险种。

（六）抓紧完善科技金融配套服务体系

加快科技企业信用体系建设。充分发挥政府在建立良好市场秩序中的监管作用，整合工商、税务、海关等部门的基础信息，强化信用信息的采集与更新，建立和完善科技企业信用信息归集和共享渠道，推动统一、完备、全覆盖和一体化的征信平台建设（其中包括将企业法定代表人、高级管理人员的个人信用信息纳入征信范围）。规范信用评级机构行为，增强信用评级机构的公信力，推动提高评级报告质量，扩大评级报告应用范围。加强政策引导和信用监督，综合运用法律、经济、舆论监督等手段，完善信用激励机制和失信惩戒机制。深入实施"以信用促进企业融资，以融资推动企业发展"的信用体系建设发展战略，紧密围绕信用宣传、信用服务和信用管理三大主题，推动企业信用与自主创新、企业信用与科技金融创新、企业信用与社会责任、企业信用与区域合作等方面的协调发展，创建中关村信用体系建设示范区。

建立完善知识产权评估和处置制度。探索建立知识产权质押登记属地管理制度，推动形成全国统一的知识产权评估信息服务网络。大力促进专利代理、价值评估、技术评价等中介机构发展。培育知识产权质押物流转市场，丰富知识产权质押融资质权处置途径。

（七）引导发展互联网金融

充分认识和合理评估互联网金融发展的特点及潜在影响，积极开展相关研究工作。协调监管部门允许中关村核心区在政策层面先行先试。市区两级联动，加大资金和服务方面的扶持，协助中关村核心区加快建设国家级互联网金融中心。吸引新浪、百度和天使汇等大数据、互联网平台机构，以及京东商城、拉卡拉等第三方支付、电子商务业态在中关村西区聚集。筹建互联网金融博物馆，提升中关村核心区互联网金融产业发展的影响力，辐射带动互联网金融产业园建设。

关于建设国家科技金融功能区的研究 ①

2012年8月，国家发展改革委等九部委与北京市政府联合发布《关于中关村国家自主创新示范区建设国家科技金融创新中心的意见》（京政发[2012]23号），提出以中关村核心区为基础，建设国家科技金融功能区。本文立足于相应基础条件，分析了建设国家科技金融功能区的现实必要性，提出了建设的总体战略、空间布局、政策创新及实施保障等。

一、国家科技金融功能区建设的基础条件

2008年4月，北京市委市政府出台了《关于促进首都金融业发展的意见》（京发〔2008〕8号），提出要将北京建设成为具有国际影响力的金融中心，其中将海淀中关村西区规划为新兴科技金融功能区，要求发挥海淀区高校、科研院所和高科技企业聚集的优势以及中关村科技园区的综合优势，提升金融服务科技创新的水平。其后，市政府又相继出台了《关于金融促进首都经济发展的意见》《关于推进首都科技金融创新发展的意见》等文件，提出加快建设完善科技金融体系、加快建设中关村科技金融创新中心。市金融局、中关村管委会、市经信委、区（县）政府等也相继出台了一系列扶持科技金融发展的政策措施。中关村管委会还针对科技企业多元化的有效融资需求探索建立了"一个基础、六项机制、十条渠道"的科技企业融资促进机制，并使之在实践中不断完善。经过几年的发展，以中关村西区为重点的首

---

① 本文原载于北京市经济与社会发展研究所内部刊物《经济社会发展研究》（2013年第87期），于国庆、高瞻参加了相关工作。

都科技金融功能区建设取得明显进展，初步建立了覆盖科技创新与高新技术产业发展全过程的科技金融体系。

金融要素聚集优势明显。有18家银行在中关村设立了专门为科技企业服务的信贷专营机构或特色支行，北京银行和建设银行设立了中关村分行。各银行累计为近800家次企业提供信用贷款近1800笔，共计约240亿元；累计发放知识产权质押贷款超过108亿元。创业投资体系初步形成，天使投资进一步组织化，一批境内外知名机构成为中关村的合作伙伴。2013年前三季度，中关村西区已聚集金融机构318家，其中股权投资机构220家；西直门外科技金融商务区聚集金融机构104家；玉渊潭地区聚集了几十家金融机构；海淀北部园已引入10多家金融数据中心、研发中心和IT企业总部。同期，海淀区股权投资机构数达到652家（同比增长25.1%），其中股权投资管理机构363家（占全市的43%），披露金额的管理资本量达到2109.53亿元（同比增长6.3%，占全市的19.1%）；全区共有82家企业获得股权融资（投资案例数同比增加16.4%，占全市投资案例总数的34.8%，占全国投资案例总数的10.1%），已披露获得股权融资额47.45亿元（占全国的5.1%，占全市的12.2%）。另外，中关村还聚集了中国技术交易所、北京软件和信息服务交易所等要素市场。

多元化的资本市场体系初步形成。上市融资渠道不断拓宽，中关村和深交所、上交所、纽交所、纳斯达克、香港交易所签署了全面合作协议。随着创业板市场的开设和多层次资本市场体系建设的逐步完善，中关村高新技术企业上市融资渠道进一步拓宽。2013年前三季度，海淀区上市、挂牌公司达到301家（占北京地区的55%，占全国的10%），其中创业板上市公司有28家，占全国的8%，"中关村板块"效应不断增强；新三板挂牌数量增速明显加快，达160家，涵盖电子信息、生物制药、新能源、环保、文化传媒等行业。区域股权交易市场建设正在有序推进。

社会信用等服务体系建设初见成效。中关村建立了企业信用信息数据库和企业信用信息公共服务平台，并承担了国家信用信息化试点项目建设。通过信用制度建设和体制机制创新，初步实现了"以信用促融资、以融资促发展",培育出了一批信用等级高、创新能力强、带动效应明显、具有行业影响力的信用品牌企业,"信用首善之区"建设成效显著。信用中介机构不断聚集,已经聚集了包括中诚信等在内的10多家信用服务机构和300多家法律、财务、审计、认证等中介机构。2003年成立了全国第一家企业信用自律组织——中关村企业信用促进会,会员已有近4000家。

二、国家科技金融功能区建设的现实必要性

一是高新技术产业蓬勃发展要求科技金融体系建设进一步完善。我国近年来科技投入和科技成果数量持续快速增长,科技金融体系建设取得了重大成就,但科技成果转化率仅为25%(发达国家为80%),产业化率不足5%。主要原因在于金融对高科技产业的支持力度不够,科技与金融的对接不顺畅、效率不高。作为国家自主创新示范区,中关村拥有高新技术企业约2.5万家(其中"瞪羚企业"3000多家),科技金融体系建设有了坚实的基础,在帮助高科技企业融资、支持创新发展方面发挥了重要作用,但与高科技企业的实际需求相比、与建设国家科技金融创新中心的目标和要求相比,中关村科技金融体系建设明显滞后。

二是科技金融体量的增大要求现有功能区拓展空间。中关村地区创业投资案例和投资金额均占全国的1/3,已成为我国创业投资最活跃的区域。作为首都新兴科技金融功能区,中关村西区明显聚集了科技金融要素,为建设国家科技金融功能区奠定了基础。然而,随着科技金融新机构、新业态的不断涌现、快速发展以及产业规模的不断增大,作为一个城市建成区的中关村西区,因空间有限而制约了科技金融功能的拓展和提升。为了给更多的科技金融要素提供聚集发展的环境和条件,既需要加快本区域产业转型调整和空间腾退,也需要积极寻找新空间作为补充和后台。

三是国家自主创新示范区的职能定位要求原市级新兴科技金融功能区提升层级。随着中关村的辐射力、影响力不断提高,原建设市级新兴科技金

融功能区的规划，已难以满足国家自主创新示范区的职能定位要求。应相应提升科技金融功能区的层级，强化金融对建设具有全球影响力科技创新中心的支撑作用。

四是科技金融先行创新需要划定一个功能区来试点。国家科技金融改革创新，涉及科技体制改革和金融机制创新，既要积极大胆、寻求突破，也要控制风险、稳健运行。因此，需要在一定的区域范围内先行先试，总结和积累经验，待条件成熟后再逐步推开。目前，已经确定的科技金融改革创新任务，包括创新科技投入方式，完善投保贷联动机制，创新贷投结合等多渠道融资和综合性金融服务模式等，都需要加快推动实施和落地。新的改革创新需求不断出现，后续改革任务也需要在功能区推动实施，实现风险可控。

五是科技金融综合服务能力的提升需要在功能区范围内系统实现。科技金融创新是组织体系、市场体系、产品体系、服务体系的系统创新，需要建立覆盖科技创新与新兴产业发展全过程的科技金融体系。因此，提升科技金融服务能力需要应用系统论方法，把系统的要素、功能、空间布局有机统一起来，突出功能的龙头导向作用。不仅需要建立信用增进、价值评估、融资担保、信息和技术保障等配套服务机制，还要发展科技金融文化，建设良好的科技金融生态条件。这些都需要在一个动态的具有较好环境适应性的系统内统筹实现。功能区建设是实现系统功能的物化形式。

三、指导思想、总体目标和工作原则

（一）指导思想

按照建设国家科技金融创新中心的要求，以最高标准做好国家科技金融功能区的建设发展工作。进一步完善领导体制，创新工作机制，突出功能定位，统一建设思路，加快发展步伐，加速构建覆盖科技创新与高新技术产业发展全过程的科技金融体系，优化科技金融环境，为加快经济发展方式转变提供新动力，为建设创新型国家提供新引擎，为打造中国特色世界城市树立新坐标，为实现中华民族伟大复兴的中国梦做出新贡献！

（二）总体目标

秉承"资源对接平台、金融创新高地、科技进步引擎"的理念，吸引科技金融要素和机构集聚，加强科技金融组织体系、市场体系、产品体系和服务体系的系统创新，推动科技要素与金融要素相结合，建设国家科技金融研发中心、科技金融服务中心、科技金融交易中心和科技金融文化中心，打造"立足北京、辐射全国、享誉全球"的科技金融示范区。

（三）工作原则

坚持政府推动，市场化运作。充分发挥政策导向作用，优化土地和空间规划，加快推动功能区建设发展。发挥市场配置资源的决定性作用，采取多元化、多样化的市场运作方式，尽量放大政府引导资金的使用效果，积极吸引社会要素参与功能区建设发展。

坚持功能取向，系统化建设。站在建设创新型国家的战略高度，明确功能定位，以功能为龙头，以中关村核心区为基础，综合考虑功能需要和现实可能，统筹承载内容和空间布局，从整体系统上实现功能的最大化。

坚持产融互动，良性化促进。坚持金融服务实体经济的本质要求，深刻把握科技创新与金融创新的互动规律，根据不同产业、不同发展阶段高新技术企业的需求，不断完善科技金融体系、优化科技金融环境，促进科技与金融的良性互动和有机统一。

坚持高端聚合，国际化发展。加强与国际接轨，注重国际国内联动，全面提升功能区的现代化、国际化水平。改革体制，创新机制，完善政策，优化环境，加强服务，加快科技金融机构和中介服务组织的聚合发展。

四、要素组合与空间布局

（一）要素组合

国家科技金融功能区是一个系统，具有集合性、相关性、目的性，是国家科技金融创新中心的主要载体。要素组合是功能区建设的出发点，也是实现总体功能的基础。国家科技金融功能区建设过程中的要素组合，遵循核心要素原理，即空间面积布局围绕核心功能来进行，核心功能及关键支持功能占用60%以上的空间。遵循功能网络原理，即要构建一个由核心网络系统、支持网络系统（由为核心网络系统主体要素提供支撑的各种机构组成，为主体要素活动提供服务）和环境网络系统（指整个区域赖以存在和发展的大环境，主要为配套基础设施）三个层次组成的功能网络。遵循聚集聚变原理，即各元素要经过物理集中、信息关联、平台整合、形成模式等几个阶段，完成从聚集到聚变的转化，形成完整的功能体系，继而使要素作用得到充分发挥。

国家科技金融功能区通过聚集、辐射，达到引领、示范和保障的效应，主要承担科技金融要素聚集、科技金融市场交易、科技金融标准制定、科技企业信用增进、科技金融产品创新、科技金融综合服务、科技金融人才培育、科技创新文化发展、科技金融国际合作九大功能。

（二）空间布局

要充分考虑到现实条件和可能，将存量和增量结合起来，以存量引增量，以增量带存量，以尽可能少的投入实现尽可能大的功能，使整个系统释放出最大价值。为此，国家科技金融功能区建设应以海淀区为主体、以中关村西区为核心。

中关村西区重点吸引各类创新金融机构入驻，构建适合创业企业和天使投资交流合作的空间。建设全国场外股权交易市场，推进区域性股权交易市场建设，推动设立中关村银行。积极推进互联网金融博物馆、互联网金融研究院建设，支持互联网金融实验室建设，举办互联网金融博览会，完善互联网金融发展政策，建立互联网金融产业引导基金，制定互联网金融行业公约。支持有条件的投融资平台完善服务功能，创新运营机制，搭建科技金融综合服务平台，建立科技金融超市，打造科技金融广场。

西直门外地区重点吸引科技金融研发机构入驻。通过促进科技企业、科技金融机构和院校之间的合作，建立科技金融创新研究院、科技金融产品研发及产业化基地，推进科技金融标准制定，促进科技金融产业化。

玉渊潭地区重点打造集团金融聚集地和企业总部结算中心。集聚发展科技金融中介服务业，为科技创新企业或金融机构提供中介服务。积极发展技术标准服务业。

海淀北部园重点支持各类孵化器机构入驻，打造科技金融孵化园。推进孵化器与知名股权投资基金合作，建立创业投资基金或种子资金，进行"孵化＋创投"运营模式的探索与实践。

研究认为，国家科技金融功能区还具有动态性和环境适应性，是一个开敞式的创新网络系统，不应局限在固定的空间四至范围内。判别一个机构能否享受相应优惠政策，主要看它在科技金融体系中的信息关联性及效能，而不是看它具体的营业地点。为了促进全国科技金融创新服务体系的形成，考虑未来本市其他园区及上海张江、武汉东湖、苏州高新、深圳前海、天津滨海等园区的需求和科技金融发展情况，应适时调整国家科技金融功能区的空间范畴；经有关机构认定后，可以对相应园区授予诸如"国家科技金融创新基地"的牌子。但目前的基础和重点应放在中关村核心区。因此，本文提出的政策创新与实施保障措施也是针对中关村核心区的。

五、政策创新与实施保障

（一）加强组织协调

建议由国家科技金融创新中心建设指导委员会负责统筹指导功能区的

总体建设工作，并统一协调国家层面的相关事宜。成立本市国家科技金融功能区建设工作领导小组（办公室设在中关村创新平台下），由主管市领导或市政府主管副秘书长牵头，组织协调市级相关工作。由市属专门机构负责国家科技金融功能区的规划设计、空间开发及建设运营等方面具体运作。

（二）强化政策集成

借鉴发达国家和地区科技金融发展的有益经验，积极争取国家相关部门的支持，完善国家层面和市级优惠政策措施，重点是从金融监管层面取得政策突破和业务创新，形成支持国家科技金融功能区建设发展的政策合力。主要包括：

金融监管政策：从国家层面，支持民间资本发起设立自主经营、自我约束、自担风险的民营银行。建立小额贷款公司评级体系，对其进行分级管理，推动将其纳入人民银行征信系统。支持金融机构在中关村核心区设立独立核算的投行类机构。开展银行类科技金融专营机构业务考核试点。开展信贷资产证券化试点。支持在核心区设立中小企业征信平台。允许保险公司在核心区设立独立核算的科技保险专营机构。允许科技保险专营机构进入央行企业征信查询平台，享用企业征信数据。从市级，允许互联网机构以及资质信用较好的企业集团在中关村核心区先行设立互联网小额贷款公司；支持新型交易有限公司设立；将在核心区设立交易所和小额贷款公司的审批权下放至海淀区政府；建立市级科技保险风险补偿基金；完善互联网金融机构服务配套体系，开展在线保理业务试点，支持互联网金融企业在核心区建设在线保理平台，开展在线保理业务；在核心区针对有限责任公司、股份有限公司和有限合伙企业试行电子化工商注册和变更系统，实行电子化审核和纸质材料快递面交相结合的双轨制。

空间规划建设：科学调整土地利用规划和空间规划，不断适应科技金融功能区建设发展需求。调整西直门外地区现有空间规划布局，将中央财经大学、北京交通大学等院校部分用地纳入中关村科学城整体规划和科技金融功能区范畴。加快西直门外地区空间腾退工作。加快北京北站搬迁和京包路南延事宜进度，疏导西直门外地区交通。加快中关村西区业态调整和空间腾退工作。

资金融通政策：建立市级科技保险风险补偿基金，为科技保险专营机构面向中小微企业的高风险创新型产品提供风险补偿。努力构建多元化、多模式的融资平台。推进资本市场建设，扩大直接融资比重，培育发展全国性场外股权交易市场和机构间交易市场。

财税优惠政策：明确小额贷款公司的金融机构身份，对其实行金融机构税收政策。面向高端人才推行养老保险税收递延政策。

外汇管理政策：支持在核心区开展第三方支付机构跨境支付业务试点。协调国家外汇管理局增加核心区第三方支付机构跨境电子商务外汇支付业务试点名额。

对于市级每一项创新政策，应明确一个主责部门；对于国家级创新政策，应明确本市一个牵头协调部门。

（三）分阶段推进

2013年，启动国家科技金融功能区规划建设工作。开展中关村西区空间腾退和业态调整工作，继续聚集科技金融要素，扩大核心区影响力。启动西直门外地区科技金融功能区规划设计工作。推进玉渊潭地区玲珑巷腾退拆迁工作。

2014—2015年，加快中关村西区业态调整和高端要素聚集，积极打造科技金融交易中心。推进西直门外地区金融产品创新和标准制定工作。继续进行玉渊潭科技商务滨河长廊项目规划建设工作，吸引科技金融要素聚集。以中关村一号楼为核心，打造科技金融孵化园。

2016—2020年，加快推进功能区建设，吸引科技金融要素和机构集聚，打造科技金融研发中心、科技金融服务中心、科技金融交易中心和科技金融文化中心。

北京市科技保险体系建设总体构想

科技创新是有风险的。科技保险是针对科技企业（含转制科研院所以及其他科研机构等，下同）在研发、生产、销售等经营管理活动中面临的风险而设计的一系列保险产品和相应的保障措施，是一项全新的具有战略性意义的工作，是科技与金融结合的重要内容。科技保险的实施和推广将会对科技企业的创新创业活动发挥分散风险、支持保障的作用，对我国发展高新技术产业、建设创新型国家产生深远影响。目前，北京市的科技保险工作有了初步进展。但现行的科技保险是一种单一的、点对点式的险种开发和销售模式，没有形成一个完整的体系，覆盖面小，作用不大。为更好地帮助科技企业融资，防范并化解风险，全方位促进科技企业成长，服务"科技北京"和创新型城市建设，提出北京市科技保险体系建设的总体构想。

一、指导思想

以科技创新中心建设为统领，秉承"人文北京""科技北京""绿色北京"理念，抓住金融深化改革的机遇，注重体制和机制创新，大力发展科技保险，构建科技保险体系，促进保险与科技的深度融合，发挥保险在首都科技产业发展和创新型城市建设中的重要作用。

二、总体思路

在科技保险试点工作的基础上，创新并完善保险对科技企业的服务模式，加强保险资源与科技资源的有效结合，通过提供各种政策工具和利用市场资源，科学地设计、管理和经营科技保险，将保险服务拓展到科技企业成长的各个阶段，最大限度地将科技风险纳入科技保险保障体系中，建立并完善科技保险体系，以提高科技企业防范和化解风险、融通资金的能力，进而使科技保险成为一种全新的金融模式服务于北京的科技创新事业。

三、目标与阶段

为解决科技企业融资难、抗风险能力差等问题，通过有针对性地开发保险险种、创新保险工具、拓宽保险资金运用和投资渠道，逐步建立和完善科技保险体系，最大限度地扩大科技保险覆盖范围，为科技企业提供风险管理和融资支持等服务，保障北京的科技事业快速健康发展，促使北京形成更加完善的自主创新体系，成为推动创新型国家建设的重要力量，进入世界创新型城市的先进行列。

北京市科技保险体系建设的阶段是：

1.2007—2020年，试点与起步阶段

在试点与起步阶段，政府起主导作用，主要发挥宣传推广、政策支持、引导推动的作用。通过试点工作，政府相关部门、保险公司、保险中介机构和科技企业对科技保险有一定的认识，发现试点工作中存在的问题，对北京市科技保险体系建设做出有益探索。

2.2021—2025年，深化改革与逐步完善阶段

针对科技保险试点工作中存在的问题，结合科技企业的特点及其风险管理需求，加大宣传和推广力度，调整科技保险险种，培训科技保险展业人员，培育和扶持保险中介机构，调整和完善相关扶持政策，依法监管，初步建立起一个相对完善的科技保险体系。

随着科技保险市场的培育和逐渐成熟，保险公司和保险中介机构的作用越来越大。政府的推广作用逐步减弱，政府尝试降低保费补贴比例，扩大

保费补贴覆盖面；可以分步取消市场认可度高、运作比较成熟的部分险种的保费补贴，转向完全的商业化运作。

3.2026—2030年，形成成熟的科技保险体系阶段

经过深化改革，科技保险市场逐渐成熟。科技企业具备了较强的风险防范意识，对科技保险的需求被充分挖掘；保险公司充分了解企业的实际需求，设计和推出一些企业认可的保险产品，部分产品完全具备商业化运作条件；科技保险的组织体系、业务体系、政策法规体系、中介服务体系和监管体系已经完善。

在这个阶段，政府主要发挥政策支持与监管的作用。保险公司和科技企业发挥主导作用。部分保险产品继续享受保费补贴政策，部分保险产品将不再享受保费补贴。

四、基本原则

1.坚持保险与科技企业相互促进、共同发展的原则。科技保险体系建设为科技企业提供风险管理、融资支持等服务，促进科技创新与企业成长，同时，也将拓展保险公司的业务渠道，进而实现保险业与科技业相互促进、共同发展。

2.坚持政府推动与市场需求相结合的原则。在科技保险体系建设过程中，特别是在科技保险体系建立的初期，要充分发挥政府的推动作用，通过政策引导与资金支持等手段来促进科技保险体系的建立。但在具体的险种设计、保险工具创新、保险资金投向上，由保险公司根据科技企业的实际需求来决策，政府不干预。

3.坚持继承与创新相结合的原则。继承试点工作中好的做法和机制，进一步推广适合企业需求的保险险种，在此基础上创新保险工具和保险服务模式，拓展保险服务范围。

五、主要内容

（一）建立分工明确、协调有力的组织体系

科技保险组织体系由政府部门、保险公司、保险中介机构和科技企业构成。搭建市级科技保险体系促进平台。市金融工作局负责组织、协调构建科技保险体系，提出政策建议；市科委负责科技企业认定、科技保险保费补贴的审核与发放（出口信用险保费补贴由市商务委另行审核和发放）；保监局负责引导、监管保险公司以全新的模式为科技企业提供服务；中关村管委会、北京经济技术开发区管委会及各区政府负责宣传、开发科技企业的保险需求，引导科技企业参与科技保险体系建设。保险公司负责调整险种、创新组合服务方式、运用保险资金为科技企业的各个发展阶段提供保险或投融资服务。保险中介机构充分发挥专业优势及桥梁纽带作用，提供更好的保险中介服务。科技企业根据不同成长阶段的需求，选择不同的险种、不同的金融组合工具，充分利用保险服务来促进科技创新，促进企业成长。

（二）建立以市场需求为导向的科技保险业务体系

1.调整完善现行险种。保险公司调整现行科技保险险种，开发适合科技企业成长的新险种，针对科技企业的实际需求设定保险条款和保险费率。有关部门要立足北京实际，针对科技企业的一些共性的保险标的或者对象，设定强制保险险种，报国家保监会批准。

2.建立和完善"首台套"风险补偿机制。依托保险资金建立和完善政府采购、使用国产首台（套）重大技术装备的风险补偿机制。保险公司针对国产首台（套）的风险，研发相关的保险险种，为国产首台（套）重大技术装备提供保险保障，鼓励和支持科技企业自主创新。

3.建立科技企业补充养老制度。鼓励和支持有条件的科技企业通过商业保险建立多层次养老保障计划，建立"企业年金"制度，提高科研人员福利待遇，帮助企业吸引、留住关键研发人员。

4.采用组合金融方式为科技企业提供融资支持。研究开发科技企业的贷款保证保险险种，开展企业应收账款的代理保付业务，运用出口信用保险等组合金融工具，帮助企业提高信用等级，方便企业从银行获得贷款融资；帮助企业提前收回应收账款，加快资金周转；帮助企业规避出口收汇风险，通过组合金融的方式为科技企业提供综合融资支持。

5.保险资金对科技企业投资。保险资金在风险可控的前提下可直接购买科技企业发行的债券、股票，也可发起设立或参股私募股权（PE），通过私募股权投资科技企业。

（三）建立支撑有力的科技保险政策法规体系

将建立科技保险体系的内容写入《中关村国家自主创新示范区条例》，以法律形式明确科技保险体系在中关村国家自主创新示范区建设和发展中的重要地位。

加强和完善财政对科技保险的投入。研究出台《北京市科技保险专项资金管理办法》，规范科技保险专项资金的使用和管理，保持财政补贴政策的连续性和稳定性。鼓励保险公司依法投资或设立科技企业股权基金和直接投资公司。保险公司对科技企业的高新技术成果转化项目投资超过当年投资总额60%的，由财政安排专项资金支持。对经认定的在本市注册的促进科技保险有突出贡献的中介服务机构，由财政安排专项资金支持。

完善国产"首台套"风险补偿机制，加大财政补贴与支持力度，更好地支持科技企业的自主创新。

扶持具有自主知识产权的科技企业在出口信用保险的保障下开展国际化经营。

适时向国家提出税收优惠政策，争取将科技保险保费列入企业研发费用当中；研究提高"企业年金"费用在经营成本中列支的比例，对养老保险投保人给予延迟纳税等税收优惠；对保险公司科技保险的营业收入给予免征营业税的优惠。

（四）建立社会化、网络化的科技保险中介服务体系

支持在中关村等地依法设立专业性的科技保险代理机构。

大力培育和发展保险经纪公司，充分发挥保险经纪公司在保险公司与科技企业之间的桥梁作用。保险经纪公司要熟悉和了解科技企业的风险需求，协助保险公司设计开发适合企业需求的保险产品。作为科技企业的保险顾问和风险管理顾问，保险经纪公司要为科技企业量身打造保险方案，更好地为企业防范和规避风险服务。

培育和发展科技保险公估机构，使之能够接受保险公司或科技企业的委托，办理科技保险事故的勘验、鉴定、评估以及赔款理算。培育和发展信用评级机构、风险评估机构，充分发挥它们的专业能力，为保险公司提供信用评级和风险评估业务服务。

（五）建立独立高效的科技保险监管体系

保监局会同市金融局、市科委、市财政局等部门，遵循依法、公开、公正的原则，建立科技保险监管联动机制，对科技保险业务实施监督管理，维护科技保险市场秩序，保护保险公司、保险中介机构和科技企业的合法权益。

除了监督各参与主体是否存在违反科技保险法律法规的行为并依法采取措施外，还要监督财政补贴资金的使用情况。建立科技保险监管信息共享机制，在监管过程中收集分析相关数据，总结经验教训，不断改善科技保险产品和服务模式，促进北京市科技保险体系的建立和完善。

六、保障措施

（一）完善统筹机制，加强组织协调

把科技保险作为促进北京市科技产业发展的重要手段。市金融局会同

相关部门搭建本市政府部门、保险公司、中介机构与科技企业之间沟通的平台，建立科技保险联席会议制度和日常沟通联络机制，做好协调服务工作。还要加强与国家科技部和保监会在政策、信息以及人员等方面的交流合作。

（二）加大宣传力度，提高风险意识

相关部门要通过电视公益广告、网站宣传、发放宣传手册、举办宣导会等各种方式向科技企业推介科技保险，提高科技企业的风险防范意识，引导科技企业利用科技保险体系，建立风险控制机制，增强竞争力。

（三）用好财政手段，发挥引导作用

有关部门要加快对财政补助资金的审批，尽量缩短审批时限，保证及时到位，并要规范对财政资金的审计工作，及时发现问题，总结经验，使财政支持手段不断完善。

（四）实施人才兴业，强化智力支撑

充分发挥首都金融发展顾问委员会和首都金融系统研发联席会的专家支撑作用，把握北京市科技保险发展大势，提出建议。支持高等院校、职业院校与科技企业联合建立科技金融人才培养基地。市属高校要改进专业设置，加快培养既了解科技研发特点，又懂得金融保险业务的复合型人才。政府有关部门、保险公司和保险中介机构要在摸清需求的基础上制订切实可行的人员培训方案，提高职工的专业素养。

（五）改善信息服务，促进资源共享

政府有关部门要不断完善信息披露制度，进一步提升首都金融网的信息沟通交流和宣传服务功能，通过网络等信息发布平台，整合科技保险法规政策及其相关信息资源，方便科技企业和中介机构获取信息。鉴于世界金融危机对我们的影响，还要发挥出口信用保险机构的信息资源优势和商账追收经验，加强海外风险信息的收集和分析工作，为科技企业提供信息咨询、商账管理等全方位服务。

建立和逐步完善科技企业的信息数据库，方便保险公司了解企业经营管理有关数据及其经营过程中的风险数据。可以考虑由政府或保监局相关部门协调，保险公司通过银行业的企业信用评价系统来了解投保企业的相关信息，从而解决信息不对称的问题，从源头上规避保险公司的风险，更好地开展科技保险工作。

（六）注重典型引路，发挥示范作用

有关部门重点引导一些典型的科技企业与保险公司就调整现有险种、共同开发新险种、建立"首台套"风险保障补偿机制及出口信用保险的国内化等问题合作，争取在某些行业、某些险种方面重点突破，并及时总结经验，以发挥典型示范作用。

北京市绿色金融发展的战略选择

绿色象征着健康、持久、富有生命力，绿色是协调的、多样性的、公平和有序的，绿色是永续发展的必要条件和人民对美好生活追求的重要体现。绿色发展是我国可持续发展基本国策的应有之义，在国家推动实现"两个一百年"奋斗目标的进程中具有时代特征。绿色已经成为新时代我国经济社会发展的底色。

近年来，北京市积极贯彻落实《京津冀协同发展规划纲要》，着力推进创新驱动和城乡经济社会一体化发展，取得了一定成效。城市功能进一步优化，生态环境明显改善，民生状况持续向好，经济发展质量不断提高，综合经济实力、科技创新能力和国际影响力都迈上了新台阶。但北京自身发展过程中面临的一些突出矛盾和问题，特别是人口资源环境矛盾以及由此引发的交通拥堵、环境污染等"大城市病"，并没有得到很好的解决，地区经济乃至社会治理承受了来自环境方面的严重制约和巨大压力，经济社会发展亟待加速向绿色、可持续模式转型。结合实际贯彻新发展理念，落实党中央国务院《生态文明体制改革总体方案》，全面推进生态文明建设和绿色发展，是新时代北京的战略选择。

北京市经济社会发展向绿色、可持续模式转型需要金融助力。绿色金融可以通过资金传导机制将企业环境成本内部化，对过剩产能和高耗能高污染行业进行融资制约，为绿色项目提供资金保障，促使企业把握绿色发展机遇。发展绿色金融是践行绿色发展理念、推进转型发展的必然要求和可行手段。作为全国的金融管理中心，北京拥有丰富的金融资源。如何更好地利用北京的金融资源优势为绿色发展服务，发展绿色金融，实现金融资源与绿色发展需求之间的高效对接，是我们需要研究和解决的重要问题。

一、北京市绿色金融发展的指导思想

北京市绿色金融发展要以习近平新时代中国特色社会主义思想为指导，坚持创新、协调、绿色、开放、共享的发展理念，深入贯彻落实习近平总书记对北京工作发表的系列重要讲话精神，从建立资源节约型、环境友好型社会和可持续发展的全局出发，立足北京市情和新的时代特征，继续大力发展绿色信贷，推动绿色证券发展，设立绿色发展基金，发展绿色保险，完善环境权益交易市场，广泛开展绿色金融国际合作，加快构建有北京特色的绿色金融体系，助力绿色发展和生态文明建设，破解"大城市病"，推动京津冀协同发展，服务"一带一路"建设，为把北京建设成为绿色低碳生态家园、国际一流宜居之都做出应有的贡献！

二、目标

北京市绿色金融发展的总体目标应为：到2025年，基本构建起基于绿色信贷、绿色债券、绿色上市公司、绿色基金、绿色保险、碳金融等在内的有一定国际影响力的绿色金融体系。

2025年以后，推动北京绿色金融向更深层次发展。可持续发展理念深入人心，绿色金融产品种类不断丰富，绿色金融市场快速发展，绿色金融服务体系更加健全，通过绿色信贷、绿色债券、绿色发展基金、绿色保险、碳金融等金融工具和相关政策支持经济向绿色化转型的制度安排更加完善，绿色金融有力助推北京绿色发展，促进首都走向生态文明新时代。

三、总体思路

构建完整的绿色金融组织体系，着力解决绿色金融的实践主体相对单一，公司治理结构不完善，发展绿色金融缺乏组织保障，绿色支行、绿色产业基金、绿色产业担保基金、绿色证券经营机构和绿色金融资产管理平台缺位的问题。

构建绿色金融市场体系，着力解决市场制度不健全、资本市场的环境准入机制不成熟、绿色金融覆盖面窄、中小企业难以实现环境融资等问题。

构建绿色金融产品体系，着力解决绿色金融产品种类少、结构单一、规模小、创新能力严重不足的问题。

构建多位一体的绿色金融综合服务体系，完善绿色金融基础设施建设，强化对绿色金融的支撑，着力解决信息不对称、信息沟通机制不到位、监管体系不健全以及绿色金融园区、绿色信用体系、环境效益和风险评估系统等缺位的问题。

加强绿色金融政策集成，建立财政贴息、财政担保和风险补偿、税收优惠、非税收入鼓励措施、货币和外汇政策有机统一、联合激励的机制，着力解决政策的设计、执行、传导和反馈中存在的有效性不够的问题。

北京碳金融市场体系建设的重要意义

碳金融是绿色金融的重要组成部分，是金融在低碳领域的创新，是化解绿色金融挑战（即如何对环境成本进行量化和风险定价）的突破口。目前已经明确的四种环境权益（即节能量/用能权、排污权、碳排放权和水权）中，成熟规范并形成了规模化交易的就是碳排放权。碳金融市场（即金融化的碳排放权交易市场）已经成功实现对温室气体排放类环境成本的科学量化和市场化定价，这是环境权益类资产率先落地生根发展的基石。碳金融市场为低碳融资提供了新途径，为推动绿色产业成长提供了新的金融支持，也为要素市场开辟了新的发展空间，是促进产业转型升级和实现低碳经济发展的有效机制，是我国碳市场未来的发展方向。我国已经开始建立的全国统一的碳排放权交易市场，将成为全球规模最大的碳市场，对构建国际碳定价中心、争取国际碳定价权和提高我国的国际话语权等无疑都将具有重要意义。

作为国家发展改革委批准的自"十二五"时期开始的京津沪渝粤鄂深7个省市试点碳市场之一，北京碳市场与国际碳金融市场的发展相比，尚处于初级阶段，还存在交易方式原始、流动性不足、风险管理工具缺乏等明显缺陷。特别是如何适应形势新要求，纳入全国统一的碳金融市场？如何适应市民新期待，为北京的减量发展服好务，让人民群众具有明显的获得感？还有很多问题需要研究解决。但毕竟北京碳市场机制成功建立并顺利运转了，政策法规体系也比较完整，核查数据比较扎实，定价机制逐步完善，配额核发适度从紧，在全国率先出台了抵消管理办法等，总体成效比较显著。

北京具有金融信息、人力资源、产品设计等方面的优势，是国内碳交易产业链最为完善的地区之一，具备发展碳金融市场的良好条件。北京碳金融市场体系建设具有以下六方面重要意义。

一、北京碳金融市场体系建设是践行新发展理念的内在要求

　　新发展理念是我国可持续发展基本国策的应有之义，在国家推动实现"两个一百年"奋斗目标的进程中具有时代特征。其中，绿色是国民经济的底色。发展碳金融，构建健康完善的北京碳金融市场体系，顺应了北京产业转型升级走低碳之路的要求，对于减少碳排放，打好环境污染攻坚战，推进绿色发展具有重大实践意义。碳金融市场具有不容忽视的带动力和影响力，很可能成为北京未来经济发展的一个新的驱动源。碳金融市场体系建设本身是践行新发展理念的内在要求。

二、北京碳金融市场体系建设是落实减排承诺的具体措施

　　作为全球最大的温室气体排放国以及最大的发展中国家，我国一直在积极主动发展低碳经济，减缓温室气体排放。2009年哥本哈根会议前，我国就提出要在2020年实现碳排放强度同比2005年下降40%～45%的减排目标。习近平主席在2015年巴黎气候大会上指出，中国将于2030年左右使二氧化碳排放达到峰值并争取尽早实现，2030年单位国内生产总值二氧化碳排放比2005年下降60%～65%，非化石能源占一次能源消费比重达到20%左右，森林蓄积量比2005年增加45亿立方米左右。碳金融市场体系建设是比较有效的环境政策工具，是我国实现碳减排承诺的重要措施。

三、北京碳金融市场体系建设是促进全国统一碳排放大市场建设的有力抓手

　　北京碳市场是全国多层次碳市场的重要组成部分，2013年11月试点启动以来，以北京环境交易所为依托，北京碳交易市场不但支持全市重点排放单位顺利完成了履约工作，也为全国碳市场建设积累了丰富的经验，形成了自

身鲜明的特点。2017年12月，国家发展改革委正式宣布启动全国碳排放权交易体系，作为全国7省市碳交易试点市场之一，北京碳市场积极参与全国统一碳排放大市场建设，自身也迎来更大的发展空间。

四、北京碳金融市场体系建设是促进京津冀绿色协同发展的得力工具

建设碳金融市场体系相当于一种特殊的经济手段，将有助于控制北京及周边地区部分高污染行业的碳排放量，优化在京企业结构，促进非首都功能疏解。同时，京津冀跨区域碳排放权交易试点的启动，为碳金融市场体系建设提供了良好的发展机遇，通过将京津冀三地的区域碳市场与节能减排和环境保护统筹起来，形成有效的政策合力，使企业在进行二氧化碳减排投资的同时，获得新能源补贴收益、获得碳排放权的出售收益，从而降低减排成本，推动京津冀绿色协同发展。

五、北京碳金融市场体系建设是建设"四个中心"的重要保障

实现北京城市"四个中心"战略定位，离不开绿色发展的底色。建设碳金融市场体系，是北京实现低碳发展的重要手段，可以帮助造就新的低碳产业，有利于北京市内传统产业转型升级，有利于生产方式绿色化并构建高精尖经济结构。碳金融市场体系可以通过资金传导机制将企业环境成本内部化，对过剩产能和高耗能高污染行业进行融资制约，通过强化碳排放总量和强度控制，从生产和消费两端持续推动能源结构的清洁化、低碳化转型。碳金融市场体系，还可以作为一种新的融资方式和新的市场平台，为绿色金融和碳金融提供依托，帮助造就北京新金融的竞争优势，形成与上海传统金融

中心互补和错位发展的态势。依托碳市场建设，发挥自身优势，北京完全可以成为一个有影响力的国际碳金融中心，为国际消费中心城市建设注入金融市场的内涵。总之，北京作为全国政治中心、文化中心、国际交往中心、科技创新中心，在发展碳金融市场方面优势得天独厚。北京碳市场将积极服务国家战略、助推北京"四个中心"建设。

六、北京碳金融市场体系建设是贯彻"以人民为中心"发展思想的生动实践

"以人民为中心"的发展思想，反映了坚持人民主体地位的内在要求。坚持绿色发展，全面推进生态文明建设，使青山常在、绿水长流、空气常新，就是为了让人民群众在良好的生态环境中生产生活。碳金融市场体系建设以控制企业温室气体排放为切入点，通过倒逼和市场激励促进企业减排，有助于促进绿色低碳产业的发展，有助于形成绿色生活方式，践行生态文明理念，是回应人民期待、贯彻"以人民为中心"发展思想的生动实践。

北京作为中国的首都，在全球应对气候变化、促进低碳转型的背景下，服务于我国和本市节能减排目标，要在未来国际碳市场竞争中占有一席之地，必须充分利用碳交易市场机制，从提升碳市场交易活跃度、构建多层次碳金融产品服务体系、加强碳金融市场风险管理、建立多方位政策支持和着力培养本地国际化碳金融人才等多方面构建和完善碳金融市场体系，全面推进首都碳金融市场建设，促进节能减排进而促进首都经济社会高质量发展。

北京市中小企业融资服务体系建设方案

背景

北京市有中小企业39.1万户，占全市企业总数的99％强，主营业务收入和应税总额分别占全市企业的64％和60％，从业人员占全市企业的81％[①]。中小企业已成为推动全市经济增长的推动力、扩大就业的主渠道和技术创新的生力军，对保增长、保就业、保民生、保稳定具有极其重要的意义。然而，中小企业在发展过程中遇到很多共性的、靠自身很难解决的困难，比如融资难、信息渠道不畅、信用体系不健全等，其中融资难问题已成为制约中小企业发展的瓶颈。2007年年末，全市中小企业授信户数不足9000户，贷款余额仅占内资金融机构贷款总余额的1.2％。全市80家创业投资机构出于风险考虑，很少投资于创建期中小企业。长期以来，大型企业和中小企业在获取资金方面的不平等地位，形成了中小企业融资的"二元化问题"，即少量大型企业拥有各种便利，极易获取资金，而绝大多数中小企业融资困难。

为解决中小企业融资难问题，2006年以来，本市大力构建中小企业多层次融资服务体系。对种子期和创建期中小企业，启动中小企业创业投资引导基金；对生存期和扩张期中小企业，搭建间接融资服务平台；对成熟期中小企业，提供上市融资服务平台等。目前，全市中小企业多层次融资服务体系建设已有相当基础，但中小企业融资难问题远没有解决，加之这次新冠肺炎

---

① 这些数据均是2008年的数据。

疫情又给中小企业造成了一定冲击，中小企业融资服务体系建设问题又显得比较突出了。

在当前经济企稳回升的基础还不牢固、疫情防控不能放松的形势下，我们应抓住经济逐渐恢复的有利时机，推进重点改革，进一步消除体制机制障碍，释放体制机制活力，加快建设并完善中小企业融资服务体系，促进广大中小企业发育、成长和发展，力争在核心技术、关键设备和自主品牌上实现新突破，以此推进全市产业结构调整升级，为实现内生式持久增长提供动力。为此，提出建设有效的中小企业融资服务体系建设方案。

一、指导思想

以首都发展为统领，立足本市经济增长和结构调整的实际，加大对中小企业的支持力度，构建北京市中小企业融资服务体系，让广大中小企业拥有健康平稳的发展环境，使它们在做大经济总量、吸纳城乡就业、促进技术创新、保持市场活力等方面发挥更大作用，成为推动全市经济社会发展的中坚力量，为完成"十四五"规划确定的目标和2035年远景目标做出应有的更大贡献。

二、总体思路与目标

创新融资模式，发展组合金融，全面落实支持中小企业发展的一系列政策措施，完善中小企业信用担保体系，加强引导和监管，通过多平台、多举措拓宽中小企业融资渠道，加强和改善对中小企业的金融服务，力争在未来3～5年内，基本建立起适应首都经济社会发展需要的比较完善的中小企业融资服务体系。在现有基础上，要使全市中小企业的贷款每年递增10%，发债企业每年增加10家，发债规模每年递增10%，上市企业每年增加10家，上市融资额每年递增10%，对中小企业股权投资额每年递增10%[①]。

三、融资模式的完善与创新

任何一个企业从提出构想到创立、发展、成熟，都存在一个成长的生命周期，一般可以分为种子期、创建期、生存期、扩张期和成熟期。不同发展阶段的中小企业对融资有不同要求，不同阶段的融资有不同特点。要根据企业所处阶段的不同，采取不同的融资模式。

（一）以风险投资促进种子期和创建期中小企业发育

种子期的主要成果是样品研制成功，同时形成完整的生产经营方案。创建期的企业需要着手筹建公司，把研制成功的产品投入试生产，需要一定数量的"门槛资金"。鼓励个人风险投资者出资协助具有专门技术或独特概念的原创项目或小型初创企业，进行一次性的前期投资。吸引机构风险投资者进行权益投资，在所投资创业企业发育成熟后，通过股权转让获得资本增值收益。

（二）以间接融资促进生存期和扩张期中小企业成长

间接融资是企业通过金融中介机构间接向资金供给者融通资金的方式，由金融机构充当信用媒介来实现资金在盈余者和短缺者之间的流动。

1.纯信用贷款

对符合条件、信用良好的企业发放一定额度的纯信用贷款，无须担保。企业获得信用贷款的利率、综合融资成本与申请企业的信用等级挂钩，以较好地体现出贷款企业的信用价值。同时，促使更多的中小企业去努力提升自身的信用等级，进而促进全市中小企业信用体系建设。

---

① 这些指标是 2009 年确定的目标，随着时段的不同，应进行相应的调整。

2.担保贷款

根据组织样式、担保人和担保方式的不同，主要有下列模式：

一是会员制保证贷款。在开发区或乡镇工业集中地由多家诚信企业共同组成会员制担保公司，由此担保公司为会员提供保证并负责代偿。

二是中小企业联保贷款。即由几家中小企业自愿组成联保小组，统一向银行申请贷款，银行对联保小组统一授信，在借款人不能按约偿还贷款时，由联保小组成员承担连带责任。联保贷款遵循"企业申请、一次核定、余额控制、按期还款、周转使用、多家联保、责任连带"的原则，允许企业在确定的授信额度和期限内"多次提取、随借随用、循环使用、到期归还"。当然，为规避系统风险，要严禁组内成员为组外企业提供担保。

三是商会会员相互保证贷款。各类中小企业为了在市场竞争中"抱团发展"，形成集合优势，可以组织成立或利用现有的商业民间自律组织——商会，并以它作为经营发展的基础和平台，"共享资源，共享信息，共同发展"。融资时，以依法成立的商会为纽带，在商会组织内部审查、评审推荐的基础上，采用会员相互提供一般保证的方式，在银行取得贷款（特别是短期流动资金贷款）。

四是抵押贷款。除了目前法律允许的抵押外，还要学习借鉴江苏省海门市等地进行农村集体建设用地使用权抵押的经验做法，制订相关办法，在条件比较好的区开展农村集体建设用地使用权抵押贷款试点，以公开规范的方式出让、转让农村集体建设用地土地使用权，使之在符合规划的前提下与国有土地享有平等权利。

五是质押贷款。针对科技型中小企业往往没有有效抵押物的情况，实施跟单贷款和贴身服务，开办仓单质押贷款、应收账款质押贷款、外来投资配套贷款、存货抵押贷款、流动资产循环抵押贷款等产品。针对文化创意企业的发展需求，完善版权担保贷款。

3.票据贴现

即企业以未到期的票据（期票、汇票等）向银行融通资金，申请贴现，银行扣取一定费用后发放相应贷款。

（三）以直接融资促进扩张期和成熟期中小企业发展

1.创新发债模式，积极推动扩张期中小企业发行集合债券和短期融资券，形成多元化组合金融资源和渠道

一是发行集合债。这是一种由牵头人组织，以多个企业的集合为发债主体，由发行企业各自确定债券发行额度，分别负债，采用统一的债券名称，统收统付，以发行额度向投资人发行的约定到期还本付息的一种企业债券形式。这种"捆绑发债"的方式，打破了只有大企业才能发债的惯例，开创了中小企业新的融资模式。

建立中小企业集合债券发行制度，规范申请程序和操作流程，定期组织中小企业进行发债。采用担保公司联合担保、提供再担保以及第三方提供流动性支持等多重增信方法，提高中小企业债券信用级别。

二是发行短期融资券。短期融资券是由企业发行的无担保短期本票。中国银行间市场交易商协会正在酝酿推出中小企业短期融资券。有关部门要研究、支持符合条件的成长期中小企业发行短期融资券，给予相应支持，为企业融资提供有效途径。

三是开展中小企业信贷资产证券化业务。中小企业信贷资产证券化一般先由商业银行向中小企业发放贷款，再把这部分信贷资产经过打包、重组，进行证券化运作，从而获取更多融资。

资产证券化依靠的是原始权益人资产的未来现金流，可以使本身信用等级不高的企业，摆脱自身的资信能力、资产负债情况的束缚来获得资金，还可以在中小企业和投资者之间"间接地"实现直接融资。

商业银行在通过证券化向中小企业贷款时，必须严格审查，对现有中小企业信贷资产整合剥离时要严格筛选，使产品在销售和风险控制上达到最优效果。

2.促进成熟期中小企业上市融资

在成熟期，企业已有自己稳定的现金流，对外部资金需求不像前面几个阶段那样迫切，此时的工作重点是完成上市工作，从而也可以使风险投资成功退出，并得以进入良性循环。一是鼓励有条件的企业通过境内外创业板上市融资。创业板是指主板之外的专为暂时无法上市的中小企业和新兴公司提供融资途径和成长空间的证券交易市场，是对主板市场的有效补充，为风险资本营造了一个正常的退出机制。我市有相当一部分企业虽然成立时间短，规模小，但成长性较好，这些企业可以跨越创业板门槛。

二是支持有条件的企业通过中小板上市融资。深交所中小企业板自启动以来，已经支撑270多家中小企业上市，这是优质中小企业获取融资的重要途径。市发展改革委与深交所在2007年签署了《北京市支持中小企业上市融资合作备忘录》，依托北京中小企业网，搭建中小企业上市融资服务平台，通过平台筛选上市重点培育企业，提供专业的上市培育服务和政策支持。

三是积极发展中关村代办股份转让系统。及时总结中关村代办股份转让系统的运作经验，使之为园区非上市股份公司提供更加有序更加完善的股份转让服务平台，更加方便地使创业资本退出，更好地适应多元化的投融资需求，在促进园区中小企业建立现代企业制度、完善法人治理结构、提高综合融资能力和规范运作水平等方面发挥更大的作用。

（四）以其他各种融资模式满足不同中小企业需求

中小企业在生产经营过程中，可选择的融资渠道和融资模式是多种多样的。除前面提到的各种融资方式外，还有融资租赁、民间融资、典当融资、合同能源管理、兼并融资、利用外资等，这些融资模式对缓解我市中小企业融资困境都有各自的积极作用，其中融资租赁、民间融资、典当融资和合同能源管理对目前我市中小企业融资具有特殊意义。

1.融资租赁

也即金融租赁，是指出租人根据承租人对供货人和租赁标的物的选择，由出租人向供货人购买租赁标的物，然后租给承租人使用；租赁期满后，出租人将该固定资产的占有、使用和收益权让渡给承租人。与银行贷款相比，融资租赁具有申请便利、节约流动资金、还款方式灵活、风险较低等优势。除了直接购买融资租赁外，还有多种形式，如转融资租赁、售后租回融资租贷、委托融资租赁、项目融资租赁、销售式租赁等。

融资租赁正成为一种新型的投融资机制。特别是对一些现代制造和建筑施工企业，设备往往是现代制造业企业生产率高低的决定因素。购买大型先进设备花费不菲。企业要盘活存量资产，改善财务结构，加快设备更新和技术改造，可以采用融资租赁手段来融入资金，以解生产经营和发展资金压力，保证持续运转。

2. 民间融资

所谓民间融资是指非正规金融，比如通州区于家务乡"果村蔬菜专业合作社"、平谷区金海湖镇洙水村"百合兴盛土地专业合作社"等。这种融资模式具有制度优势、信息优势、成本优势和速度优势。我市城乡经济和金融发展还很不平衡，多种所有制成分、多种经营形式、多种经营层次并存的情况将长期存在，在引导农民向二、三产业转移的过程中，广大中小企业和农户的大量资金需求的满足，相当一部分需要求助于民间融资。

3. 典当融资

典当关系的实质是以质押为条件的货币借贷。典当行以实物占有权转移的方式为中小企业和个人提供临时性质押贷款。典当融资具有抵押物种类宽、贷款用途不受限制、还款方式灵活等优点。目前北京已有的几十家典当行服务对象主要是居民个人，针对中小企业的融资业务少而又少。为切实解决中小企业融资难问题，大力发展典当融资，不失为一种既符合市场经济要求，又具有中国特色的简便易行的融资方式。

4. 合同能源管理

这是一种全新的、基于市场的、以效益分享为基础的节能项目融资模式。运用这种模式时，先由节能服务公司（EMC）对中小企业进行节能诊断，提出节能项目实施方案。签订合同后，由EMC筹资，采购、安装并调试设备，培训人员。待项目投产运行后，企业按合同规定，用节能效益向EMC分期偿还投资。有关政府部门已出台对合同能源管理项目进行扶持的相关政策。这种融资模式很适合制造业和宾馆饭店类中小企业实施节能工程，对传承绿色奥运遗产、实施节能减排工程具有重要作用。

四、配套体系建设

（一）建立并完善中小企业融资政策支持体系

财政要加大对中小企业的支持力度，适度扩大中小企业发展专项资金规模，通过拨款补助、贴息和资本金注入等方式引导中小企业拓宽融资渠道，重点支持中小企业技术创新、结构调整、节能减排、开拓市场、扩大就业，以及改善对中小企业的公共服务。以财政贴息引导中小企业争取银行贷款，降低融资成本。政府资本金可通过VC/PE的方式间接注入企业，还可以通过其他方式搭建资本金注入平台，引导社会资金投资中小企业。给予企业信用评级费用补贴，为信用良好的中小企业提供绿色贷款通道。对科技型中小企业知识产权质押贷款给予一定的贴息补助。制定中小企业集合债券扶持政策，给予发债企业一定的综合费用补贴和贴息支持。尽快制定出台《北京市融资租赁业发展规划》，出台相关政策，引导产业聚集度高、适合开展融资租赁业务的特定区域内的企业积极开展融资租赁业务。鼓励支持有条件的中小企业到境外开展并购等投资业务，收购技术和品牌，带动服务和产品出口。通过区县政府，以直接补贴（按业务量给银行资金奖励）方式促进银行给中小企业贷款的积极性，更好地调动地区金融资源的积极性。进一步规范收费行为，全面实行中小企业缴费登记卡制度。

落实中小企业税收优惠政策，对符合条件的中小企业减免所得税、增值税和营业税，对高新技术创新活动和有关的科研费用加计扣除；对非营利性中小企业信用担保、再担保机构给予3年内免征营业税的优惠政策；对于支持中小企业融资的银行及保险公司，给予该项业务的部分税收减免；贯彻落实国家税务总局《关于实施创业投资企业所得税优惠问题的通知》等政策措施（创业投资企业投资未上市中小高新技术企业2年以上，凡符合条件的，可按其投资额的70%抵扣企业的应纳税所得额），做好相关服务工作。

进一步落实出口退税等支持政策。研究完善稳定外需、促进外贸发展的相关政策措施，稳定和开拓国际市场。充分发挥中小企业国际市场开拓资金和出口信用保险的作用，加大优惠出口信贷对中小企业的支持力度。

（二）建立并完善中小企业信用体系

整合本市各方信息资源，支持人民银行营业管理部加快建立并完善以中小企业为主要对象，以信用记录、信用调查、信用评估、信用发布为主要内容的社会信用管理系统。强化中小企业信用观念，促进中小企业信用评级，扩大征信产品使用范围，使信用系统成为中小企业融资的有力支撑体系。

（三）建立并完善中小企业融资担保体系

指导市级中小企业再担保公司按照"政策性导向、市场化运作、公司化管理"模式规范运作。及时总结经验，加强科学管理，根据本市担保机构发展的实际需要，尽快将再担保公司资本金规模扩大到15亿元。建立两贴一代机制（补贴或减收保费、受托贷款贴息，实现风险代偿）。利用3年左右时间，使本市担保机构平均放大倍数增至5~8，在保余额达到1000亿元。通过开展项目再担保、授信再担保、增信再担保、联保再担保等业务，引导信用担保机构重点面向中小企业领域。

鼓励建立中小企业信用担保基金，以参股、委托运作和提供风险补偿等方式支持区县担保机构建设，完善中小企业信用担保机构的增信和风险补偿机制。

鼓励社会资金进入信用担保领域，兴办以社会资本为主体的担保公司；鼓励发展企业间互助性担保机构，逐步形成各类担保机构相互补充、平等竞争的担保体系。

（四）建立并完善中小企业融资监管体系

维护和管理信用秩序，即打击虚假信用，严惩骗取信用等欺诈行为，对信用信息失真的企业和中介机构根据相应法律加以惩治，创造有利的社会诚信环境。

加强对创业投资、股权投资、信用担保行为以及民间资本的监管，规范各主体的行为，保证对中小企业投资、担保和融资等业务的合法性。

在目前国家相关法律法规尚未完全配套的情况下，我市可出台地方性法规，保证中小企业融资环境的优化。如可出台《有关民间借贷行为的规定》，加强对民间资本的监管。

五、保障措施

（一）加强组织协调，完善统筹服务

进一步提高对中小企业重要作用的认识，把促进中小企业融资作为促进首都经济又好又快发展的重要抓手。市金融局会同北京银保监局、北京证监局、市财政局、市发展改革委、市经济信息化局、市住建委、市商务委、市科委、市知识产权局等部门搭建政府部门、金融机构、中介机构与中小企业之间沟通的平台，建立促进中小企业融资联席会议制度和日常沟通联络机制，做好协调服务工作。还要加强与国家有关部门在政策、信息以及人员等方面的交流与合作。当前，特别要注意对中小企业改制上市中的政策性障碍进行分析、整理，协调各部门相互配合予以解决。

（二）创新体制机制，改善融资条件

银行业金融机构要更进一步解放思想，以高度的责任感、更专业的技术手段、更贴近市场的服务，把对中小企业的服务做得更加到位。商业银行要完善中小企业服务专营机构，真正实施"六项机制"，实现高效审批、独立核算和独立的激励约束考核机制，从而实现真正的商业可持续发展。

开展"阳光信贷"，亦即银行将中小企业的贷款调查、授信、定价、操作流程和公开承诺服务等全过程置于社会公众的有效监督之下，以此来加强银企之间的信息交流，增进双方互信，以灵活、快捷的服务来提高贷款风险的外部监督力度和放贷效率。

创新中小企业贷款审批办法。通过审批中小企业盈利水平、订单情况、信用记录等综合情况，来避免只通过财务报表审批贷款的局限性。为解决信息不对称问题，要注意了解客户的"三品"（人品、产品、押品），做到对客户眼见为实、知根知底，从而适当降低贷款门槛。在服务中小企业方面，还可通过企业的"三表"（即水表、电表和报表）来掌握企业的运营情况。

制定切实可行的操作规程，简化贷款手续，推进中小企业信贷流程再造。通过机制创新，推广"信贷工厂"模式，将"标准化""专业化"的现代管理理念融入贷款程序，通过流水线、集约化的管理模式加快中小企业贷款审批速度，降低审批成本，提高审批效率，方便融资。

北京银行中关村海淀园支行要及时总结经验，继续改善服务，针对所在地的中小企业特色，量身定制、推出多元化的金融产品组合方案。特别是要针对科技企业自主创新特点，积极探索知识产权交易、投资机构投资价值认定等发现企业无形资产及未来价值的方式方法，并充分发挥地方科技计划专家的优势，参与重大信贷项目和业务的信贷评审，突破银行在科技专业方面的局限。研究总结北京银行中关村海淀园支行的经验，选择有条件的地区，成立新的专门的中小企业银行，从业务范围、产品种类、信用审查、贷款审批、绩效考核等方面根据中小企业特点进行设计，以使中小企业更加便利地获得银行贷款。

为进一步发挥银行的专业性，减轻政府负担，促进财政资金的有效规范使用，建议借鉴欧洲各国支持中小企业融资的普遍做法，在中关村国家自主创新示范区设立专门的政策银行（容忍较高的坏账率）为中小企业放贷。

积极鼓励、引导保险公司提供融资担保业务和信用保险业务。提供适当的税收优惠及财政补贴，降低保险融资的中介费用，引导保险公司在中小企业融资方面有所作为。

大力推进民间融资。以中小企业和农户为服务目标，吸引更多民间资本参与到小额贷款公司的组建中来，加快进行小额贷款公司的试点工作，在中关村和区县继续建立小额贷款公司。在国家暂未出台《放贷人条例》的情况下，我市可先行出台关于民间融资的管理办法。进行针对中小企业的民间借贷试点工作，对借贷资金的规模、流向、对象进行严格监控。在积累试点经验的基础上，积极配合国家有关部门制定专门法律法规对民间融资进行规范和引导。

（三）发展中介组织，提高运作效率

以经济成分多元化、组织类型多样化、服务功能全面化、活动方式法制化、系统运行网络化为目标模式，大力发展为中小企业服务的市场中介组织，解决信息不对称问题，提高融资效率。坚持政府扶持、市场化运作的原则，为市场中介组织的发展培育良好的社会环境。不论是政府行政机关还是新兴的社区组织，都要摆正自己与市场中介组织的关系，注意减轻市场中介组织的各项负担，使其更好地发挥作用。

有关部门要加强和改善对市场中介组织的管理与监督，保证其健康发展。要督促市场中介组织利用本身的制度、章程和运行规则进行自我管理和自我监督。为了把分散的市场中介组织联合起来，更好地发挥行业优势，要采取"一元化的体制"成立或补充完善中小企业协会，为融资服务。

（四）实施人才兴业，强化智力支撑

充分发挥首都金融发展顾问委员会和首都金融系统研发联席会的专家支撑作用，提供其他国家中小企业融资的经验借鉴，把握全市中小企业融资总体情况和最新动态，提出宏观政策建议。精化"北京市中小企业专家顾问委员会"队伍，使之成为专业服务、贴心服务、有效服务的主力军。完善"中小企业专家门诊"制度，为企业进行面对面的"问症、把脉、诊断、开方"，组织"专家小分队"提供现场"用药""随访"等服务。

研究建设北京中小企业培训基地，整合高校、政府、研究机构和社会团体的现有科研和教学力量，分行业开展中小企业"创业、融资、管理"系列培训工程。政府有关部门和中小企业协会要在摸清需求的基础上制订切实可行的人员培训方案，提高职工的专业素养，并推动和引导中介服务机构推出规范的、适合我市中小企业发展需要的、完善的培训方案，其内容涵盖创业辅导、职业经理人员培训、企业经营管理人员培训、专业技术人员培训、质量标准培训、证券融资培训等。对中小企业进行培训和专门辅导，针对中小企业上市可能产生影响的问题，讲解有关法律、法规和政策。

（五）用好财政手段，发挥引导作用

用好财政扶持中小企业发展的各类专项资金，坚持"公开征集、实地勘查、专家评审、政府决策、过程监管"的原则，加强项目实施过程和资金使用的管理，确保政府资金合理、安全和高效使用。研究设立中小企业融资服务体系建设专项资金，加大对公益性融资服务平台项目和小企业创业基地的支持力度。在政府引导基金和再担保机构建设的基础上，继续探索转变政府资金扶持方式，不断提高政府资金使用效率和扶持效果，使之切实发挥引导作用。

（六）搭建信息平台，促进资源共享

为了实现政府、金融机构和企业之间更充分的对接互动，促进信息交流和共享，提高资源利用率，依托丽泽金融商务区，建设北京市中小企业发展大厦，使之成为市政府推动中小企业发展的重要基地，有关部门为中小企业提供综合服务的主要窗口，中小企业获取各类信息的综合平台。

引导区县政府借鉴"行政服务中心"的做法，建立"一站式融资超市"：设立专门的服务场所，定期举行（每月或每季一次）"金融服务日"活动，组织本地区的金融机构集中办公，直接为中小企业服务。各家金融机构采取设点咨询和现场服务相结合的方式，在金融超市中发布最新金融政策和金融产品信息，举办金融产品与金融知识讲座，开展融资服务，进行项目对接。银行机构要利用这个融资平台，在开展银行已有融资业务的同时，创造新的动产质押融资模式。通过引入担保、仓储等相关服务机构，使得中小企业能够以自身的动产作为质押获得担保贷款，解决短期周转资金。区县要指定专门部门负责融资超市的筹建、运作和管理。有关领导亲临融资超市现场坐镇，督促和协调超市运作，接受企业咨询，增强经营者信心。

建设"五个一"（一电视台、一网、一刊、一报、一声讯台）宣传推介工程，逐步形成电视、网络、杂志、报纸、广播等媒体互动的宣传推广体系。特别是要整合好"北京中小企业服务之窗"和"北京中小企业网"，建设好"政府协调引导、银行合作支持、担保积极配合、企业主动参与"的中小企业融资电子信息服务平台。该平台将企业、银行和其他相关服务机构的信息汇集，集中开展政策咨询、公共信息、在线咨询和贷款审请等有利于企业融资的全程信息服务，以信息化手段帮助企业寻找融资途径。

改善"北京中小企业咨询热线电话"的服务质量。加大投入，对受话人员进行严格的专门培训，使他们成为具有很高的综合服务水平的"活地图""活情况""活字典"，以提高咨询热线电话的服务水平。

（七）引导企业管理，推进规范运作

建立成长型企业资源库，推进"千家企业成长计划"。引导和支持中小企业致力于现代企业制度建设，完善公司治理结构，提高经营管理水平，增强抵御风险能力。引导它们加强基础管理，强化营销和风险管理，开展管理创新。培育和支持中小企业管理咨询机构进行管理咨询活动。加快推进中小企业信息化，引导企业利用当代信息技术提高研发、制造、管理和服务水平。要求企业格外重视信用意识的培养，注重信用积累，逐步形成将信用作为无形资产来经营的理念。

北京乡村振兴中的金融需求变动趋势 ①

金融是实体经济的血液。在乡村振兴战略实施过程中，金融是农村经济发展的重要支撑要素。北京在"四个中心"与国际一流和谐宜居之都建设全面推进、率先全面建成小康社会、人均GDP跨越2万美元的大背景下，乡村振兴中的金融需求也会发生重大变化。农村金融工作应认真落实新发展理念，大力支持都市型产业提质增效，探索形成适合自身特点的支持乡村振兴的金融服务体系，增强服务北京现代化发展的能力。

新时代北京乡村振兴的金融需求，主要来自产业规模拓展型投资金融需求和生存质量改善型消费金融需求，并呈现规模化、长期化趋势。随着乡村振兴战略的推进，特别是随着城市化的推进和农村人口的迁移、农村产业结构的调整，传统农村发展模式下独立、分散存在的部分小农，将逐渐融入规模化、专业化、产业化、合作化、农民职业化发展的大潮，其金融需求出现转型。根据《乡村振兴战略规划（2018—2022年）》，伴随着农村产业结构调整，农村基建、农业园区、农业公园、一村（乡）一品、一区一业、美丽乡村、特色小镇等建设的金融需求将不断增加，以大农户、家庭农场、合作社、农家乐及乡村旅游业主、创意农业主体、农村电商户、农业社会化服务组织、现代农业庄园主、农家乐业主、"双创"主体、一二三产业融合发展主体、田园综合体主体等形式存在的农村新型经营主体将不断产生，作为新农人的新型职业农民的数量将会不断增加。

乡村振兴中"五大振兴"涉及的农业产业项目、龙头企业、农民专业合作社、农户等各类主体均有不同程度的金融需求。在产业振兴方面，构建

---

① 本文根据作者2019年主持的北京市级财政支持项目《北京乡村振兴战略的金融支持研究》报告中的有关内容改写而成。

现代农业产业体系，优化农村产业结构，转变农业发展方式，促进农业提质增效等均需金融支持，农村企业、家庭农场、专业大户、农民专业合作社、农业产业化龙头企业等均是金融需求的主体。在文化振兴方面，金融需求体现在农村文化教育、医疗卫生等基础设施或项目建设等方面，需求主体也涉及多个方面。在生态振兴方面，加强农村生态环境建设、增加农村人居环境的公共服务供给、推进绿色农业发展等均需要金融跟进，金融需求主体主要是政府或国有投资公司等。在组织振兴方面，农村集体经济组织发展、农村集体产权制度改革等对配套金融支持提出较多需求。在人才振兴方面，小农户融入现代农业发展链条、农村群众就业创业、新型职业农民发展等，都对金融提出相关需求。

一、乡村振兴对金融组织体系的需求变化

从金融组织体系的需求变化看，呈现多层次、覆盖面广、竞争适度的变动趋势。中国农业银行、中国邮政储蓄银行、国家开发银行、中国农业发展银行、北京银行、北京农商银行等金融机构的金融服务网络，需要向最基层延伸。同时，乡村振兴战略的实施，对村镇银行、小额贷款公司以及依靠农村（社区）农民、农民专业合作社建立起来的农村互助合作组织等各类新型小微型金融机构产生更大需求。为了让金融充分覆盖农业农村农民，需要将更多元、更立体化、更加完善的金融组织体系投入到乡村振兴的重点领域和薄弱环节中。

二、乡村振兴对金融产品体系的需求变化

伴随着居民收入增长和财富累积，除对传统贷款产品的需求外，北京市乡村振兴对金融产品的需求呈现多样化趋势。一是对金融产品提供的资金

数量要求大额化，使用时间要求长期化。乡村振兴涉及大量公益性的基础设施和公共服务项目建设，资金需求量较大、期限较长。同时，随着农业产业化、农业科技创新以及新型农业主体的壮大，现代农业项目、农业龙头企业所需资金额度也呈大额化、长期化趋势。2018年年末，全市共有新型经营主体（含农业合作社和家庭农场）7044个、国家级重点龙头企业39家、市级龙头企业110家。随着生产的发展、规模的扩大、结构的转型，这些新型经营主体所面临的贷款难、贷款贵、保险少问题越来越突出。二是资金需求综合化、个性化。由于平原地区、浅山区、深山区农村经济发展程度不一，推进乡村振兴的基础和进度不同，信贷需求自然也存在差异化。在农村经济薄弱地区，精准帮扶低收入户是乡村振兴的基础工程，需要保持金融扶贫贷款政策的连续性，对扶贫贷款需求较大。截至2018年年底，全市共有234个低收入村或重点帮扶村，68223户低收入户，这些地区和居民尤其需要在基础设施建设、基本公共服务方面投入资金。在农村集体产权改革进展较快的地区，需要金融支持发展多种形式的农业适度规模经营，支持农村集体产权制度改革，发展壮大集体经济。三是资金的用途由以生产性用途为主向扩大再生产、消费性、投资性等多样化用途转变。对大多数农业经营主体而言，往往将借贷资金投向农田水利、大棚、机械装备等固定资产和肥料、雇工等方面的流动资金需求；而对消费观念大有改观的新生代农民、返乡农民工而言，汽车、家电等消费性贷款需求以及改建或购置住房等投资性贷款需求日益增加。同时，乡村生态宜居、基础设施提档升级、产业设施配套建设等领域的投资需求量增大，将进一步增加对投融资性金融产品的需求。

三、乡村振兴对金融服务体系的需求变化

一是服务需求多元化。需要市场资讯、金融培训、财务规范、公司治理等多种类服务，部分富裕的农村还存在理财咨询、贵金属和金融衍生品交易、上下游客户中介等金融服务需求。二是服务方式灵便化。农村企业和农民需要网上银行、手机银行等灵活便利的服务终端，尤其是需要面向广大

农民的简单、便捷的使用界面。三是服务效率进一步提升。受农村地区种养殖业季节性影响，资金需求的窗口期更短，需要银行提高信贷审批效率。同时，由于农村合格抵质押物相对不足，还需要商业银行创新风险控制手段，把控实质风险。四是金融生态建设进一步优化。包括农村制度环境优化、农村金融监管体系优化、农村金融产权制度更加健全、农村金融信用体系更加完善等。

四、乡村振兴对金融市场体系的需求变化

随着农村生产规模化程度的不断加大和经济水平的不断提高，农村公共资源交易需求呈现出规模不断扩大、内容和范围不断延伸、形式日趋多样化的趋势。特别是在农村"三权"抵押贷款试点的背景下，农村集体资产如何处置、集体资金如何使用、集体资源如何交易等成为广大基层群众关注的焦点。农村产权市场亟须整合各类农村公共资源交易平台，建立和完善产权登记与交易制度，规范市场交易行为，形成合理、合法的价值评估体系，以有效解决农村产权登记和交易问题。这是北京市农村金融市场体系需求的重要变化。

北京市农村金融体系建设研究

农村金融是现代农村经济的核心，也是当前"三农"问题的重中之重。长期以来，北京市委市政府高度重视农村金融发展工作，全市农村金融改革和创新步伐不断加快，村镇银行、小额贷款公司、农业担保公司、农业投资公司等金融机构相继成立，农村信贷、保险、担保、投资等领域改革稳步推进，并取得一定成效，但农村金融薄弱问题仍未得到根本改变。2008年北京市发布《关于促进首都金融业发展的意见》，对农村地区金融改革和发展做出重要部署。如何有效整合全市农村信贷、农业保险、农业投资、农业担保、农村信用五大资源，构建资本充足、功能健全、服务完善、运行安全的农村金融体系，是破解北京农村金融问题的主攻方向。

一、北京市农村金融体系现状

2008年以来，北京市农村金融体系建设步伐明显加快，农村信贷、农业保险、农业投资、农业担保、农村信用五大体系建设分头推进，并取得一定成效。

（一）农村信贷

农村信贷是农村金融体系建设的主体，农村金融要获得实质性发展，农村信贷必须取得突破。农村信贷的突破需要在存量整合的基础上，探索创新农村金融的信贷机构，构建地方性、区域性、小型化、草根性为主要特征的新型农村金融机构。

1.传统农村金融机构

目前，全市从事农村信贷的传统农村金融机构主要有中国农业银行北京分行、中国农业发展银行北京分行、北京农村商业银行、中国邮政储蓄银行北京分行等。其中，农行北京分行、北京农商行、农发行北京分行是开展涉农贷款的主要力量。

2.新型农村金融机构

为改变农村金融资源流失严重的状况，2008年以来，全市开始设立以县域为基础的新型农村金融机构，主要包括村镇银行、小额贷款公司和资金互助合作社等。

一是村镇银行。北京延庆村镇银行是本市第一家村镇银行，2008年12月10日正式开业，以北京银行为主发起人，注册资本3000万元。第二家村镇银行为北京密云汇丰村镇银行，注册资本5000万元，主要通过"公司+农户"的价值链模式为农村提供融资。此后，其他各区的村镇银行也相继获批成立。

二是小额贷款公司。小额贷款公司只贷不存。其资金来源为股东缴纳的资本金、捐赠资金、来自不超过两个银行业金融机构的融入资金及经国家有关部门同意的其他资金来源。主要向辖区内的农户、中小企业和个体创业者提供贷款服务，贷款将至少有70%投放在三农领域，贷款利率上限不得超过银行同类贷款利率的4倍，下限为人民银行公布的贷款基准利率的0.9倍。根据规定，小额贷款公司应委托一家商业银行开立存款账户作为资金托管银行，为其统一提供支付结算服务。

3.农民资金互助组织

通州区于家务乡"果村蔬菜经济合作社"是全市第一家开展内部资金互助的合作社，共有160多户社员申请加入，缴纳互助资金13万元。资金互助社按照加入自愿、退出自由、自我管理的原则，实行社员民主管理，以服务社员为宗旨，为社员提供贷款和结算等业务。平谷区金海湖镇洙水村140多户农户组成的"北京百合兴盛土地专业合作社"成为全市首家土地专业合作社。

央行营业管理部发布的《北京市金融运行报告（2019）》的数据是，北京辖区内有新型农村金融机构①法人数量11个，营业网点38个，从业人员791人，资产总额244亿元，服务区域覆盖北京市全部远郊区。

（二）农业保险现状

2007年3月，《北京市政策性农业保险制度方案（试行）》出台并于当年4月24日正式实施，方案将政策性农业保险纳入农业支持保护体系。政策性农业保险制度涉及四个层面：一是农民缴纳部分保费、承担部分风险，受灾出险后获得相应风险补偿；二是商业保险公司按照保单合同约定承担农业风险损失；三是商业再保险公司按照再保险合同约定承担商业保险公司农业风险损失中应分担部分；四是建立农业巨灾风险准备金，用于补贴超出商业保险公司合同约定的农业风险损失。

市财政对政策性农业保险实施补贴：一是给予参保农民50%的保费补贴，各区可根据实际增加农民保费补贴10%～30%；二是给予商业保险公司经营政策性农业保险保费收入10%的经营管理费用补贴；三是按照上年农业增加值的一定比例，预提农业巨灾风险准备金。

2009年7月，市农委与瑞士再保险北京分公司和中国再保险（集团）股份有限公司签署再保险合作协议，通过再保险方式转移由政府承担的北京市政策性农业保险超赔风险。根据协议，由保险公司（人保、中华联合、安华农险）承担当年农业保险赔付率160%以下的风险，赔付率超过160%的风险由政府承担。其中赔付率160%至300%的风险，由政府购买再保险的方式转移；保留农业巨灾风险准备金应对赔付率300%以上的风险。这一再保险方案有效分散了政府面临的巨额巨灾风险。根据测算，当年政府最高将可以获得5.88亿元的风险保障，能够应对北京地区50年一遇的农业巨灾风险。

截至2018年年底，全市累计实现政策性农业保险保费收入7.1亿元，参保农户7.6万户次，为农业生产提供风险保障262.7亿元，赔付支出3.47亿元，

---

① 新型农村金融机构包括村镇银行、贷款公司和农村资金互助社。

受益农户11.8万户次。2019年5月，北京地区全面启动了政策性农业保险承保全流程电子化改革试点。农业保险在改善郊区农村信贷环境，提高农业经营主体资金融通能力，有效防范化解农村金融风险，引导金融资金投入都市型现代农业建设方面发挥了重要作用。

（三）农业投资现状

农业生产和农村经济的发展需要持续不断的农业投资，农业投资是农业生产和农村经济持续稳定增长的重要保证，是农村金融体系建设的重要环节。

1.市级农业投资平台

一是成立北京市农业投资有限公司。该公司由首创集团负责组建，2008年12月正式成立，注册资金10亿元，是我市农业投融资平台建设的基础与核心。公司将通过投资都市型现代农业项目，支持农业规模化、集约化发展，引导资本下乡，聚集信贷资金和社会资金投入农业领域，促进各类金融机构开展为农业和农村经济发展的金融服务。二是以市农业投资有限公司为发起人，出资2亿元并吸引社会资金募集设立北京农业产业投资基金，首期规模暂定为10亿元，重点投向农业龙头及骨干企业。依靠投资基金，投资公司将成为一个支持本市农业产业发展的创新型投融资平台。

2.区级农业投资平台

市政府以中科招商创业投资管理有限公司作为牵头发起人，拟在每个区发起设立一只创投基金，每只基金的规模在5亿元左右，并确定以房山区为试点。北京市中科房山创业投资基金有限公司是全国首家区县级的创投基金，2008年12月注册成立，注册资本5亿元，主要投资于区内符合投资标准且急需资金支持的重大项目和优质企业。

为积极构建区级农业投资平台，大兴区成立区农业投资公司，注册资本5000万元，由区财政拨款4000万元，兴展公司出资1000万元共同设立，并吸引社会资金及村集体闲置资金参股。同时，拟吸引中科招商、太平洋证券等社会资本设立农业产业投资基金，在大兴区做重点投资。其他区也成立了农业投资公司。

3.社会投资

除了政府成立的农业投资公司外，社会资本通过不同途径投资农村的种植业、养殖业、现代观光农业、农产品加工业、食品加工业等农业产业，是农业投资的重要组成部分。

（四）农业担保现状

农业担保是农村金融五大体系建设中的重要一环，农村信贷、农业保险和农业投资都离不开担保的密切配合。农业担保在一定程度上缓解农村融资主体所面临的信贷配给问题。

各区都成立了担保公司。从运作效果看，区县的担保公司规模比较小，注册资金少，担保能力有限，效果并不理想。

为真正发挥农业担保的作用，北京市于2009年3月成立了北京市农业担保有限公司，截至2018年年末，公司注册资本金7.1亿元，其中市级财政出资4.5亿元，10个区级财政共出资2.6亿元；面向全市农业龙头企业、专业合作社和专业农户，提供信用担保服务，缓解"三农"融资担保难问题；同时，发挥资金的导向作用，调动和聚集更多的社会资金投入农业领域，实现与农业投融资平台的联动。

（五）农村信用现状

农村信用体系是农村金融五大体系建设的基础。良好的信用环境是金融机构积极开展各项业务的基础，也是金融机构识别经营风险、防范信用风险的前提。

早在2004年4月，北京市农委、北京农村商业银行联合下发了《关于实施"三信工程"加强信用户信用村信用镇（乡）建设的指导意见》，并逐步建立"三信"农村信用体系。经过几年努力，曾评出信用户5.3万户、信用村300多个、信用乡镇17个。北京农村商业银行与市区两级政府部门联合开展了"三信工程"评定工作，银行可根据不同的信用等级确定不同的贷款方式、限额、期限以及利率浮动范围。

通过开展"三信"活动，农村的信用环境有了一定改善，但农村、农民对征信体系知之甚少，农民信用意识仍然比较淡薄，郊区的"三信工程"总体进展较为缓慢，造成大量不良贷款。同时，各区县"三农"信息平台建设程度参差不齐，银行了解"三农"的信息渠道不理想。

在信用体系建设滞后的情况下，金融机构与农户之间的信息不对称状态，影响了金融机构对农户的效益分析，贷款风险预测无法正常进行。同时，在信用信息流通体系不完善的情况下，失信惩戒机制不能有效建立，失信行为得不到有效惩戒，守信行为也不能得到更好的激励。

二、北京市农村金融体系的问题

（一）农村资金流失严重，资金缺口大

农村资金主要是通过金融渠道流向城市和非农产业的。以邮政储蓄银行为例，近年来其新增存款的50%以上来自区及区以下地区，而资金运用的95%以上用于同业存放和证券投资，几乎没有流回农村地区。国有商业银行结构调整后郊区网点功能萎缩，银行上收贷款权限，其信贷业务中心转向城市和非农产业，造成农村资金通过商业银行严重外流。资金的外流造成长期以来农村资金的较大缺口。

（二）区域性、草根性和微小型农村金融机构缺乏

全市农村金融市场上的金融组织主要有农业银行、农村商业银行和邮政储蓄银行。农业银行作为国有商业银行，其竞争的视角已经从农村转向城市，从农业领域转向工商业；邮政储蓄银行在农村主要是吸收存款，涉农贷

款发放极少；农村商业银行从农村信用社改制以后，其业务逐步调整，资金向效益好、回报高的行业和地区流动，面向农村地区的金融服务受到影响。

在满足农村金融需求上，现有农村金融体系存在明显的不足，农村金融供给"二元化"倾向仍较为明显。在这种情况下，建立和发展区域性、草根性和微小型的农村金融机构尤为必要，但农村地区村镇银行、小额贷款公司和资金互助合作组织的规模小，不能弥补现有金融供给的不足。

（三）涉农金融业务制度不够完善

"三农"领域经济活动具有主体多、空间分散、经营规模小、周期长、季节性强、受自然资源和自然灾害影响大等特点，涉农项目普遍存在经营周期长、时间跨度大、笔数多、单笔金额小、收益低、潜在损失较大的问题。因此，金融机构应针对涉农业务设计相关的产品，制定专门的业务制度。

（四）农业保险覆盖面偏低，难以化解全部风险

目前农业保险覆盖面偏低，相当一部分农业生产遭受意外灾害形成的损失无法得到经济补偿，极大地影响了农村金融机构的支农积极性。

（五）缺乏合格的担保抵押品，农业担保作用发挥得还不够

农村地区合格的贷款抵押品不足，市级农业担保公司的作用还没有得到充分有效的发挥，农村担保体系的建设对农村信贷的支持还很不够。

（六）农村信用环境差，信用体系建设任重道远

农村地区不少农户失信问题严重，还贷意识较差。根据央行营业管理部的统计，农林牧渔业贷款在各行业贷款中的不良率最高。根据北京农商行对郊区128个乡镇、1237个自然村发放的30万份调查问卷结果看，农户自填

非信用户占87%，信用户仅占13%。这说明农村信用体系远未建立，郊区县信用环境相对较差。

（七）财政资金引导得不是太有效

市级财政支农资金没有很好地实现与信贷支农资金的捆绑运用，削弱了支农银行的支农能力；财政投入银农合作的资金占比较低；财政支农资金由多部门分散管理，没有发挥合力，很难统筹规划；财政支农资金中一次性补偿支付（如贴息）的较多，形成长效机制的较少，缺乏积累、滚动效应，对产业的推动拉动作用有限。

（八）缺乏系统成熟的农村金融差异政策

配套的、差异化的农村金融政策和业务制度不够完善。例如，尚未根据涉农贷款高风险的特征，规定计提较高比例的拨备。缺乏营业税、所得税等税收优惠政策，银行支农业务的发展受到硬约束。

三、对策与建议

（一）调整存量金融资源，加大农村信贷扶持力度

倡导现有农村金融机构创新业务和金融产品，采取不同于商业信贷的业务交易方式对农户和农村中小企业发放贷款，下移客户群体。建立农业贷款绿色通道，重点支持农村合作经济组织发展。健全农村小额信贷体系，支持不需抵押担保的农户小额信用贷款和联保贷款。

银行机构要继续下放"三农"贷款审批权，推动"三农"业务向事业部管理转变，将"三农"业务统一运作、统一管理、相对独立核算。

逐步拓宽"三农"贷款抵押担保形式。尝试将农户的林权、土地使用

权、农村养老保险证和农户保单等作为担保物，纳入小额信贷抵押范围；尝试以专业合作社的公共设施、车辆和仓库等财产为抵押对其发放贷款；继续推动农村合作组织、农户联保贷款和公司加农户担保方式。

（二）放宽金融市场准入制度，构建新型农村金融机构

放宽市场准入，允许和鼓励发展多种形式的村镇银行、小额贷款公司和资金互助合作组织，在试点的基础上加快新型农村金融机构的建设，充分调动民间资本支持"三农"建设。允许符合条件的农村小型金融组织从金融机构融入资金；鼓励符合条件的小额贷款公司转制成村镇银行，通过吸储来增强其贷款支农的力度；允许有条件的农民专业合作社开展信用合作。

引导农村非正规金融组织逐步实现规范化、合法化和机构化。一方面，政府要降低准入门槛，允许那些股东人数、资本金、经营者资格及其他条件达到法律规定标准的规模较大的农村非正规金融组织，以股份制或股份合作制的形式进行注册、登记，按正规金融的要求规范管理和监督；另一方面，政府要引导小规模的农村非正规金融组织参股农村商业银行，使其获得部分产权。

加强对新型农村金融机构的监管，要求其资本充足率不低于8％；加强对其信用风险、操作风险和流动性风险的预测和管理；加强其内部自律机制的建设。

（三）进一步提高农业保险的覆盖面

保险机制作为独特的风险管理和社会管理工具，在支持和服务地方特色农业发展、活跃地方经济方面具有重要作用。目前我市农业保险的覆盖面偏低。为此，要充分发挥农业保险的作用，改善我市农村信贷环境，提高农业经营主体融通资金的能力。

有关部门要研究逐步增加参保险种、参保产业和参保农户，加大财政投入，力争使农业政策性保险的覆盖面接近或达到100％。在进一步扩大种

植业保险的同时，要积极开展奶牛、林业、家禽、淡水养殖和区县特色农业等领域的保险服务。要进一步发展农房、农机和农产品出口等保险，为农民生产生活提供更加全面的风险保障。要总结推广农村小额保险试点经验，有针对性地开发保障适度、保费低廉、条款简单的新的小额保险产品，增强农民抵御意外伤害、疾病等风险的能力。要建立健全农业保险服务网络，鼓励有条件的保险公司积极开办农业保险业务。要结合农村医疗、养老保障体系建设等，进一步发挥保险业在完善农村社会保障体系中的积极作用。

要引导广大保险公司强化风险意识，加强承保标的的专业化风险管理，提高农村防灾防损水平；提高服务质量，加快查勘理赔速度，公开理赔程序、理赔标准和理赔结果，确保及时将农业保险理赔资金支付给受灾农户。此外，还要加大农业保险产品和服务推广力度。要加大保险宣传，根据农村文化特点，抓住当地传统的民俗和旅游节日，借鉴送戏下乡等农民喜闻乐见的形式进行现场理赔，以进一步提升农民的保险意识。要将积极宣传农业保险的相关政策与服务农业的有效措施结合起来，不断丰富农业保险的宣传内容，努力为发展农业保险奠定深厚的群众基础，营造宽松的舆论氛围。

（四）建立财政与金融结合、资本与资源结合的农业投资体系

发挥财政资金杠杆作用，探索财政与金融结合、资本与资源结合的有效途径，设立农业产业投资基金，采取政府出资为主，其他商业银行、基金等筹资为辅的资金组织形式。积极支持农业龙头企业上市融资，利用短期、中期债券市场，多层次、多方式筹措发展资金。重点支持都市型现代农业项目，为设施农业、菜篮子基地、都市型现代农业走廊、农产品安全体系、观光农业升级、农产品流通体系、农产品加工基地等方面建设提供资金支持。

（五）建立并完善农村信用评价体系，改善农村信用环境

一是加强信用宣传，继续推进"三信工程"建设，进一步增强企业、农户的信用观念和诚信意识。

二是完善农村信用的征集、评估、发布与服务体系。要加强农村金融机构与工商、税务等部门的协同配合，建立农村企业和农户信用信息库，整合信息资源，实现信息资源共享。完善逃废银行债务和恶意欠息的个人和企业定期通报制度，使信用成为农村金融活动各参与主体的立身之本。

三是强化对各种失信行为的经济制裁，加大对失信行为的惩戒，对债务人的违约行为制定更加严厉的赔偿和惩罚规则，提高失信者的违约成本。对不良贷款率高的区县，由行政、司法、金融等部门联合研究，积极配合，协同化解不良贷款。

（六）充分发挥担保作用，完善农村信用担保体系

加快完善农业担保公司。各区要加快完善区级担保公司，增强现有担保公司的担保能力，增强对涉农信贷的风险担保补偿能力，降低信贷资金违约风险，吸引更多的资金进入涉农领域。通过再担保公司的增信和分险服务，放大担保倍数，扩大担保贷款规模。

（七）发挥财政支农的引导作用，引导资金回流农村

整合、统筹好现有的财政支农资源，提高财政支农资金管理效能，注重支农资金的长期、积累和滚动效应，形成财政支农长效机制。继续发挥财政支农引导作用，通过担保、贴息等多种方式做好银政联动，吸收更多的银行资金进入"三农"领域。要在总量和比例上逐年加大财政支农的力度，同时通过财政支持担保机构建设等方式，发挥财政资金的杠杆作用。

建立资金回流农村的激励导向机制。综合运用财政补贴、税收减免等多种手段，引导商业金融、合作金融和其他形式的资金回流农村。此外，可以出台与农村金融相关的法律法规，规定在郊区范围展业的金融机构吸收的存款须有一定比例用于支持农村经济发展，以法律来保障农村金融机构对农村经济的支持力度。

银行应积极发挥支农作用。商业银行要在稳健经营的前提下，在农村

增设具有贷款功能的分支机构；农村商业银行要加大支农信贷投放力度，继续发挥支农主力军作用；政策性银行、邮政储蓄银行要根据自身资金或网点特点，加强支农力度，将资金回流农村。

（八）研究制定农村金融政策和税收优惠政策

根据"三农"内在特点，完善"三农"信贷指引或意见，对信贷投入的条件、要求和责任追究制度要很好地体现"三农"的特征和差别；研究确定科学统一的涉农贷款统计口径，逐步按照涉农贷款的比例，实行差别的存款准备金率和机构准入政策。制定专门针对金融机构涉农业务方面的税收优惠政策。通过制定金融机构涉农业务方面的营业税、所得税等税收优惠政策，鼓励商业金融机构拓展农村金融市场。

北京市金融园区建设与区域金融发展 ①

"十二五"规划的圆满完成，标志着北京金融发展进入了新的历史阶段。我们应当总结经验，注重发挥北京优势，提升北京金融业的聚合力。其中，在优化空间布局方面，应透彻分析各区优势，引导金融资源的合理配置。

一、扎实推进金融街西扩

经过多年的建设和发展，金融街现已成为集决策监管、资产管理、支付结算、信息交流、标准制定为一体的国家金融管理中心，是首都金融业的顶梁柱。早在2007年10月，金融街的空间容量就已不能满足发展需要了，西扩被正式提上议事日程。然而，对于建成区来说，整体大规模的拆迁重建一般是不现实的。位于首都功能核心区的金融街地区，地理位置绝佳，搬迁难度和资金需求量巨大，造成项目总体推进效果不理想。从当前来看，仅有月坛南街（超过50万平方米）、华嘉小区及一五九中学（新三板办公楼地址）等几个项目取得进展。

基于金融街扩容多年的经验，综合考虑未来金融街发展需求，包括丝路基金有限责任公司、中国信托业保障基金有限责任公司等对经济影响较大的金融机构落户等因素，金融街的空间拓展应统筹考虑基础设施建设、市容

---

① 本文节选自作者2014年11月至2015年5月期间主持的北京市"十三五"规划前期研究课题《北京市"十三五"时期金融业发展思路与对策措施研究》报告。相关内容由作者在调研基础上写作而成，选入本书时，进行了修改完善。数据截至2014年年底。

市貌改观、民生改善和产业升级等多方面因素，避免为扩容而扩容的不科学、不高效的做法，按照"拔钉子"式原地拆建或空间置换方式，在提升基础设施建设标准和改善城市风貌的同时，引进高端产业，实现区域产业的转型升级并保障民生不受影响，逐步形成良性循环，实现多方共赢，为疏解非首都核心功能、构建"高精尖"经济结构做出新贡献。

二、推进CBD东扩与金盏金融服务园区建设

（一）CBD东扩

经过十多年的建设发展，CBD已经成为我国最具影响力的商务中心区，是北京六大高端产业功能区之一，全市国际金融发展的重要承载地，北京金融发展副中心。2009年，北京CBD进行规划调整，CBD东扩区方案获得批准，规划由建成区的3.99平方公里拓展3.05平方公里，至约7平方公里的区域。经过规划调整后的CBD将延续原有产业定位，增加定制型楼宇、总部大厦，配套功能不断完善。东扩区占地3.05平方公里，建筑规模700万平方米。将以产业发展引导空间布局，大力促进以国际金融、国际传媒为龙头，以高端服务业为主导的生产性服务业发展。2014年年底，东扩区部分项目已开工建设；按照规划用8～10年的建设周期，东扩区建设完工后，将拉动1000亿元社会投资，吸纳15万人就业。同时，随着央视大厦周围若干总部机构的入驻，将新增10亿元产值。

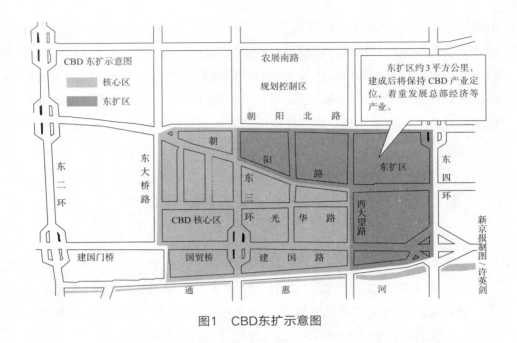

图1　CBD东扩示意图

（二）推进建设金盏金融服务园区

金盏金融服务园区与CBD前后呼应，是原北京金融业规划的四个金融后台园区之一，是朝阳区"一区两园"发展格局中的重要一园。该园区区域范围为：东至温榆河大道，南至坝河北滨河路，西临首都机场第二高速路，北至东坝路；规划占地595.29公顷，包括金融产业、商业、文化娱乐、科教居住、绿化、市政交通等用地。2012年，经调整，金盏金融服务园区定位于以高端金融服务为主体，以商业商务、国际教育和宜居社区为配套的新型园区。2013年，规划提高了容积率标准。2014年年底，该园区拆迁和土地一级开发基本完成，土地已上市交易，并有中信金融后台、安邦保险全国后援中心、民航清算中心等一批项目签约入驻。研究认为，在现在的基础上，金盏金融服务园区楼宇建设将进一步推进，届时，一个容纳2400人就业的新型商务金融小镇成型。

目前来看，原来确定的四个金融后台园区的建设发展均出现了不同程度的迟缓和入驻企业不符合后台功能定位等问题。其原因主要在于后台的建设发展需要消耗大量能源和资源，投入产出比比较低，财务效益较差等。

因此，建议紧紧抓住朝阳区创建"国家文化产业创新实验区"的机遇，及时调整发展思路，用好周围的产业基础，更好地考虑现有资源的聚集，在做好控制性详细规划的基础上，让市场做出选择，决定资源的配置和项目的取舍，使金盏园区的空间优势得以充分发挥出来。

三、加快建设国家科技金融创新中心

建设国家科技金融创新中心是提升自主创新能力、建设创新型国家的战略需要。加快建设国家科技金融创新中心，对于转变经济发展方式、培育发展战略性新兴产业、增强可持续发展能力具有重要的现实意义。

（一）打造"创新资本中心"

海淀区是北京市科技型中小企业的集聚区，也是国家科技金融创新中心的核心区。科技和金融的融合极大地促进了科技型中小企业的发展。为了促进科技型中小企业的快速成长，全球的通行做法是增加其直接融资占比，直接融资的方式包括发行股票、发行债券、股权融资等。但是在企业初创期，股权融资的成效最为明显。目前海淀区在股权投融资领域始终保持在全市乃至全国的领先位置。

在取得成效的基础上，围绕打造创新资本中心主要有两个突破点。一是在天使投资方面，应争取在海淀区试点对天使投资人的登记和管理，并在市级和区级层面出台相关扶持政策，包括把目前试用创业投资企业的税收、风险补偿等政策延伸到天使投资人领域，对每年优质的天使投资人及优秀的天使投资案例给予奖励，以跟进投资的形式成立创业投资引导基金等。二是打造"全国并购中心"。在并购领域，特别是国际并购方面，打破基金结汇障碍，提高高新技术企业结汇和并购速度，通过资本解决技术转移问题。同时，考虑构建公益性的"并购综合服务平台"，与各国领事馆建立沟通联系机制，与国外的园区之间建立通道，通过平台发布并购信息，解决国内高科技企业缺乏并购信息渠道的问题等。

（二）打造全国互联网金融中心

海淀区互联网金融中心坐落于中关村西区丹棱街1号的互联网金融大厦内，紧临中关村广场。总建筑面积7.54万平方米，地上24层，地下4层。该中心定位于互联网金融机构聚集空间，重点吸引互联网金融、要素市场等各类有代表性的科技金融机构、服务平台和行业组织。到2015年3月底，大厦内已入驻包括中关村互联网金融服务中心、中关村互联网金融研究院和融360在内的39家企业，全区有几百家互联网金融企业，初步形成了互联网金融产业链。这里已成为全市互联网金融业最活跃、最具竞争力的区域[①]。

要继续以此为核心，联合海淀区互联网金融产业园、石景山互联网金融产业基地、丽泽金融商务区互联网金融平台及清华大学五道口互联网金融实验室等产业组织，打造全国互联网金融中心。建议加快在中关村示范区开展互联网金融试点的步伐，在金融产品服务创新、股权众筹融资试点、第三方支付牌照申请、个人征信业务牌照申请、移动金融试点和互联网金融监管政策创新等六个方面继续予以支持，以促进北京市互联网金融创新发展。

（三） 加快推进国家科技金融功能区建设

2012年8月，国家发展改革委等九部委与市政府联合发布《关于中关村

---

① 海淀区全力谋划"全国互联网金融中心"建设，于2013年10月发布了《关于促进互联网金融创新发展的意见》，并设立互联网金融中心、互联网金融产业园、互联网金融产业基地（中关村软件基地）及互联网金融研究院等。根据上述《意见》，中心将对经区认定的科技金融企业按照50%、50%、30%的比例给予三年房租补贴。并将对在区域经济社会发展中有突出贡献的科技金融机构，从人才落户、子女入学等方面给予更多的便利。此外，互联网金融中心大厦还将在五年内免费提供500平方米的办公空间，用于为企业提供会议洽谈、宣传展示等方面的综合服务。 到2014年年底，全区聚集了互联网金融机构300家左右，涵盖第三方支付、众筹、网络金融超市、网络金融大数据挖掘、商业保理、征信等业态，初步形成了互联网金融产业链。

国家自主创新示范区建设国家科技金融创新中心的意见》（京政发[2012]23号），提出以中关村核心区为基础，建设国家科技金融功能区。国家科技金融功能区是建设国家科技金融创新中心的重要载体和有力支撑，为进一步完善科技金融体系、拓展科技金融体量、提升原市级新兴科技金融功能区层级、试点科技金融先行创新政策、实现科技金融综合服务能力的提升提供了空间基础。推进国家科技金融功能区建设，有利于充分发挥中关村创新资源密集、科技金融领先的优势，缓解科技型中小企业融资难问题，推动科技产业又好又快发展；更有利于示范引领和辐射带动全国科技金融创新体系的形成，为我国抢占全球科技创新和高新技术产业发展战略制高点提供强有力的支撑。

研究认为，国家科技金融功能区建设应以海淀区为主体、以中关村西区为核心。中关村西区重点吸引各类创新金融机构入驻，构建适合创业企业和天使投资交流合作的空间。建设全国场外股权交易市场，推进区域性股权交易市场建设，推动设立中关村银行。积极推进互联网金融博物馆、互联网金融研究院建设，支持互联网金融实验室建设，举办互联网金融博览会，完善互联网金融发展政策，建立互联网金融产业引导基金，制定互联网金融行业公约等。支持有条件的投融资平台完善服务功能，创新运营机制，搭建科技金融综合服务平台，建立科技金融超市，打造科技金融广场。

西直门外地区重点吸引科技金融研发机构入驻。通过促进科技企业、科技金融机构和院校之间的合作，建立科技金融创新研究院、科技金融产品研发及产业化基地，推进科技金融标准制定，促进科技金融产业化。

玉渊潭地区重点打造集团金融聚集地和企业总部结算中心。集聚发展科技金融中介服务业，为科技创新企业或金融机构提供中介服务。积极发展技术标准服务业。

海淀北部园重点支持各类孵化器机构入驻，打造科技金融孵化园。推进孵化器与知名股权投资基金合作，建立创业投资基金或种子资金，进行"孵化＋创投"运营模式的探索与实践。

研究建议，科学调整土地利用规划和空间规划，不断适应科技金融功能区建设发展需求。调整西直门外地区现有空间规划布局，将中央财经大学、北京交通大学等院校部分用地纳入中关村科学城整体规划和科技金融功能区范畴。加快西直门外地区空间腾退工作。加快北京北站搬迁和京包路南延事宜进度，疏导西直门外地区交通。不断完善中关村西区业态调整和空间腾退工作。使国家科技金融功能区建设取得明显进展，把中关村国家自主创新示范区建成国家科技金融研发中心、科技金融服务中心、科技金融交易中心和科技金融文化中心，使之成为"立足北京、辐射全国、享誉全球"的科技金融示范区。

四、协同推动"一核三中心多支点"的文化金融功能区建设

在"十二五""十三五"期间初步成型的基础上，继续推动"一核三中心多支点"的文化金融功能区建设。"一核"是指新华1949文化金融核心区，位于西城区官园，紧邻金融街，占地面积4公顷，建筑面积4.5万平方米。依托该区域文化金融资源聚集的优势，着眼于聚集高端文化金融要素，将其打造成为文化金融总部基地、文化金融配置中心、文化金融人才交流中心和文化金融信息发布中心，使之成为文化金融创新策源地，辐射带动周边地区。

"三中心"是指雍和文化产权交易中心、文化贸易金融服务区和文创基金产业集聚区。雍和文化产权交易中心，位于东城区，紧邻雍和宫，占地面积10公顷，建筑面积12万平方米。依托该区域国家级版权登记、交易、合作交流及法律服务平台优势，建立北京文化产权交易中心、文化产权交易信息共享中心、文化产权交易标准制定中心，打造中国文化产权交易的"国标"，建设具有重要影响力的文化产权交易、评估、确权中心区。文化贸易金融服务区，位于顺义天竺保税区，占地7公顷，建筑面积20万平方米。依托该区域国家级对外文化贸易基地优势，引进文化融资租赁、文化担保与再担保、文化保险等金融服务机构，创新抵押质押、债券发行等金融服务，探

索金融机构优惠费率，为境外文化展卖企业办理关税保函业务，加快文化贸易通关速度，打造具有影响力的文化贸易金融服务区。大兴文创基金产业园，位于大兴区国家新媒体基地，占地4公顷，建筑面积13.6万平方米。着眼于推动文化私募股权投资基金、文化创业投资引导基金、文化并购基金、文化天使基金等集聚发展，打造文化股权投资基金总部基地。

"多支点"是指在北京市规划的天坛—天桥核心演艺功能区、戏曲文化艺术功能区、798时尚创意产业园等20个文化产业功能区，建设"文化金融超市"或"文化金融街"，推动文化特色产业与金融紧密对接。

要按照统筹规划、分步推进、重点突破的方法，加快建设步伐，高水平规划建设一批"文化金融超市"或"文化金融街"，使文化金融功能区建设取得明显成效。制定出台一批文化金融先行先试政策，为文化企业提供全方位、一站式服务，形成政策服务文化企业新高地。大力推动文化银行、文化基金、文化融资租赁、文化担保、文化小额贷款、文化信托、文化保险等机构聚集发展，力争在文化金融功能区形成多层次资本市场服务文化企业融资的新格局。同时，要加快转变政府职能，建立起新型区域间政府协调协作机制，对接京津冀文化金融合作试验区发展规划，促进京津冀文化金融融合发展。

五、继续做好丽泽金融商务区的开发建设及招商引资工作

作为一个新兴金融功能区，丽泽金融商务区是我市金融业发展的重要承载地。它地处西二、三环路之间，范围西起丽泽桥，东至菜户营桥，北起红莲南路，南至丰草河，是市区三环内最后一块成规模的待开发区域，具有地缘优势。丽泽金融商务区总占地8.09平方公里（其中核心建设区2.81平方公里），分为南区和北区两个空间区域，总建筑规模300万平方米。南区土地拆迁和一级开发已结束，基础设施建设也已基本完成。

尽管总体开发建设速度不理想，但丽泽金融商务区品牌效应和区位优

势还是得到了市场的青睐。鉴于"十四五"时期丽泽金融商务区将处于大规模建设和招商选商叠加期，建议以开放包容的思维方式、以客户为导向稳健地统筹地做好丽泽金融商务区的开发建设工作。一是抓好园区定位，以新华08等项目为基础，重点发展金融信息交易和金融大数据（特别是与财富管理、金融信息有关的大数据）业态。二是继续利用地缘优势，做好招商引资工作，为拆迁建设工作提供较大的经济支持。三是切实保障北区的征地拆迁以及南区已经出让地块的二级开发、回迁房建设和市政基础设施建设等工程的不断推进。其中，北区拆迁和基础设施建设任务较重，未来将有地铁14号线站点。预计，"十四五"期间，丽泽金融商务区的主体建设基本完成，机构陆续迁入。

六、大力推进北京保险产业园开发建设

保险是现代经济的重要产业和风险管理的基本手段，是社会文明水平、经济发达程度、社会治理能力的重要标志。为贯彻落实《关于加快推进石景山区国家服务业综合改革试点区发展的意见》，国家保监会和北京市政府批准设立了"国家级金融产业创新示范区——北京保险产业园"。它落户在中关村国家自主创新示范区石景山园北Ⅰ区、南区和新首钢高端产业综合服务区，总建设用地约100公顷，建筑规模约200万—300万平方米。其"产业核心区"为石景山园北Ⅰ区，总用地面积64.5公顷，建设用地29.6公顷，总建筑面积56.3万平方米。2014年3月，国家保监会、北京市政府联合发布了《关于加快推动北京保险产业园创新发展的意见》。2014年，石景山区成立了北京保险产业园建设工作领导小组，设立了北京保险产业园投资控股有限责任公司，具体承担保险产业园的开发建设工作。

作为保险业全面深化改革的试验田，北京保险产业园应突出高端化、服务化、集聚化、融合化、低碳化，积极服务于打造北京金融升级版，为实现北京金融治理体系和治理能力现代化发挥积极作用。一是积极推动落实

"国十条"和上述"意见"，加快制定出台关于推动北京保险产业园创新发展的实施办法，保证政策落地。二是按照高端绿色的要求，加快推进并高标准完成产业园的空间规划设计，使之切实成为引领开发建设的蓝图。三是尽早完成土地一级开发及后续工作，加快开发建设进度。四是为机构入驻提供优质服务，积极引进保险改革创新增量。以中国保险信息技术有限公司为核心，重点吸引全国各类保险业态及相关的新兴金融机构聚集，支持各保险公司在产业园设立数据中心、结算中心等机构，逐步将保险产业园打造成为国家保险产业聚集区、保险创新示范区和保险文化引领区。

七、科学谋划东二环发展带等地的金融业发展

（一）充分利用东二环发展带区位优势发展特色金融

东二环发展带坚持"看住存量、吸引增量"原则，积极吸引金融机构的地区总部和区域性营业机构入驻，稳步推进新兴产业金融功能区建设。但产业聚集度不高，特色不突出，而且，受古城风貌保护等因素制约，可开发用地和存量楼宇资源有限，产业发展几乎没有可拓展的空间了①。

研究认为，"十四五"期间，还是要充分发挥东二环区位交通优势和大型企业集聚优势，发展特色金融，打造高端金融服务园区。一是健全监测机制。整合工商、税务、统计等多方资料，定期更新金融业基本情况信息库，准确把握东城区金融业发展变化。建立重点金融机构联络及信息采集制度，掌握重点单位经营活动情况。二是加强产品创新，多渠道多方式融资支持项目建设。三是发展有别于西城总部金融、朝阳外资金融、海淀科技金融的特色金融。特别是要落实金融促进首都文化创意产业发展的意见，结合北

---

① 东二环发展带是东城区高端服务业重要承载空间。2014年上半年，东城区金融业持续平稳健康发展，实现地区生产总值190.04亿元，占全区的23.4%，在六大重点产业中占比最高，支柱地位进一步巩固。金融业生产总值同比增长15.7%；其中银行业同比增长8.2%；证券类机构业绩同比增长40.7%；保险业保费收入增长46.4%。从比重看，证券业占42.5%，保险业占4.4%，其他金融活动为11.3%。

京东方雍和国际版权交易中心、北京文化产权交易中心、北京艺术品交易所等运作实践，积极促进要素市场建设和发展，大力推进文化金融创新，推进文化创意企业信贷、投资、上市、保险、交易等"九文"文化金融服务体系建设。四是重视金融安全防范。严格落实相关规范管理要求，规范融资性担保公司、小额贷款公司和交易市场的设立预审以及日常监管工作，保证在风险可控的基础上实现健康发展。

（二）全力推动北京顺义新兴金融聚集区建设

"十二五"以来，顺义区立足独特的区域优势和产业基础，不断优化环境，遵循市场规律，按照"市场主导、政府推动、有保有控、融合发展"的原则，根据金融机构需求，完善促进金融产业发展的工作机制，创新发展模式，致使金融业态进一步丰富，税收贡献进一步突出，融资租赁、商业保理等发展重点进一步明确，有力促进了全区经济社会的科学发展。

"十四五"时期，顺义区应继续打造"两走廊一基地"的金融业发展格局。"两走廊"指的是空港走廊和潮白河走廊，"一基地"指的是北京顺义科技创新产业功能区。空港走廊突出商务金融特色，以临空经济核心区为平台，以天竺综合保税区（国家对外文化贸易基地）为依托，充分依托区位、政策、产业等优势，积极吸引融资租赁、商业保理等业态的创新型金融机构，成为北京融资租赁产业园和商业保理试点园。同时，支持利用天竺综合保税区的天然优势，建立离岸金融市场，开展离岸金融业务。

潮白河走廊确立总部金融优势，依托人水相依、动静相融的生态环境，吸引业态关联、风险可控、竞合发展的功能性金融总部入驻，成为金融街和CBD溢出功能的重要承载地。

科技创新功能区发挥科技创新型中小企业聚集和政策集成优势，打造上市企业培育孵化基地，促进高新技术企业在场外市场挂牌，继而通过上市衍生效益，形成产业—金融互为依托、共同发展的良性发展格局。

总之，顺义区应坚持金融服务实体经济、特色发展和国际化原则，全力推动"1234金融工程"建设（即以建设首都新兴金融聚集区为目标，充分利用货币与资本两个市场，突出发展商务金融、吸引功能性金融总部和开拓多层次资本市场三个重点，加大招商引资、融资服务、企业上市、环境建设四项工作力度），为"建设绿色国际港，打造航空中心核心区"提供新的经济增长极，从而实现北京顺义新兴金融聚集区的战略目标。

（三）以农村集体建设用地新模式助推大兴区"鸿坤·金融谷"的建设和发展

鸿坤·金融谷项目是在西红门镇政府统筹下，与鸿坤集团共同打造的北京市首批"镇级统筹下的城乡接合部农村集体建设用地新模式"试点项目。该项目位于南四环、南五环中心节点位置，京开高速路西红门桥出口向东1.5公里，东临团河路，西接马家堡西路，临近地铁4号线新宫站，距首都新机场约20公里。其规划建设用地26.3公顷，总建筑规模68.8万平方米，容积率约为2.00，绿地率为30%。在"十三五"期间，它成为大兴区新的增长区域之一，容纳80～100家中小型企业，吸纳数万名就业人员。

作为南城重要的金融产业园区，依托区域发展优势与新机场建设的契机，鸿坤·金融谷的建设得益于西红门镇以"政府引导、农民主体，房地分离、市场运作，整体流转、镇级统筹，土地作价、现金入股"为主要内容的农村集体建设用地利用新模式，这种新模式归结为政策创新、规划创新、组织创新、经营创新和金融创新。金融创新的主要内容是用于拆除腾退项目的资金由银行贷款支持，银行下调贷款自有资金的比例，下调贷款利率，允许集体以租地的未来租金收益作为还款来源，区内国有担保公司进行担保。

金融支撑了鸿坤·金融谷的建设，鸿坤·金融谷也必将为大兴区的发展，在市政基础设施建设、区域城镇化、首都新机场建设、新兴产业发展、生态环境改善等方面提供更多的金融服务，为实现产业升级、农民就业、人口调控、环境改善的整体目标，建设一个基础设施良好、绿色空间覆盖、产业集聚高效、生活富裕美好的新型城乡接合部地区做出较大贡献。

通州、房山、怀柔、平谷、密云、门头沟、延庆等区也在一定程度上存在与大兴区相同或相似的情况。

　　总体来讲，金融园区是北京金融创新发展的主要载体，有关地区和部门要因地制宜、因时制宜。所谓园区（或功能区或其他名称）就是一部分空间，可能有一定的四至范围，也可能没有明确的四至范围；可能是一个连片的单体，也可能由若干分离的部分组合而成。在土地资源有限、空间日益宝贵的新形式下，建设金融园区要注意应用当代科技发展的最新理念、最新成果，特别要注意应用系统论的思想和方法。要有全局观念、系统观念，充分认识到金融园区是一个系统，具有集合性、相关性、目的性。实现功能是园区建设的龙头。要素组合是园区建设的出发点，也是实现总体功能的基础。园区建设过程中的要素组合，要遵循核心要素原理，即空间面积布局围绕核心功能来进行，核心功能及关键支持功能应占用60%以上的空间；要遵循功能网络原理，即要构建一个由核心网络系统、支持网络系统和环境网络系统三个层次组成的功能网络；要遵循聚集聚变原理，即各元素要经过物理集中、信息关联、平台整合、形成模式等几个阶段，完成从聚集到聚变的转化，形成完整的功能体系，继而使要素作用得到充分发挥。

　　园区建设通过聚集、辐射，达到引领、示范和保障的效应，分别承担金融要素聚集、金融市场交易、金融标准制定、企业信用增进、金融产品创新、金融综合服务、金融人才培育、创新文化发展、金融交流合作等方面的功能。

　　在空间布局过程中，从市区两级层面，要坚持统筹协调、错位发展，按照战略定位要求，充分考虑到现实条件和可能，将存量和增量结合起来，以存量引增量，以增量带存量，以尽可能少的投入实现尽可能大的功能，使整个系统释放出最大价值。要以互联网"开放、平等、协作、分享"的理念建设和发展园区，以客户需求为导向，而不以主观意愿为导向，积极服务于打造北京金融升级版、构建"高精尖"经济结构，为把北京建成国际金融体系中有独特重要影响力的中心城市发挥更大的积极作用。

案例：北京市大兴区金融助力乡村振兴的
经验做法启示 ①

党的十九大首次提出实施乡村振兴战略，为新时代"三农"发展和"三农"工作指明了方向，明确了路径。金融作为现代经济的核心，在支持和服务乡村振兴方面具有不可替代的重要作用。金融活则全盘活。如何进一步发挥北京的金融优势，做好新时期新形势下金融服务乡村振兴工作，需要深入调研。大兴区作为全市唯一的农村金融综合改革试验区，在推进农村金融创新，特别是改善农村地区金融服务环境方面做了一系列积极探索，并取得了显著成效，对全市乃至全国农村金融发展具有较强的借鉴意义。

一、大兴区经济及金融发展情况

位于北京市南部的大兴区是距离市区最近的远郊区，占据了"连接一轴、横跨两带、关联多中心"的重要地位，被定位为"北京具有生态特色的宜居新城，北京重要的物流中心，现代制造业和文化创意产业的重点培育地区"。

早在2009年，大兴区被确定为农村金融综合改革试验区，为农村金融改革探索规律，积累经验。试点工作开展以来，大兴区积极引进金融机构，设立了全市首家小贷公司及第一批村镇银行。截至2018年年底，全区金融机构33家，其中有银行金融机构23家（含村镇银行法人机构2家），证券公司8

---

① 本文是作者 2019 年带领《北京乡村振兴战略的金融支持研究》课题组人员赴大兴区调研而得到的案例研究报告。

家，保险公司2家。2018年市农担公司共批准大兴区涉农项目148个，金额1.6亿元。同时，注重发挥涉农保险的风险分担作用，农业保险覆盖面有效提升，2018年全区政策性农业保险实现保额5.86亿元，涉及农户主体10383户。证券公司主要为区域内城乡居民提供证券开户和相关理财服务，一定程度上活跃了农村金融。

经过10年发展，大兴区初步形成了以农村信贷为主导、以农业投资为补充、以农业担保为纽带、以农业保险为后盾、以农村信用为基础的农村金融体系。区农村金融改革取得了显著成效，涉农金融机构基本实现全覆盖，农村支付环境得到优化提升，银行参与集体土地开发率先破局，农村土地承包经营权抵押贷款试点和农村集体经营性建设用地入市试点全面启动（全市首宗农村集体经营性建设用地顺利入市），为促进"三农"发展、振兴乡村提供了有力的金融支撑。初步核算，2018年全区地区生产总值700.4亿元，同比增长7%。服务业增加值占地区生产总值比重达61%，其中金融业增加值48.7亿元，同比增长18.1%；农林牧渔业总产值31.7亿元，比上年同期下降22.3%；一般公共预算收入完成92.4亿元，同比增长9%；城乡居民人均可支配收入同比增长9%，低收入农户可支配收入增长15.6%。

二、大兴区金融助力乡村振兴的典型经验做法

大兴区以金融服务助力乡村振兴，不仅体现在涉农金融机构的引进和农村金融体系的完善上，更多的则是着力于农村金融服务模式创新、涉农金融产品创新和农村信用体系建设上。

（一）建设信用评价体系，试水农村信用合作金融

1.设立全市首家"农村信用互助合作社"

为解决农民因缺少有效抵押物而引发的贷款难问题，2014年大兴区尝试了农村合作金融新模式，设立了本市首家"农村信用互助合作社"。村民以

股份制形式出资入股，形成专项信用合作互助基金，合作社将基金抵押给银行，资金规模得到"放大"后，社员能够从银行获得不超过基金总规模5倍的资金支持。合作社还根据农户的股金份额，对每年产生的利息收益进行分配，从而实现了合作金融与商业金融的有机结合。

2.建立农民专业合作社信用评价体系

为缓解农村地区信贷资金供求矛盾，帮助专业合作社获得更多的资金支持，大兴区创新性地建立了农民专业合作社信用评价体系。在对合作社逐一建档，逐一进行信用评级、进行信用额度确认的基础上，搭建信用信息系统，试点开展农民专业合作社信用评级工程，使合作银行贷款根据评级授信"见单即付"。还建立了信用激励机制，对信用良好的合作社给予政策贴息，对失信行为予以严厉惩戒，在有效破解农村经济发展的融资瓶颈的同时，改善了区域信用环境。

（二）加强政银合作，创新农村信贷模式

1.创新特色产业支持类信贷模式

乡村振兴关键在于产业振兴。针对在全区农业经济中占据核心地位的瓜果种植深加工业、观光旅游农业、苗圃林业等特色农业产业和农副产品深加工业，大兴区通过政府支持、政银合作等途径，鼓励引导银行突破产业融资既有范式，创新贷款模式。

2013年，区华夏村镇银行积极尝试承接农村土地承包经营权抵押，以村集体土地经营权的承租人为贷款对象，以其土地经营权流转合同抵押作为担保方式，率先开创了"流转贷"。针对缺乏有效担保但有稳定租赁收益的农户，华夏村镇银行推出了"租益贷"，以租金收益权转让为担保方式，在风险可控的前提下，为部分农民专业合作组织发展壮大探索了新的融资渠道。

为支持休闲农业和乡村旅游，2018年7月，大兴区支持北京银行推出了全市首个农业和乡村旅游专属贷款产品"农旅贷"，为经营休闲农业和乡村旅游的小微企业、专业合作社及个体工商户提供融资服务。

2.创新土地金融信贷模式

2015年，全国15个区县推行农村集体经营性建设用地入市试点工作，大兴区是北京市唯一参与试点的地区。为解决试点项目的资金缺口问题，北京农村商业银行推出农村集体经营性建设用地入市专项融资产品，以直融方式支持大兴区集体经营性建设用地入市项目，并通过综合化金融服务有效解决试点项目不同阶段的资金需求，成功推动了全市首个金融支持"农地入市"贷款项目的落地。

全国两权抵押试点工作开展后，2017年，大兴区开始试水农村土地承包经营权抵押贷款业务，引导北京银行推出了"农权贷"产品。"农权贷"考虑到涉农企业特别是涉农小微企业有形资产不足、融资难的现状，对农村土地承包经营权进行价值评估，并允许以其作为抵押贷款，创新了涉农小微企业担保方式，缓解了农户融资难题。

（三）创新农业担保模式

为完善农村金融服务体系，在担保服务创新方面，大兴区走在全国前列。区农委出资设立规模为500万元的大兴区农业发展融资担保基金，并参股市级农业融资担保有限公司，由市农业融资担保有限公司放大10倍后，为农业经营主体提供贷款担保。

另外，农村土地承包经营权抵押贷款试点工作开展后，市农业融资担保有限公司与市农村产权交易所在征求财政、农业等相关部门意见的基础上，创造性地推出了"农权保"业务，并率先在大兴区做了试点运营。"农权保"以农村土地承包经营权为抵押，以政策性担保增信，集成市区两级融资配套政策来破解"三农"融资难问题，解决了农村集体用地贷款时的产权问题和担保问题，开启了农村土地的金融化和杠杆化。

（四）创新农业保险模式

大兴区农业保险起步较早，率先在全国建立了"政府+保险公司+农户"三方联动的农业保险发展模式。在险种设计上，推动保险公司根据农业产业发展实际和农户需求，不断创新，除传统的西瓜、果树、蔬菜保险外，还开发了温室大棚保险、奶牛保险、生猪价格指数保险、农房保险等新型险种。2017年，为推动政策性农业保险由"保成本"向"保收入"转变，促使保险公司增设了"西瓜种植人工成本附加险"，将露地西瓜保险的保额从此前的1000元/亩提高到2500元/亩。为减轻农民负担，大兴区还对政策性农业保险保费补贴比例做出调整，使农户交纳保费的比例统一减少至10%，大大调动了农民参保的积极性。

（五）创新金融支付手段

随着金融科技的蓬勃发展，大兴区吸引金融机构参与优化区内支付环境。北京农村商业银行在大兴设立了全市首家提供错峰延时服务的社区银行；北京银行在青云店镇推出了一站式自助服务区，以满足农民"投资理财、贷款创业、支付结算"三方面的金融需求；农业银行北京分行、北京农村商业银行、北京银行等多家金融机构参与农村金融基础设施"村村通"工程建设，使农村金融服务的便利性逐步提升。

三、大兴区金融助力乡村振兴的启示

大兴区金融助力乡村振兴的经验做法再一次表明，金融作为现代经济的核心，在服务乡村振兴战略大局中大为可为，具有不可替代的作用。必须发挥好金融在乡村振兴中的重要作用，切实解决"钱从哪里来"的问题。

（一）要加强政策引导，注重发挥政府职能部门和金融机构的协同效应和聚合效应

一是强化政府相关部门的金融服务职能，研究制定推动农村金融发展

的政策措施，引导金融机构加大对乡村振兴和农村薄弱环节的支持力度，推动农村金融在产品、服务、模式等方面不断取得创新与突破。二是加强金融政策与区域发展规划、产业扶持政策和财税政策等的协调配合，积极构建金融助推乡村振兴战略实施的配套政策体系和多方联动机制。

（二）要瞄准农村金融服务着力点，以产业兴旺带动乡村振兴

一是围绕产业兴旺主线，不断深化金融对农村现代产业体系的创新服务。通过金融支持新型农业经营主体、农业产业化联合体和农村产业融合发展示范园，促进现代农业、特色农业、新型工业、乡村旅游、农村电商等乡村主导产业、特色产业、新兴产业加快发展。

二是典型引路，重点支持有带动示范效应的龙头企业、农民合作社、种养殖大户，以点带面、点面结合，推动农村金融取得突破。

三是积极拓展农民消费信贷业务和惠农保险、惠农理财、惠农基金等新兴金融业务，不断提升农村地区民生金融服务水平，全力助推医疗、教育、健康、养老等民生产业发展。

（三）要构建多层次风险分担机制，提高金融服务效能

一是建立针对新型主体的专业化融资性担保机构，通过新设或由实力较强的担保机构增设子公司，提供专业化担保服务。二是进一步提高政策性农业保险的覆盖范围和保障能力，提高新型主体的抗风险能力。三是推动地方政府出台新型主体贷款的风险补偿政策，进一步分散风险。四是注重促进银行与保险机构合作，推出与新型农业经营特点相适应的银行—保险产品。

（四）要加快推进农地金融创新，盘活农村闲置土地资源

一是加快推进农村集体产权改革，形成所有权、经营权与承包权并存的三权分置的新格局，为解决农村产权抵押贷款中的农户抵押品不足问题提

供前题和可能。二是完善农村产权交易市场，为农村产权的确认、评估、统计、流转等提供服务平台。三是重点发挥好农业银行、农村商业银行、大型商业银行、邮政储蓄银行等"乡村振兴主办银行"的撬动和引领作用，持续深化以农地为依托的金融产品和服务创新。

（五）要持续推进农村信用体系建设，改善农村信用环境

加强信用体系建设是解决农户融资难、融资贵、融资慢的基础举措。一是推进征信体系平台建设，完善涵盖农户、农场、农民合作社、农产品加工企业等"三农"主体的信用档案。二是建立跨机构、跨地区、跨行业、跨部门的信息共享或信息交换（交易）机制，破除不同机构和部门之间的信息壁垒，丰富"三农"业务主体的信息来源渠道。三是建立多部门参与的信用联合激励和惩戒机制，做到"守信激励，失信惩戒"。四是加大农村信用宣传力度，强化对农户信用意识的培育，提高农户信用参评、监督的积极性。

（六）要加大普惠金融的推进力度，厚实金融基础服务

一是持续推进金融网点和服务下沉，提高农村金融服务的覆盖面和可得性，以更大力度将更多金融资源配置到农业经营性领域，为扩大农户经营规模、增加农民收入、提高农业劳动生产率提供资金支持。二是主动适应数字经济发展的新形势，积极开展移动支付、网络信贷、平台担保等多种数字普惠金融服务，搭建农村金融服务新路径，催生农村金融服务新业态。三是构建农村金融服务的数字化管理系统，实现对农户需求的精准识别、定向支持和动态跟踪等，着力提升金融支持"三农"发展的精准性和有效性。

第三部分　技术经济评价

技术经济评价帮我们正确认识和处理技术与经济之间的关系，寻找技术经济的客观规律，寻找项目最佳方案。建设项目技术经济评价是项目前期可行性研究和评估工作的核心内容，是使项目决策科学化的重要手段，包括财务评价和国民经济评价两个部分。它采用现代经济分析方法，根据国民经济发展战略和行业、地区发展规划以及国家财税制度和价格体系，对拟建项目投入产出的各种因素进行调查研究，计算项目的费用和效益，分析项目的盈利能力、清偿能力和外汇平衡能力，对项目的财务可行性和经济合理性做出全面评价，为项目的科学决策提供依据。当前，为了使经济增长方式向内涵式集约型转变，势必要对相当一部分企业进行数字赋能或技术改造，这就势必要对项目进行技术经济评价，以指导投资方向、促进资源的合理配置，使有限的资金发挥尽可能大的作用。在进行经济评价时要合理地确定评价范围，科学地进行经济计算，认真进行综合分析。

实施新财会制度给项目经济评价带来的变化 ①

实施新的财务会计制度，是为适应企业转换经营机制、政府转变职能，使我国会计管理体制与国际会计惯例接轨而采取的战略步骤，是建立社会主义市场经济体制的一项重大决策。新财会制度的实施使项目经济评价工作在一定程度上发生了改变。本文对新财会制度的特点、它与经济评价的关系及给经济评价工作带来的变化进行探讨。

一、新财会制度的特点

此次财会制度改革是"一揽子的改革"，对所有企业的财会制度做了统一规范。新财会制度要求企业实行资本保全原则，建立资本金制度，明确产权关系；改革了固定资产折旧制度，要求加速折旧，促进企业技术进步；改革了成本管理制度，允许企业选择运用会计稳健原则，设立坏账准备金；不划分固定基金、流动基金和专用基金，并取消专户存储办法，使企业可以灵活有效地统筹运用资金，大大提高了资金利用率；采用了国际通用的报表体系，使财务会计语言成为国际通用的商业语言，减少了管理人员的烦琐劳动；理顺了国家与企业的分配关系，实现了利润分配规范化；加快了统一税制，便于税后还贷。新财会制度力图使企业拥有最大限度的自主权，减少政府机关对企业经营活动的干预，有利于企业转换经营机制，有利于政企分开；它的实施具有重大的战略意义。

---

① 本文作于 1995 年。

二、实施新财会制度给项目经济评价工作带来的变化

建设项目经济评价是项目前期工作的有机组成部分和重要内容，是使项目决策科学化的重要手段。它采用现代经济分析方法，根据国民经济发展战略和行业、地区发展规划的要求，对拟建项目投入产出的各种经济因素进行调查研究，计算项目的费用和效益，分析项目的盈利能力、清偿能力和外汇平衡能力，对项目的财务可行性和经济合理性做出全面的评价，为项目的科学决策提供依据。尽管它与企业财务报告的目的和要求不同，分析的目标不同，分析的时间跨度不同，应用的方法不同，对费用、效益界定的范围不同，但它所应用的计算方法和费用内容，是以相应的财会制度为基础的。新财会制度的实施，为项目经济评价提供了法规方面的依据。

为了适应新财会制度的要求，在原来的基础上，项目经济评价的有关内容要做一些相应的调整和改变。主要是两个方面的变动和修改：一是财务报表系统，二是财务评价内容和指标系统。

（一）财务报表系统的改变

新财会制度采用新的会计平衡公式，以"资产负债表"作为企业的决算报表。因此，项目经济评价的报表系统也要做相应的调整和改变。要增加"资产负债表"；同时，为了计算资产和负债平衡的需要，要相应地补充"流动资金估算表""固定资产折旧费估算表""无形资产及递延资产摊销估算表"等辅助报表。原有报表系统中的有关计算项目，也要做相应的改变，以适应资产负债平衡计算的要求。

实施新财会制度后，经济评价的基本报表有："全部投资现金流量表""自有资金现金流量表""全部投资国民经济效益费用流量表""国内投资国民经济效益费用流量表""损益表""资金来源与运用表""资产负债表""财务外汇平衡表""经济外汇流量表"等。

（二）计算内容和评价指标系统的变化

项目经济评价财务报表中增加了"资产负债表"和相关报表，在财务经济评价中要相应增加一些内容。如"资产""负债"和"所有者权益"，都要分别计算和反映——在"资产"中要分别计算流动资产、在建工程、固定资产、无形资产和其他资产等，在"负债和所有者权益"中要分别计算流动负债、长期借款和所有者权益。

新财会制度采用制造成本法，规定利息支出进入企业财务费用。因此，固定资产投资贷款利息要进入总成本，而不在项目新增利润中支付。

新制度要求企业快速折旧，项目经济评价也可在允许的范围内应用新的折旧计算方法，一般有"双倍余额递减法"和"年数总和法"。

无形资产从开始使用之日起按规定期限分期平均摊销，没有规定期限的，按预计的受益期或不少于10年的期限分期平均摊销。递延资产中的开办费自企业投入生产经营起按照不短于5年的期限分期平均摊销。

新财会制度明确了利税关系，因此，在有关利润计算的报表（如"损益表"）及"现金流量表"中都应列入所得税的计算，以做税后利润的分析。

由于增加"资产负债表"，在经济评价指标系统中也就相应增加了计算和评价指标，如资产负债率、流动比率和速动比率等，以考察项目偿债能力的变化趋势。

与新财会制度相适应的项目经济评价的主要指标有：

（1）财务盈利能力指标——财务内部收益率、经济内部收益率、投资回收期、投资利润率、投资利税率和资本金利润率。

（2）清偿能力指标——资产负债率、建设投资借款偿还期、流动比率和速动比率。

（3）外汇平衡指标——各年外汇余缺程度、经济外汇净现值、经济换汇成本、经济节汇成本等。

三、应注意的问题

（一）利润预测及借款还本付息问题

如上所述，项目投产后的固定资产投资贷款利息影响利润，而偿还固定资产投资贷款本金的来源又包括利润。这就产生了"成本—利润—还款数额—成本"这样一个似乎相互制约的链条。实际工作中不必被这一链条所迷惑。建设期每年的借款数额是按建设进度的要求确定的，建设期利息随之确定。借款本金从生产期开始偿还，影响当年利润的不是当年的还款数额而是累计借款数额。还款方式按贷款机构要求。折旧和摊销中用于还款的比例视项目具体情况确定。用最大能力法计算借款偿还期时，将当年可用于还款的资金都用于偿还借款本金。

（二）成本估算问题

按照新财会制度的要求，会计只编报生产成本表，但经济评价依然要求计算总成本费用，编制总成本费用表。这是因为，经济评价是对项目发生的收入（效益）、支出（费用）进行全面的分析计算，生产经营期发生的费用是项目总成本费用的重要组成部分，应将其纳入总成本费用，以便进行必要的财务经济分析；否则，计算出的内部收益率等指标将大大优于实际值，经济评价不可能得出正确的结论。至于总成本费用的估算方法，可依行业的习惯、部门的要求及项目的具体情况确定。

浅议工业技改项目的经济评价工作 [①]

目前，从宏观上来看，我国工业经济增长方式呈粗放型的状况没有改变。为了使经济增长方式向集约型转变，势必要对相当一部分企业进行挖潜改造，使总体经济效益以内涵方式增长。大量实践表明，对现有企业进行技术改造，会收到投资省（一般比新建项目节省1/3以上）、建设工期短、投产快、经济效益好的效果。由于改造的目标不同，实施方法各异，其效益可能表现在增加产品产量、扩大产品品种、提高产品质量、降低能耗、合理利用资源、提高技术装备水平、改善劳动条件、保护环境等一个或几个方面。因此，对技改项目进行经济评价是件难度较大的事情。根据实际工作体会，笔者认为，重点应做好三个方面的工作，即合理地确定评价范围，科学地进行经济计算，认真进行综合分析。

一、合理确定评价范围

合理确定评价范围是进行经济计算与评价的前提，也是经济评价工作的基础。技改项目是在原企业的基础上进行的，与新建项目相比，一是在不同程度上利用了原有资产和资源，以增量带动存量，以较小的新增投入取得较大的效益；二是由于企业生产经营状况不断变化，项目效益和费用的识别计算比较复杂；三是建设期内建设与生产同步进行；四是项目与企业既有区别又有联系，有些问题的分析范围需要从项目扩展到整个企业。一个技改项

---

① 本文原载于《经济技术协作信息》（2000 年第 15 期）。

目的提出，有多种原因，也伴随着一定的期望目标。进行技改项目经济评价时，先要通过周密考查，弄清项目实施将要涉及的上下工序的纵向关系及左邻右舍的横向关系。然后，应用投入产出对应一致的原则，以说明项目的效益和费用为准，具体地划定评价范围。

实践表明，评价范围划小或划大，都不能全面真实地反映项目的经济效益。一般情况下，技改项目经济评价范围的划定有两种类型：一是独立型，即以企业（车间）作为边界来进行经济评价。这一类项目与外界联系少，其评价范围的划定较为容易。但费用和效益的计算较困难，新旧双方交织在一起，难以划分清楚。二是相关型，即以和项目相关的系统作为边界进行经济评价。这一类项目的相关性强，与有关部门相互交叉，评价范围较难划清。一旦划定后，费用、效益计算所涉及的因素较少，因而较容易计算。实际工作中遇到的一些大型技改工程通常是兼有多种特点，应专门研究确定其经济评价范围。

二、科学地进行经济计算

（一）采用"有无对比法"

技改项目是在老企业的生产经营活动持续进行的条件下展开的，客观上要求用动态经济分析的原理进行经济评价，就是要在弄清企业现在和今后若干年内经济效益演变状况的基础上，分析研究它给企业带来的结果。对比企业进行技改（称为"有项目"）和不进行技改（称为"无项目"）两种状态下的经济效益，就可以得出某个技改项目所产生的实际效益。这种对比计算方法就是"有无对比法"。这是基于动态经济原理的科学方法，在实际运用中是较为完善的。

采用"有无对比法"计算得到的是相对增量值，即投资额的增量、净收益的增量及一组增量经济指标。为此，要求作为对比基础的不改造方案的主要参数（现在的和将来预测的）必须是合理可靠的。对这个前提条件不能草率，否则增量经济指标的科学性将会受到影响。现实工作中，轻视基础方案与参数调研的现象较为严重，应引起注意。

采用"有无对比法"计算得到的增量经济指标能充分反映某个技改项目的自身效益，但不能全面反映老企业技改后的总体效益。项目的增量效益与总体效益在多数情况下是一致的。当增量效益和总体效益都达标时，项目无疑可以采纳。当二者都低于标准时，则应放弃。当总体效益达标，但增量效益不达标时，意味着项目改造后的总效益水平比改造前的效益水平降低了，显然也不应该改造。当增量效益达标，而总体效益不达标时，这说明增量投资效益是可行的，但老企业原来的总体效益太差，这笔增量投资还不足以把全部存量带动起来，该项目带来的增量弥补不了总体效益的下降。对于这种情况，应深入研究老企业的总体规划及发展前景，才能做出令人信服的选择。尤其需要指出的是，对那些产品没有市场、长期亏损、扭亏无望和资源枯竭的企业，以及浪费资源、技术落后、质量低劣、污染严重的企业，投入多少增量投资都是没有意义的，要果断实行破产、关闭。

（二）正确识别并科学计算增量效益和增量费用

项目的增量收益应根据项目特定的目标分别加以识别计算。特定的目标是指单纯增加产量，扩大品种，优化产品结构，提高产品质量，降低成本，改善劳动条件环境状况，转换经营机制等。当技改项目同时存在多个目标时，则应将各个目标带来的收益汇总，同时应避免重复计算。

项目范围内的原有固定资产可分为"继续利用的"与"不再利用的"两部分。计算"有项目"投资时，原有资产无论利用与否，均与新增投资一起计入总投资。"不再利用的"资产如果变卖，其价值按变卖值和变卖时间另行计入现金流量及资金来源项目，不能冲减新增投资。"有项目"情况下，"不再利用的"原有固定资产只要不处理（报废或变卖），就仍然是固定资产的一部分，但是不能提取折旧，因而导致新增折旧不等于新增固定资产的折旧。新增折旧是指"有项目"折旧与现状折旧的差额，它等于新增固定资产的折旧减去不再利用的原有固定资产本来应该计提的折旧。只有在原有固定资产全部利用的情况下，这两个数值才相等。在清偿能力分析中用到新增折旧数值时，如果不再利用的原有固定资产的数值较小，为简化计算，也可直接采用新增固定资产的折旧。

在识别和计算项目的增量费用时，要有明确的"沉没费用"概念，不能把一些不应计算的费用都列在增量费用中。所谓"沉没费用"是指企业不进行技改时，在已花费的总投资中，没有发挥或没有充分发挥作用的那部分支出。实施技改后，这部分投资又重新发挥它应有的作用了。这部分支出不应计入技改项目的增量费用内。如发挥原有设施的潜在能力，原有设施的费用不应再分摊给技改项目。被技改项目利用上的原先预留发展的设施的费用也不应分摊。已建成但未曾用过的某些设施，如被新上的技改项目利用，应按原值列入技改项目内。再次被利用的已折旧完了的某些固定资产的费用，应视实际情况采用适当比例计入。另外，一期工程中已为二期工程所花掉的投资，不应计入二期工程的费用中。

技改项目应尽可能利用原有设施，以减少投资。如何估算利用的原有设施的价值呢？严格来讲，应该用现时重置价值代替原始成本作为固定资产的计价依据。当企业进行技改时，凡原有资产经过重估的，必须使用重估值，如计算折旧的基数要用重估值，固定资产的净值也应用重估值减去折旧后的净值。

（三）要妥善处理"有项目"与"无项目"计算寿命期不同的问题

老企业运转若干年后才进行必要的技术改造，原有设施的寿命期总是比新项目的计算寿命期要短。在寿命期不同情况下应用"有无对比法"时，给增量费用计算带来了困难。为使计算期保持一致，应以"有项目"的计算期为基准，相应延长"无项目"的计算期，使两者相同。一般情况下，可通过追加投资、局部更新或全部更新来维持"无项目"时的生产经营，延长其寿命期到与"有项目"的计算期相同，并在计算期末将固定资产余值回收。在某些情况下，通过追加投资延长其寿命期在技术上不可行或经济上明显不合理时，应使"无项目"的生产经营适时终止，其后各年的现金流量为零。

三、认真地进行综合分析

对于一般的内容简单的项目，进行企业财务评价，采用行业基准指标，即可判别项目是否可行。对于大型综合型的技改项目，有必要开展两个层次的经济评价工作，即在进行企业财务评价的基础上，再进行国民经济评价和社会效益定性分析，从企业和国家两个角度全面考察项目的经济效益。

鉴于技改项目固有的特性，它的经济评价体系与新建项目相比有较大差别。对于新建项目，有一套评价指标就足够了。而对技改项目（特别是比较复杂的项目），最好是用两套指标（增量指标和总量指标）来说明问题，以增量指标为主，总量指标为辅。

另外，需要指出的是，在评价某些技改项目是否可行时，只用货币价值指标表示是不够的，还必须根据项目的特定目标，用实物量指标补充说明。如对于优化产品结构，增加产品品种，提高产品质量的技改项目，除了用货币价值指标反映项目经济效益外，还应辅加说明项目每年为社会提供产品、减少了资源的浪费、填补了市场空白、满足社会发展需要等。又如节能环保项目，在用经济价值反映项目效果的同时，还必须说明节能的实物效果即节省的能源数量，对企业周围生态环境的改善效果（噪音的降低、空气成分的净化等）。

总之，对技改项目进行经济评价时，要在弄清改造目标的前提下，合理地确定评价范围，并全面采集有关数据，继而科学地进行经济计算，认真开展综合分析，力争客观地、生动地、全面地反映项目的效益，为科学决策提供依据。

第四部分　产业经济

　　产业经济是一门应用性质的学科，可看作是国民经济按某一标准划分的部分。当前，以数字技术为主导的新一轮科技革命和产业变革风起云涌，数字技术的应用改变着传统的产业形态，正在推动生产方式变革，加快经济结构重组。世界各国都将发展数字经济作为经济社会发展的一项战略任务。北京数字经济体量较大、数字消费能力较强，拥有大量的数字技术人才，出台了一些促进数字经济发展的战略措施，具有领先全国的数字基础设施，信息传输、软件和信息技术服务业发展前景良好，数字治理水平不断提高。对于北京而言，数字技术在产业发展中的应用特色鲜明，数字经济产业已成为北京的主导产业。下一步，我们必须牢牢把握北京城市战略定位，高效配置数字经济创新要素，继续大力推动互联网、大数据、云计算、人工智能、区块链等数字技术为实体经济赋能，将数字经济创新发展与转变城市发展方式、完善城市治理体系、有效治理"大城市病"有机结合，培育发展新技术新产业新业态新模式，加快经济社会各领域数字化转型步伐，不断提高城市发展质量和城市综合竞争力。

浅谈企业集成 ①

要实现经济增长方式由粗放型向集约型转变，必须树立集成的观念，走内涵发展的道路。企业集成就是把企业内部的各部分加以集成，或者把多个企业加以集成，以便多快好省地生产出适销对路的产品，获取更多的利润。

从某种意义上来说， 我们的企业本来就是集成的。在一个企业内部，各个部分之间是相互联系在一起进行工作的； 具有协作关系的一群企业之间，也是联系在一起进行协同工作的。然而，在市场竞争中，有的企业或企业群成功了，而另外一些则失败了，其原因就在于企业集成的好与坏，或者说企业的生产与销售组织的好与坏。本文介绍了企业集成的三层意义，以便于进一步研究如何最优地组织企业的生产与销售，提高企业的市场应变能力和竞争能力。

一、微观集成

微观集成是以技术或信息为纽带的单个企业的内部集成，是一个企业内部的设计、制造与管理的集成。

近年来，在激烈的市场竞争环境中，企业纷纷采用高新技术，在设计、制造、管理等各个环节大量使用计算机。通过将计算机软硬件广泛应用于工程设计过程（CAD、CAE、CAPP、CAM）、经营管理过程（MRP-

---

① 本文原载于《中国工程师》（1998 年第 1 期）。

Ⅱ、JIT、MIS）及加工制造过程（NC、CNC、DNC、FMS、FMC）等，特别是借助上述过程在计算机网络和数据库支持下进行信息集成，实现了新品多、上市快、质量好、成本低的目标。如成都飞机工业公司的CAD/CAPP/CAM集成系统， 解决了飞机框、梁、肋类复杂机加结构零件加工的瓶颈问题，使飞机生产周期明显缩短。这是企业内部的集成，属于微观集成。

二、中观集成

中观集成是以产品为纽带的多个企业的集成。例如，一个汽车主机企业和它的配套企业、销售企业组成一个中观集成，这些企业之间是通过汽车产品这个纽带联系在一起的。主机企业联系着两条链，即供应链和销售链。产品供应链是多级的。例如，汽车主机企业的一级供应企业为生产发动机、收音机、放音机等产品的企业。而收音机、放音机企业也有其自身的一级供应链（主机企业的二级供应链），如生产大规模集成电路芯片、微电机企业等。大规模集成电路或微电机企业还有它们的供应企业，依此类推。在日本，供应链的等级可达5级左右，最低等级可能是家庭后院制作某一个小零件的工作间。

中观集成追求的目标是适应性、敏捷性、精质性、益省性。所谓适应性，即产品要适应市场的要求。敏捷性，即产品供应市场的速度要足够敏捷。精质性，即产品的质量要适应市场的要求。益省性，即最大限度地降低成本，提高效益。企业建设、运行的目标是使自己的产品适应市场不断变化的需求，在满足适应性的前提下，实现敏捷性和精质性，最终实现益省性。

企业中观集成最典型的例子是精益生产和敏捷制造。精益生产是日本丰田公司首先采用的企业中观集成方式。其主要特征为：

——在任何工位上，任何工人发现装配零件或装配质量问题，都可以停止整条生产线的工作。一旦某一个工人停止了生产线的运行，邻近的工人立即聚集起来，研究解决问题，做到产品中不隐藏任何小的缺陷。

——采取准时制，在每个工位上只有很少的零部件存在。从而，减少了过程中的存储，节省了流动资金，取得了良好的益省性。

——对生产过程中各种企业活动进行全面、彻底的反省，去掉一切不增值的行为，缩短了生产链，加快了生产速度，节省了开支，兼收了敏捷性和精益性之利。这种原理也扩大应用到供应链上各级企业和销售链上的各个销售点上去，从而实现了闻名于世的以一半的人力、一半的场地、一半的设备、一半的资源......完成了原来全部人力、全部场地、全部设备、全部资源所能够完成的生产产出。

——供应链和销售链都是固定的，主机企业和配套企业之间是忠诚的相互依赖关系，它们联合进行产品设计，共同创造产品的适应性、敏捷性、精质性和益省性。

敏捷制造是美国国防部1991年根据国会要求拟定一个较长期的制造技术规划基本结构时，由联合设计组提出的既体现国防部与工业界特殊利益，又能体现它们共同利益的一种新的制造模式，目的是保持或夺回美国在制造领域的国际领先地位。敏捷制造系统的主要特点可概括为：

——敏捷制造系统能最灵敏地响应市场的需求。

——当市场需求变动时，为了设计、制造新产品，"主机"企业应能利用全美的工业通信网络和工业数据库迅速地寻找其供应链的合作伙伴，实现中观集成，进行联合设计和协同制造，以最快速度向市场供应足够数量的产品。

——必要时，可迅速通过工业网和工业数据库寻找其供应链上的新合作伙伴，建立起新的中观集成，即动态的可重组的制造系统，又称为虚拟制造系统。这种动态组合在地理上是跨地区的，甚至是跨国的。当跨国进行组合时，又称之为全球制造系统。

精益生产和敏捷制造的实质都是集成，目标都是提高竞争能力，赢得市场，其生产方式都是按并行方式进行订单生产。但二者在机理、组织结构、对人的看法及满足需求的能力等方面不尽相同。精益生产的机理是简化，进行组织及人员的集成；组织结构是多功能项目组及生产小组；强调人的作用，以人为中心；追求尽善尽美。敏捷制造的机理是根据市场需求进行动态多变的组织，实现技术、组织及人的全面集成；其组织结构是动态的多功能项目组、虚拟制造系统，甚至全球制造系统；充分发挥人的作用；在整个产品生产周期满足用户需求。

需要指出的是，主机企业和供应企业间协同工作的好坏是中观集成的关键，协同工作的目标则是前述的"适、敏、精、益"。一个制造企业一般都含有设计、制造和管理几大部分，但不管哪一部分的活动，都是为达到产品的适应性、精质性、敏捷性和益省性。当然，一个企业在某一特定时期可能存在有某一个主要矛盾。这时，企业就有必要组织设计部门、制造部门和管理部门联合攻关，依靠信息技术（包括计算机技术、自动化技术）的支持，采用并行工程的方法，进行群组工作，以迅速求得问题的解决。

三、宏观集成

在市场经济条件下，一群生产截然不同产品的企业，在金融上相互支援（松耦合）或相互统筹（紧耦合）地集成在一起，并在一个大银行的支持下（松耦合）或与一个大银行集成在一起（紧耦合），形成宏观集成。这种宏观集成的大集团是以金融为纽带的，在国内外市场上具有稳定的竞争地位，并力争扩大其市场占有份额。这是近30年来企业集成的重要特色之一。如日本的三菱集团即是一个宏观集成的实例。该集团由三菱汽车公司、三菱电气公司、三菱钢铁制作公司、三菱铝业公司、三菱造纸厂、三菱石油化工公司、TOKIO海事和火灾保险公司以及三菱仓储公司和运输公司等企业宏观地集成在三菱银行、三菱重工和三菱总公司周围。这种宏观集成的企业集团围绕一个大银行或者再加一个巨大的企业进行集成，在金融上可以得到可靠的支持。当某些企业为了改善其在市场中的地位，要进行技术革新、改造，甚至新产品开发而需要注入资金时，则能得到及时、有力的支持。没有参与宏观集成的单个企业很难与这种大型集团竞争相匹敌。然而，若这种集成不成功，反而不如单个企业的"短小精悍"，竞争不过单个企业。但从总体上看，单个企业是敌不过宏观集成企业集团的。在国内，这种宏观集成的大集团是相互竞争的，而不是垄断的。但这种竞争也只在几家同类"主机"企业之间展开，因而，是基本适度的。在国际舞台上，这些大集团，则与其他国家和地区的企业集团进行着激烈的角逐。

在上述三个层次的企业集成中，微观集成是基础细胞，每个企业内部的行为应该是优化的，否则，就不太容易实现中观集成和宏观集成。但也不能只搞微观而忽略中观和宏观。应该把微观集成、中观集成和宏观集成结合起来考虑。宏观集成的企业集团能经受住更大的市场冲击。

在加快实现两个根本转变的新形势下，政府和企业应学习借鉴国外企业集成的思想，结合实际，规划和安排企业集成的研究及应用推广工作，通过企业改建和重组，调整存量，发展壮大企业集团等手段，加强企业集成，以加快建立现代企业制度的步伐！

关于北京发展战略性新兴产业的一点思考 ①

2010年9月，国务院常务会议原则通过了《国务院关于加快培育和发展战略性新兴产业的决定》。会议从我国国情和科技、产业基础出发，选择节能环保、新一代信息技术、生物、高端装备制造、新能源、新材料和新能源汽车7个产业，在重点领域集中力量加快推进。相比以前，这次确定的领域在一定程度上有所集成，这与各产业之间融合的趋势有关，也与带动一些领域发展的意图有关。各地应结合自己的资源禀赋、产业基础和优势予以细化。

战略性新兴产业这个提法最早正式出现于2009年9月国务院召开的产业发展座谈会上。关于什么叫战略性新兴产业，现在还没有统一的规范的定义。我们理解，战略性新兴产业是新兴科技和新兴产业的深度融合，能够推动新一轮产业革命，最终能够成为国民经济的先导产业和支柱产业。从选择依据来看，战略性新兴产业技术处于突破的边缘，有广阔的空间，有稳定向好的市场需求，有良好的技术经济效益，不仅有利于生产方式的转变，而且有利于生活方式的转变。从作用上来看，战略性新兴产业不是一般的产业，应该是国家或地区科技创新的主要突破方向和产业发展的重点目标，在产业结构调整和经济增长方式转变中承担先导作用。当前，加快培育和发展以重大技术突破、重大发展需求为基础的战略性新兴产业，对于推进产业结构升级和经济发展方式转变，提高我国自主创新能力和国际竞争力，促进经济社会可持续发展，具有重要意义。从战略地位来看，要以国际视野和战略思维来认识发展战略性新兴产业，是抢占未来全球产业发展制高点，重塑国家长期竞争优势的必要举措。金融危机后，国际产业分工正进入新一轮转型调整

---

① 本文原载于北京市经济与社会发展研究所内部刊物《经济社会发展研究》（2010年第63期）。

期，各国都在寻找下一轮经济增长动力，开始大力关注对国民经济发展和国家安全具有重大影响力的战略性新兴产业的培育。例如，美国奥巴马政府十分重视新能源、干细胞、航天航空、宽带网络的技术开发和产业发展，下决心抢占制高点，力争成为出口大国。日本大力推进"国家战略项目"，描绘了一幅"强有力经济"的产业结构图，把重点放在商业航天市场、信息技术应用、新型汽车、医疗与护理、太阳能等新兴行业上。英国为了应对经济衰退，启动了一项批量生产电动车、混合燃料车的"绿色振兴计划"。德国政府批准了总额为5亿欧元的电动汽车研发预算。韩国制定了《新增长动力产业规划及发展战略》，将绿色技术、尖端产业融合、高附加值服务等三大领域内的共17项新兴产业确定为新增长动力产业。

作为国家的经济发达地区，北京科技资源丰厚、实力领先，高新技术产业举足轻重，金融资源丰富，制造业发展也有一定基础，特别是创新能力较强，这些都是发展战略性新兴产业的有利条件。北京完全可以在发展战略性新兴产业方面有更大的作为。另外，大力发展战略性新兴产业符合首都经济的本质要求，对加快北京经济发展方式转变，推动首都经济发展理念、思路和方法的完善，促进京津冀协同和国际一流和谐宜居之都建设均具有重要意义。

然而，从目前来看，北京市发展战略性新兴产业还存在一些问题及瓶颈：一是适合首都发展的战略性新兴产业的内涵和外延还不太合适，导致支持的具体方向有争议，从而给有效引导社会资源加快推动首都战略性新兴产业的发展造成不利。二是仍然存在创新产业培育和发展的体制机制障碍。鼓励创新、扶持创新的制度体系、组织体系、资源保障体系等还不完善，难以形成强大的创新合力。新技术、新产业的发现机制尚不健全，产学研合作机制不完善，市场环境还有很多不利于引导新技术、新产品推广应用的因素。三是支持发展战略性新兴产业的政策力度不足。在发展初期，新兴产业由于产品不够成熟，可能导致市场认同度不高，产品规模扩张得慢，效益低，风险大，以至于项目中途夭折。开发大规模市场需求是发展战略性新兴产业的难点和关键，在这方面，需要加大政策支持力度。四是对技术创新前期研发资金支持仍然较少。新兴产业初期的技术多种多样，形成主流的技术路线和产品需要经过市场的长期筛选才能确定，在这个过程中需要进行反复的长期的创新尝试，对企业的研发投入能力要求较高。而政府恰恰在此阶段没能给予有力的资金引导。

面对上述问题，首先要完善北京战略性新兴产业发展指导目录。本着有所为、有所不为的原则，基于现有的基础和优势，关于首都战略性新兴产业的具体内容，建议聚焦在以下方面：（1）物联网产业：重点发展高端传感器、无线通信、集成服务等三大关键环节，开发微型传感器和智能传感器、先进条码自动识别、智能化信息处理、传感器节点供电等关键技术，开发基于TD—SCDMA、TD—LTE等新一代无线通信技术应用系统，推动物联网在物流、电子商务、智能交通、城市安全、智能社区等领域的广泛应用，推进"感知北京"示范建设。（2）移动互联网产业：加快面向移动互联网的核心网演进关键技术的研发，加强在移动通信与互联网业务融合过程中的商业模式创新和业态创新，继续促进移动互联网下传统电子商务、企业信息管理系统、搜索引擎、手机游戏、移动传媒、移动支付等增值服务的发展。（3）云计算产业：重点推动大规模并行计算、海量存储、云计算终端等核心技术突破，探索构建适合我国国情的云计算标准体系，推动云计算在电信、电子商务、移动互联网、公共服务等领域的应用。（4）新能源产业：重点开展风力发电、生物质能和浅层地能等产业关键技术研究，抓紧项目推进，更好地发挥产业联盟的作用，把北京建设成新能源研发中心、示范中心、装备制造中心。（5）生物医药产业：开展新型疫苗、基因药物、干细胞组织等技术的研发；发展航天育种、转基因新品种；推动心脑血管治疗药物、抗肿瘤药物、内分泌代谢综合征治疗药物等的研发和产业化；实施新药创制、传染病防治等重大专项。（6）智能网联汽车产业[①]：努力攻克车用芯片、基础软件、高精度传感器、功能安全、信息安全等关键技术产品，尽快实现技术成果的产业化，健全产业链条。（7）高端装备制造业：加快数控机床、轨道交通等高端制造业关键设备的研发和产业化。（8）文化动漫产

[①] 新能源汽车产业，也应是首都战略性新兴产业的重要内容。在这个领域，要努力攻克动力电池、电控系统等关键技术方面的瓶颈问题，研究推进充电站建设和新型运营模式，扩大新能源汽车在公交、环卫等领域的应用，积极促进技术产业化。

业：以创意为核心，以动漫画为表现形式，运用现代高新技术手段，充分解读北京文化资源的内涵，促进文化与高新技术产业融合，使先进的文化创意成果产品化、市场化、规模化。

为了从整体上推动首都战略性新兴产业的发展，必须加强组织领导和统筹协调。要明确协调机构，健全体制机制。要完善首都战略性新兴产业发展规划，注意优化区域布局、避免同质化。要切实把技术创新作为发展战略性新兴产业的基础，优化促进技术创新的配套政策，着力培育和建设一批有重大影响力的产业项目。要通过政府和市场的有效结合，切实打通新兴产业发展的各个环节，消除"堰塞湖"，使整条河流流动起来。其中，针对北京科技型中小企业比较多的实际，要特别注意积极发挥风险投资的作用。对市场失灵的环节，政府要充当"第一位天使"；对风险投资可以顺利进入的环节，政府要营造环境，加大激励；对于风险投资过热的个别环节，政府要发挥窗口指导作用，加强引导。另外，还要多层次、多渠道、多方式推进国际科技合作与交流，继续提高国际投融资合作的质量和水平。

总之，要以首都发展为统领，深入研究当前和今后一个时期国际产业转移和发展规律，立足首都实际，秉承新发展理念，以建设国际一流和谐宜居之都的标准，统筹推进首都战略性新兴产业的发展，占领产业制高点，开创首都战略性新兴产业发展的新局面。

北京数字经济创新发展思路与对策 [①]

一、数字经济概述

（一）数字经济概念的历史沿革

数字经济的概念最早可追溯到20世纪90年代。自1998年起，美国以"数字经济"为主题陆续发布了多项研究报告，数字经济逐渐成为国际社会发展的共识。之后，国内外学术界对数字经济的定义展开讨论，许多国家政府和国际组织如日本、美国、世界货币组织等也对数字经济十分关注。我国政府从2014年起开始将数字经济作为重要的关注点。2017年，"数字经济"一词首现《政府工作报告》。2019年10月，我国启动国家数字经济创新发展试验区创建工作。同年11月，中共十九届四中全会首次提出将数据作为生产要素参与收益分配。2020年3月，《中共中央国务院关于构建更加完善的要素市场化配置体制机制的意见》发布，数据作为一种新型生产要素再次正式出现在官方文件中。

（二）数字经济概念的内涵和外延

中国信息通信研究院、中国信息化百人会都对数字经济做出过定义，目前官方较为代表性的关于数字经济的定义为2016年杭州G20峰会发布的

---

① 本报告参加人还有赵永珊、唐文豪、刘沛罡、刘晨。

《G20数字经济发展与合作倡议》中给出的定义，即数字经济是指以使用数字化的知识和信息作为关键生产要素、以现代信息网络作为重要载体、以信息通信技术的有效使用作为效率提升和经济结构优化的重要推动力的一系列经济活动。

从内涵来看，数字经济的本质属性受到网络技术领域三大定律的支配，即梅特卡夫法则、摩尔定律和达维多定律，这三大定律决定了数字经济具有高渗透性、边际效益递增性和可持续性。从外延来看，数字经济包括数字产业化与产业数字化。数字产业化对应的产业主要为信息制造业、信息通信业、软件服务业等信息产业，还包括基于互联网平台的信息技术服务业新业态、新模式等。产业数字化主要集中在传统产业部门对信息技术应用的环节。

（三）全球数字经济发展现状

从全球看，中国信息通信研究院统计显示，2018年47个数字经济发展比较快的国家数字经济总规模高达30.2万亿美元，占其GDP总量的比重达40.3%[1]。数字经济高度集中于美国、中国两个国家，美国短期内将继续保持其在全球的绝对领先地位，中国数字产业竞争力全球第一。此外，各国产业数字化占数字经济比重均超过50%，不同国家产业数字化规模差距较大。

从国内看，2018年，我国数字经济规模达31.3万亿元，占当年GDP的34.8%，对GDP增长的贡献率达到67.9%，数字产业化、产业数字化规模分别达到6.4万亿元、24.9万亿元。空间分布上，上海、北京、深圳位列全国城市数字经济排名三甲，京津冀、长三角、珠三角呈现明显区域集聚效应[2]。

（四）数字经济的时代特征

数字经济具有鲜明的时代特征。一是数据成为新的关键生产要素，二

---

[1]　2019 年全球数字经济新图景 [R]. 中国信息通信研究院，2019.

[2]　上海社会科学院信息研究所 . 全球数字经济竞争力发展报告（2019）[M]. 北京：社会科学文献出版社 , 2019.

是创新成为经济社会发展的新引擎，三是信息产业成为新的基础性先导性产业，四是产业融合成为时代发展的新推力，五是平台化成为产业组织的新特征，六是线上线下一体化成为产业发展的新方向，七是多元共治成为社会治理的新趋势。

二、北京数字经济发展面临的形势

（一）信息技术革命和全球数字战略对北京数字经济发展提出了新挑战

当前，全球正处于新一轮信息技术革命中，美国、欧盟、英国等国家和国际组织纷纷出台数字经济发展战略，数字经济已经成为当今世界大国战略博弈的重要焦点。在此背景下，以中国为代表的新兴大国崛起，成为美西方国家科技和经济竞争的重要对象。对北京而言，实现数字经济领域的重大技术攻关、突破西方国家对我国的科技"封锁"，是义不容辞的责任和重大历史使命。然而，北京尚有许多"准备工作"没有做好，数字经济的发展还不够成熟。因此，新一轮信息技术革命和全球数字经济竞争对北京提出了新挑战。

（二）国家创新驱动发展战略的实施对北京数字经济发展提出了新期望

国家创新驱动发展战略实施以来，数字经济已逐渐成为引领中国创新战略实施的重要力量，中国成为仅次于美国的世界第二大数字经济体。北京是全国科技创新资源最为密集的区域，拥有全国数量最多的创新人才，云集众多数字经济相关领域的全国领先企业，在数字经济发展大潮中必然扮演着重要角色。把握机遇加快数字技术创新步伐，构建北京数字时代竞争新优势，是未来一个时期北京的历史使命。

（三）高质量发展对北京数字经济提出了新要求

北京走"高质量发展"之路离不开数字经济的支撑作用。首先、高质量发展要求北京构建"高精尖经济结构"，离不开数字经济的支撑。数字经济是新技术革命的产物，集中体现了创新的内在要求。新模式、新业态、新的经济增长点将随着数字经济的快速发展不断涌现，数字经济将成为产业结构转型升级和经济高质量发展的新引擎。同时，高质量发展要求推动京津冀协同发展，离不开数字经济的支撑。发展数字经济有助于在京津冀三地之间建设高水平的协同创新平台和专业化的产业合作平台，促进区域创新链、产业链的深度融合。

（四）城市治理现代化对北京数字经济提出了新考验

长期以来，北京种种城市治理顽疾凸显，特别是此次新冠肺炎疫情爆发，使一系列城市治理领域的弊病暴露了出来。此外，北京作为国家首都，安全稳定是城市治理中极为重要的一环。这些问题都给北京的城市治理体系和治理能力带来全方位挑战。发展数字经济，要使政府进行流程再造，实现跨层级、跨地域、跨系统、跨部门、跨业务的协同管理和服务，快速和精准地发现并纾解公共服务和社会治理中的"堵点""痛点"和"难点"。

（五）人民生活质量的提升为北京数字经济发展提供了新动力

随着北京经济发展进入换挡升级的新阶段，人民群众对美好生活的向往也呈现出新的时代特征，加之此次新冠肺炎疫情催生出许多新的消费需求和消费观念，人民群众对生活品质产生了新的更高的要求，这为北京数字经济发展提供了动力。

三、北京数字经济发展具备的优势

根据对《中国数字经济发展报告（2019）》《2019年中国数字经济发展

指数》《中国数字经济发展与就业白皮书（2019年）》和《2018年中国数字经济发展报告》等报告的相关数据分析可知，北京数字经济发展水平始终走在全国前列。

（一）数字经济体量较大，数字消费能力较强

数字经济总量包括数字产业化和产业数字化的经济总量之和。中国信息通信研究院《中国数字经济发展与就业白皮书（2019年）》数据显示，2018年北京数字经济总量约为15000亿元，居全国第6位，数字经济占GDP的比重超过50%，居全国首位。

较大的数字经济总量得益于云集北京的大量数字经济相关企业。在大数据领域，据不完全统计，北京市企业数量超过1435家。2019年9月，"2019世界计算机大会"发布了"中国大数据企业50强"榜单，本市有小米、美团、百度等22家大数据企业入选，数量居全国首位。在软件业领域，2018年，北京拥有2.7万家在营企业。2019年，国家工信部发布了"中国软件业务收入前百家企业发展报告"，北京有小米移动软件、京东尚科、航天信息等32家企业上榜，数量仍居全国第一。这32家入选企业2018年实现软件业务收入1812.4亿元，占我市软件业务收入的18.6%，占全国软件百家企业收入8212亿元的22%。

尤其值得一提的是，北京数字消费能力较强。阿里巴巴集团发布的《2018年中国数字经济发展报告》显示，在2018年数字消费力省份排行榜中，北京位于第9名，在人均数字消费省份排行榜和数字消费力城市排行榜中，北京分别位于第3名和第2名。北京还入选了全国首批综合型信息消费示范城市，并设定目标：到2022年，实现全市信息消费相关产业规模达1.4万亿元，年均增长达18%以上。

（二）数字基础设施建设领先全国

北京的数字基础设施建设处于全国第一梯队。在传统数字基础设施（如固定宽带、域名等）方面，北京的优势主要体现在域名资源。截至2018

年12月底，全国域名数量约3793万个，网站数量约523万个，北京域名数达4434713个，网站数达719152个，数量排名位居前茅。在新型数字基础设施（如5G、数据中心等）方面，北京具有绝对优势，特别是5G建设水平远远领先其他地区。截至2020年3月，北京市共计建设5G基站26000个。根据规划，到2020年年末，全市将建成5G基站3万个以上，室分设备覆盖近5000栋楼宇。到2022年，北京市运营商5G网络投资累计将超过300亿元，科研单位和企业在5G国际标准中的基本专利拥有量占比将达5%以上，5G产业实现收入将达约2000亿元，拉动信息服务业及新业态产业规模将超过1万亿元。北斗卫星导航系统方面，北京作为北斗卫星导航系统重要的起源地，具有明显的产业发展优势。截至2019年2月，北京已推出超过9万台北斗终端。数据中心建设方面，北京以绝对优势占据全国第一梯队，根据课题组调研结果，在此轮"新基建"过程中，北京有24%的数字经济相关企业的业务方向涉及大数据中心建设，在各个"新基建"类别中企业占比最高。

（三）信息传输、软件和信息技术服务业发展前景良好

近年来，北京信息产业规模持续扩大。2018年，北京信息产业增加值达4940.7亿元，是2013年的1.73倍；信息产业增加值占GDP的比重为16.3%，比2013年增加1.87个百分点。其中，信息传输、软件和信息技术服务业（下文简称"软件和信息服务业"）表现突出。一是量质齐增，支柱地位显著。2018年软件和信息服务业实现增加值3859.0亿元，同比增长19.0%，增速居各行业之首，达到了19.5%；占全市GDP比重的12.7%，创历史新高。二是结构优化，引领作用凸显。以数据服务为核心的互联网信息服务业、互联网数据服务业快速发展，大数据、云计算、人工智能等新兴领域加速落地，成为新的增长点。三是创新强劲，新兴动能释放。创新投入和产出快速增长，大中型企业内部研发经费250.3亿元，同比增长16.0%；每亿元研发费用产出有效发明专利132.5件，同比提高69.8件。四是环境改善，聚集效应提升。出台高精尖产业政策，加强宣贯落实，做好企业服务，举办中国国际软件博览会，营造良好的产业氛围。

从具体细分领域来看，在大数据领域，从2014年起，北京陆续发布了《关于加快培育大数据产业集群推动产业转型升级的意见》《"大数据"产业发展路线图和企业分布图》《北京市大数据和云计算发展行动计划（2016—2020年）》等，明确提出要推动北京成为全国大数据和云计算创新中心、应用中心和产业高地。到2020年年底，全市公共数据开放单位覆盖率将超过90%，数据开放率超过60%，相关业态力争实现收入1000亿元。此外，北京积极推动大数据与经济社会各方面融合，在城市管理、社会治理、公共服务、市场监管等领域均有典型应用。在区块链领域，根据工业和信息化部信息中心《2018年中国区块链产业白皮书》，北京拥有175家区块链公司，占全国总数的38%，处于全国绝对领先地位。在中央网信办公布的首批区块链备案企业名单中，北京共有63个区块链信息服务项目成功备案，占备案项目总数的32%，居全国首位。此外，北京还形成了百度"区块链操作系统"BBE平台、京东"智臻链"等一些典型的区块链应用实践案例。在人工智能领域，北京处于高速发展期。截至2019年4月，全国人工智能企业4084家，北京达1084家，占全国总数的26.5%；全国获得过风险投资的人工智能企业1259家（含31家上市公司），其中北京获得过风险投资的人工智能企业442家（含12家上市公司），占35.1%。

（四）数字技术在产业发展中的应用特色鲜明

根据《2019年中国数字经济发展指数》，北京的服务业数字化水平在全国排名第四。以大数据技术在实体经济中的应用为例，2019年6月20日，北京市经济和信息化局推出的170个实体经济大数据应用项目中，服务业大数据应用120个（占71%），工业大数据应用41个（占24%），农业大数据应用9个（5%），可见，大数据技术在服务业中的应用尤为突出。

数字技术在工业中的应用主要体现在智能制造和工业互联网领域。

（五）数字治理水平不断提高

截至2019年9月，北京市政务数据资源网接入部门数达56个，开放数据集1321类，数据量达7916万条。针对金融、医疗、交通、教育等数据需求热点领域，通过开辟"数据专区"，推进政府数据的社会化利用；选取冬奥会、城市副中心等7个城市管理领域，以及金融、教育、医疗、自动驾驶等公共服务领域，深入落实开展人工智能应用；北京创造性地利用区块链理念和技术，建成了"目录区块链"系统，实现"马上办、网上办、就近办、一次办"的北京效率；北京依托大数据"筑基"工作成果，利用新技术手段，在"优政""惠民""兴业"等方面不断实现城市治理难题的破解。

（六）出台了一些促进数字经济发展的政策措施

一是数字经济政策体系不断完善，出台了一些引导性意见。北京先后发布并实施了5G产业发展行动计划、大数据行动计划以及工业互联网发展行动计划等重要政策，引领北京数字经济走上持续快速发展的"快车道"。二是成立大数据管理机构，数字经济特色化发展路径加快形成。2018年年底，本市在市经济和信息化局加挂大数据管理局的牌子，内设大数据建设处、大数据应用与产业处、大数据标准与安全处三个处室，管理机构逐步理顺。

（七）拥有大量的数字技术人才

中国三大通信公司、各大国有银行总部、众多数字技术企业云集为北京吸引了大量数字经济人才。以清华大学、北京大学为代表的一大批高等院校和以中国科学院、中国工程院为代表的一大批国家科研院所等也为北京发展数字经济提供了丰富的高层次创新人才。

四、北京数字经济发展面临的问题

（一）数字经济发展的体制机制有待完善

一是缺乏数字经济发展的顶层设计和统筹谋划。缺乏全局性、系统性、引导性的专业政策，也缺乏细分领域的数字化转型指南以及相关配套机制。二是相关法规滞后于数字经济实践。本市大数据立法还处在调研阶段。三是统计制度和体系未能跟上数字经济的发展。统计制度和体系处于自行探索阶段，数字经济产生的价值在统计中无法体现。四是数字经济相关标准体系不健全，不能有效支撑大数据在各领域中的应用。

（二）数字经济核心技术攻关亟待突破

目前，数字经济领域核心关键技术受制于人的局面还未得到根本改变，大数据基础算法、存储技术等基础技术，芯片、传感器等基础元器件、基础工艺不能满足产业发展的需求，集成电路、人工智能等产业链核心技术和关键器件"缺芯少魂"表现明显。

（三）传统企业数字化转型步履缓慢

一是企业对数字化转型的认识不到位，存在"不愿转型、不敢转型、不会转型"问题。二是投入大、回报周期长，试错成本和试错风险超出企业承受能力。三是部分领域政府支持企业数字化转型的门槛过高，部分领域准入要求仍按传统思维设立，新兴企业进入困难，行业标准缺失或不统一。四是大型企业龙头带动作用尚未显现，在很多领域亟须有人引领和带动供应链上的中小企业进行数字化转型。

（四）数字化生态还没有形成

一是要素资源分散没有形成合力。本市对数字经济的支持呈现出点状特征，政策散落在5G、人工智能等各个领域，政府的支持方式主要以单个项目为主，产业链培育、平台式发展、集群创新、产业园集聚等生态化建设需要加强。二是企业上云率相对较低，应构建大规模多云交换平台，打造以云平台为依托的数字化生态。

（五）顶尖专业技术人才和复合型人才供给不足

一是数字技能领域的顶尖人才供不应求。目前大部分的数字人才分布在产品研发领域，而深度分析、先进制造、制造业全生命周期数据挖掘等领域的人才加起来只有不到5%，顶尖人才供不应求。同时，目前针对数字顶尖人才的争夺异常激烈，而本市受住房、户口、医疗等公共服务的影响，顶尖人才延揽工作还需要进一步发力。二是跨界的复合型人才供不应求。当前，本市兼具互联网技术和行业专业知识的跨界人才缺口极大，特别是适应数字经济深度融合发展的复合型人才、应用型人才、领军型人才"一将难求"。

（六）政府数字化治理能力还需要进一步提高

一是政府监管、准入等模式无法满足数字经济发展需要。现有条块分割的垂直管理体制与数字经济跨界融合发展态势不适应，特别是对新业态的界定，线上和线下管理部门如何划分职责和实现协同，都是需要尽快破解的监管难题。二是平台治理问题突出。政务服务平台条块分割、业务协同难、数据共享难等问题仍然比较突出，企业平台数据争议纠纷、网络购物虚假宣传、网络侵权盗版等问题大量出现。三是数据共享开放受限。一方面，政务数据共享开放程度低，"数据孤岛"依然大量存在；另一方面，海量的数据掌握在大企业手中，政府很难获取或共享这部分商用数据，企业之间的数据也没能实现流通共享。四是网络安全和隐私保护问题凸显。我市完整的网络安全防护体系亟待建立，安全投入与信息发展不匹配、安全技术与网络形势不匹配等问题凸显。个人隐私保护亟待加强，用户个人信息泄露和非法利用、数据非法跨境流动等风险加大。

五、部分省市数字经济发展经验借鉴

（一）部分省市发展数字经济的主要政策举措

1.广东加强数字经济发展规划

2018年4月，广东提出数字经济"128"发展战略。2018年11月，广东省印发《广东省"数字政府"建设总体规划（2018—2020年）》，指出要形成"政务互联网思维"，并提出三大数字政府架构。2019年10月，广东就《广东省培育数字经济产业集群行动计划（2019—2025年）》向社会公开征求意见，目标是基本建成国家数字经济发展先导区。2020年3月，广州市政府常务会议审议通过《关于加快打造数字经济创新引领型城市的若干措施》，指出要将广州打造成为粤港澳数字要素流通试验田、全国数字核心技术策源地、全球数字产业变革新标杆。

2. 上海加速打造数字经济新亮点

2019年10月，上海市委常委会审议通过了《上海加快发展数字经济推动实体经济高质量发展的实施意见》，提出要把握新一轮技术发展趋势，持续增强新时代上海数字经济发展新优势。2020年3月，上海市发布《关于进一步加快智慧城市建设的若干意见》，指出要聚焦政务服务"一网通办"、城市运行"一网统管"、全面赋能数字经济三大建设重点。2020年4月，上海市政府印发《上海市促进在线新经济发展行动方案（2020—2022年）》，提出围绕重点领域打造四个"100+"。

3. 浙江聚焦数字赋能

浙江2003年发布了《数字浙江建设规划纲要（2003—2007年）》。2016年11月，印发《浙江省信息化发展"十三五"规划（"数字浙江2.0"发展规划）》，部署建立"数字浙江2.0"框架体系。2018年9月，印发《浙江省数字经济五年倍增计划》，进一步加快实施数字经济"一号工程"，部署建设国家数字经济示范省。2017年6月，杭州市政府印发《关于印发"数字杭州"（"新型智慧杭州"一期）发展规划的通知》，推动建设"数字杭州"，建设新型智慧城市。2018年10月，杭州市委市政府印发《杭州市全面推进"三化融合"打造全国数字经济第一城行动计划（2018—2022年）》，提出要抓好数字产业化、产业数字化、城市数字化，将杭州打造成为"全国数字经济第一城"。

4. 贵州重点突破带动数字经济发展

2017年2月，贵州省发布《贵州省数字经济发展规划（2017—2020

年）》，提出要加快发展资源型、技术型、融合型、服务型"四型"数字经济。2017年3月，贵州省委省政府印发《关于推动数字经济加快发展的意见》，提出要以数字化、网络化、智能化为指引，推动数字经济加快发展。随后三年间，贵州相继制定大数据、人工智能、云计算、5G等领域的专项工作方案，对贵州数字经济的发展做出进一步部署。

（二）经验借鉴

1.注重打造产业集群

广东致力于发展数字经济重点领域产业链，打造"政府政策+龙头企业+融资担保+产业链中小企业"协同创新模式。对此，北京可借鉴广东做法，构建"龙头企业+中小企业"产业生态。此外，广州积极发展生产资料、生产技术、生产服务分享模式，为北京提供了很好的启示。

2.着力提升数字素养

上海在工业领域率先推行首席信息官制度，打造实训基地和专业技术人员继续教育基地，浙江注重提升企业家数字化转型与全球视野、管理创新相结合的能力，贵州着力加强社会管理者的数字教育和培训。有鉴于此，北京也应提高经济社会参与者，尤其是企业、政府管理人员的数字素养和对数字经济的认识。

3.完善创新创业扶持政策

贵州大力支持数字经济领域的创新创业，制定了《贵州省数字经济创业指导目录》，帮助有条件的数字经济企业上市融资，并计划建设创新创业平台。同时，鼓励有条件的机构开展网络创业培训。北京可借鉴贵州经验，在金融、创业服务、人才培训等方面加大力度，为创业者提供友好环境。

4.提高数字经济融合发展水平

一是数字技术与城市管理的融合。上海创新性地探索建设数字孪生城市，杭州深入推进"城市大脑"建设。二是基于数字经济的军民融合发展。

贵州定期组织"军转民""民参军"精准对接，推进数字经济重大技术转移转化和关键技术协同创新。三是数字经济带动下的城乡融合发展。浙江基于电商创造遂昌模式提高农民收入；贵州同样利用数字技术建设农产品生产、销售全过程大数据分析应用项目。有鉴于此，北京可推动政府部分信息"上云"，加强数据的汇聚融合与关联分析，推进数字经济领域的军民融合创新，并将数字经济的触角拓展至乡村。

5.扩大数字经济开放程度

广东着力办好国际交流合作活动，鼓励企业、机构加入数字经济国际产业联盟、参与国际规则标准制定，上海则致力于建设"数字贸易国际枢纽港""全球数据港"。以此为鉴，北京应注重办好重大国际活动，拓展针对国际市场的数据服务，积极参与国际规则标准的制定，打造"北京国际数据交易枢纽"。

6.加强数字经济区域合作

浙江积极融入长江经济带发展，共建共享重大数字基础设施，开放共享数据资源，广州探索建立穗港澳数字经济创新要素高效流通体系，浙江支持各地在数字经济发达地区规划建设"飞地"孵化平台和孵化示范基地。北京可借鉴它们的做法，推动"京津冀"数字经济一体化发展，加强省际合作，尝试与浙江、广东等数字经济发达地区合作建设"飞地"孵化基地。

7.推进数字经济标准化建设

浙江印发文件指导构建完善数字化转型标准体系，并建立了数字经济标准创新联盟，制定数字经济领域"浙江制造"标准58项。广东、贵州等地也在此领域积极布局，探索在数据交易流通、数据安全保护等方面的地方性法规和标准规范。上海提出要全市统一管理模式、数据格式、系统标准，杭州则着力健全"数字杭州"规划、建设、运营等方面的标准规范。有鉴于此，北京也应积极开展全市统一的标准规范体系的规划、设计和建设，持续推进数字经济各领域标准化。

六、北京数字经济创新发展的战略选择与重点任务

（一）指导思想和原则

以习近平新时代中国特色社会主义思想为指导，深入贯彻党的十九大和十九届二中、三中、四中、五中全会精神以及习近平对北京工作重要讲话精神，树立以人民为中心的发展思想，秉持创新、协调、绿色、开放、共享的发展理念，牢牢把握首都城市战略定位，深入实施创新驱动发展战略，高效配置数字经济创新要素，将数字经济创新发展与转变城市发展方式、完善城市治理体系、有效治理"大城市病"有机结合，推进数字产业化和产业数字化，推动互联网、大数据、云计算、人工智能、区块链等数字技术为实体经济赋能，培育发展新技术新产业新业态新模式，加快经济社会各领域数字化转型步伐，不断提升城市发展质量和城市竞争力，为建设国际一流的和谐宜居之都、率先基本实现现代化、谱写中华民族伟大复兴中国梦的北京篇章做出应有的贡献！

为此，应当坚持以下原则：

——市场主导，政府引导。推动要素市场化改革，强化企业市场主体地位。政府重在加强政策引导、示范推广，推动完善信用标准体系，优化服务，营造良好环境。

——创新引领，效益驱动。加大数字核心技术攻关，推动数字技术开发应用、商业运营等方面的协同创新。大力实施上云用数赋智行动，催生新技术、新业态、新模式，推动数字技术在经济发展、民生保障和政府治理等方面的应用，推动高精尖产业创新发展，形成特色鲜明的数字经济比较优势，支撑构建北京现代化经济结构，促进形成北京现代化经济体系。

——开放共享，合作共赢。坚持开放共享理念，汇聚全球数据、技术、人才和资金等要素资源，鼓励多元主体参与数字经济治理，推动数据资源有条件地开放共享与信息流通。

——维护主权，确保安全。维护数字主权，建立并完善相关法律法规和

制度体系，加快构建安全可信的智能基础设施，防范信息安全风险，加强风险预警、运行监管和应急保障，形成适应数字经济健康发展要求的安全体系。

（二）发展目标

到2025年，体制机制进一步完善，形成与数字经济发展相适应的政策体系、制度环境和文化环境，建设更加开放、包容、自信、有活力的数字经济发展生态，建设服务人民群众的普惠型数字基础设施，在数字经济龙头企业培育、关键核心技术攻关、特色优势业态打造、创新示范基地建设等方面实现突破，数字产业化和产业数字化取得显著成效，产业数字化渗透率不断加大，在数字经济规模、数字经济地区生产总值的贡献率、数字经济国际开放程度等方面取得较大提升，在打造北京现代经济体系、数字化城市治理和民生保障方面取得重要进展，首都数字经济示范引领和辐射带动作用显著增强。

（三）重点任务

1.实施数字经济创新能力提升工程，加强数字经济核心技术攻关

瞄准数字产业链的短板环节，通过关键技术揭榜挂帅、组建政产学研用联合攻关及示范工程、征集优秀行业共性问题解决方案等方式，组织实施关键核心技术攻关，提升前端研发产业的价值。在数字产业化领域，建立高水平技术攻关平台，重点提升核心基础零部件元器件、关键基础材料、先进基础工艺、产业技术基础和基础软件自主水平，加强对大数据底层核心技术的研究。在产业数字化领域，加强融合领域基础理论研究及技术前沿探索，重点突破工业传感器、系统软件、高可靠嵌入式控制系统技术，突破高精度位置服务技术，引导新材料领域技术跨越式发展。

2.实施企业数字化转型示范工程，促进企业数字化改造

一是在亦庄等区域开展制造业企业数字化转型试点。聚焦集成电路、新能源、智能装备等领域企业数字化改造，出台本市工业互联网改造实施指南等一系列落地方案，形成具有数字化特征的应用场景。大力发展信息物理

系统、工业云、工业大数据、工业电子商务，夯实企业数字化转型的基础。

二是通过技术、资金和平台引导企业数字化改造。通过国产化"芯片"或关键技术替代降低企业数字化成本，利用产业引导基金等支持企业数字化改造。鼓励平台企业开展研发设计、生产加工等核心业务环节数字化转型，建立中小微企业数字化转型的对接机制。探索在"三城一区"建立公共型数字化转型促进中心。

3.积极培育数字经济新业态，促进数字技术在民生保障、城市管理、政务服务等领域的应用

重点加强数字技术在民生保障、城市管理、政务服务等领域的应用，开发新产业、打造新业态、设计新模式，用新动能推动新发展。民生保障领域，支持疫情防控、多卡合一、云端课堂、慧眼看病、信用医疗、医保监管等新兴应用场景建设，疏通政策障碍和难点堵点。政务服务领域，加强领导驾驶舱、接诉即办、智慧大厅、无感审批、"北京通"APP 3.0等新兴应用场景建设。

4.打造跨界融合的数字化生态

一是培育龙头企业。积极鼓励它们开发更适合中小微企业需求的数字化转型工具、产品、服务。培育一批产业链上下游公司，形成龙头引领、中小企业蓬勃发展的企业群体。二是打造智慧园区。依托昌平生物医药产业集群、大兴区生物医药产业集群、海淀区人工智能产业集群、经开区集成电路产业集群，整合企业技术、金融、物流等资源，打造数字化工厂，建设智慧园区。三是支持企业上云。构建大规模多云交换平台。鼓励传统企业与互联网平台企业、行业性平台企业、金融机构等，共享技术、通用性资产、数据、人才、市场、渠道、设施、中台等资源，形成以云平台为核心的数字化生态体系。

5.加快信息基础设施建设

一是加快5G基础设施建设。加快推进5G网络全面建设，完善市通信管理局、市规划自然资源委等多部门的协同推进机制，推动5G基站和信号塔、灯杆等各类社会塔（杆）等共建共享，率先在全国构建起高速、移动、泛在的5G基础设施。二是完善云计算设施。加强对数据中心的规划设计和功能布局，积极推进交通、医疗、教育、文化等重点行业的战略性公有云平台建设。三是加强大数据基础设施建设，建设北京城市大数据平台，形成统一的城市数据资源池。依托市政务云平台、物联传感"一张网"和智慧应用"一套码"等智能基础设施，实现人、地、事、物、组织、城市生命体征等物理城市全要素数字化标识。

七、北京数字经济创新发展的对策建议

（一）建设国家数字经济创新发展试验区，完善数字经济发展的体制机制

一是健全市级层面统筹协调和工作推进机制，加强对本市数字经济发展的战略谋划和顶层设计。二是积极争取在北京创建国家数字经济创新发展试验区[①]，并深入推进京津冀大数据综合试验区建设。三是加强地方性法规探索。四是加强标准体系建设。五是积极探索开展数字经济的统计指标体系试点。

（二）继续发挥好财政资金的支持引导作用

一是用好市政府创业投资引导基金、北京集成电路发展股权投资基金等专项基金，积极探索有利于数字经济发展的税收支持政策，加大对数字化创新产品和服务的政府采购力度。二是持续促进资本市场改革，支持符合条件的数字经济企业通过发行债券、知识产权质押等多种方式融资。研究利用可视化的数据风控，鼓励金融机构创新服务模式，鼓励产业联盟搭建产融对接平台。

---

① 2019年国家已经在河北省（雄安新区）、浙江省、福建省、广东省、重庆市、四川省先行开展数字经济试验区试点。

（三）加强数据资源的开放和共享

一是加强数据的共享融通。成立全市"统筹存储、统筹共享、统筹标准和统筹安全"的云计算平台，制定政府部门数据资源开放和共享计划。依托龙头企业积极搭建群流程数据流通平台，探索建立全国数字交易所。二是加强国内外数字经济领域在人员、技术、资金等方面的交流合作，做大做强北京数字贸易。三是探索提出数字"一带一路"北京计划。推动北京数字经济企业加入数字经济国际产业联盟，鼓励有关机构参与数字经济领域国际规则标准制定。积极引进"一带一路"沿线国家数字经济创新成果，吸引一批知名企业、科研机构、智库入驻。

（四）打造一流的数字经济人才发展环境

一是重点加快培育复合型人才，完善相关学科建设，创新校企联合培养模式。二是创造优良创新创业环境吸引国外技术人才回国，营造良好的类海外人才环境。

（五）加强风险防患和保护信息安全

建立健全数据安全保障体系，构建网络空间命运共同体。强化数据保护和管理，增强数据安全保护产品和解决方案的开发应用。落实数据安全分级管理等网络安全制度，建立数据安全评估优化体系。推进电子商务法、个人信息保护法等方面的立法研究。

（六）加强政府数字化治理

一是在坚持安全底线基础上，对于新业态新模式，设置一定的观察期，坚持包容审慎治理。二是优化治理手段与方式。推动政务信息系统整合和迁移上云，优化、再造政府服务流程，创新政务服务模式。

以生态优化促进北京平台经济健康发展

"平台"是指以互联网、大数据、人工智能等为支撑的连接多方供求的数字化平台。根据功能，一般把平台分为电商平台（如淘宝和亚马逊）、社交平台（如微信）、搜索平台（如百度）、媒体平台（如新浪）、生活服务平台（如途牛）等类型。一般认为，平台经济是基于互联网或数字平台的新型经济形态。国务院办公厅《关于促进平台经济规范健康发展的指导意见》（国办发〔2019〕38号）指出，互联网平台经济是生产力新的组织方式，是经济发展新动能，对优化资源配置、促进跨界融通发展和大众创业万众创新、推动产业升级、拓展消费市场尤其是增加就业，都有重要作用。

一、北京市重点领域的平台经济发展情况

近年来，北京市瞄准世界科技创新前沿趋势，聚焦人工智能、大数据与云计算、虚拟现实、下一代移动通信、物联网、科技金融等重点领域，催生了一大批平台经济领军企业，平台经济呈现蓬勃发展之势。

（一）基于互联网、云计算和大数据技术的平台经济

在互联网和大数据联合应用领域，北京有越来越多的传统产业呈现了全新业态，如典型的资讯企业今日头条、百度、小米、58同城等，它们颠覆了传统资讯业的信息分发模式，改变了生活服务业的形式，也改变着人们获取知识的方式。一些传统的软件企业进行平台化转型，如用友积极实施"去软件化"，发力互联网金融、企业级服务等新兴领域。还有一些企业催生出

以共享经济为代表的新业态，引领平台经济发展新方向，如滴滴出行成长为涵盖出租车、专车、快车、顺风车、代驾及大巴等多项业务的全球最大的一站式移动出行平台，拥有4亿多个用户，每天完成2000万次出行；数海科技建成国内最大的数据交易平台，成功发放国内首笔"数据贷"①；天使汇股权众筹、京东O2O众包、航天科工云网众创、36氪众扶等开辟了"四众"新模式②等。

在云计算领域，北京在全国率先布局了云计算产业，目前已形成从数据存储与处理、数据分析与应用、数据可视化到数据交易交换的完整大数据产业链，形成了从基础设施、云安全、云计算基础平台（IaaS、PaaS）到云应用（SaaS）的完整的云计算产业链，拥有一批关键核心技术、平台和产品。

在科技金融领域，传统金融业务加速互联网化，北京金融平台型品牌企业不断涌现，科技金融平台企业覆盖科技金融全产业链，科技金融的规模效应开始显现、新业态策源地地位凸显，以分享经济和互联网跨界融合创新为代表的新经济业态如雨后春笋。如，京东引入大数据先进技术和丰富经验，利用生态系统中亿级用户的消费轨迹数据和在中国市场的业务实践，打造强大、精准的大数据信用评估体系，为金融行业提供新型信用模型和技术，帮助互联网用户群、年轻消费者发掘和变现其信用价值。

在文化创意领域，传媒业是受互联网影响最深的内容类行业，正在经历互联网时代的格局调整过程。内容创业正是借助新媒体开放平台，创建拥有独立价值观的个性化的自媒体，诞生了"罗辑思维"等自媒体大号，壮大了新浪微博、百度百家、今日头条和一点资讯等自媒体开放平台。随着"互联网+"战略的推进，内容传播已经进入了4.0时代（即内容付费时代——通过精彩内容吸引愿意为内容付费的人们）。近年来北京涌现出了一批典型的内容付费平台企业，其中有专栏类的罗辑思维、喜马拉雅，咨询类的在行、分答、知乎，以及沙龙类的知乎Live等。

---

① 用数据资产进行"抵押"来贷款。

② 《关于加快构建大众创业万众创新支撑平台的指导意见》对大力推进大众创业万众创新平台建设和推动实施"互联网+"行动做出了具体部署，其中特别提到了推进创新创业平台建设的"四众"新模式，即众创、众包、众扶、众筹。

（二）基于人工智能技术的平台经济

北京人工智能产业近年发展势头良好，在综合研究、芯片、计算机视觉、语音与语义、无人驾驶和商业化应用等领域均涌现出一批优秀的平台企业。北京已初步形成国际领先的从高端芯片、基础软件到核心算法和行业整体解决方案的人工智能产业链，拥有国内最大、最有影响力的人工智能创新集群。

其中典型者"百度大脑"是百度人工智能核心技术引擎，包括视觉、语音、自然语言处理、知识图谱、深度学习等人工智能核心技术和人工智能开放平台。"百度大脑"对内支持百度所有业务，对外全方位开放，助力合作伙伴和开发者，加速人工智能技术落地应用，赋能各行各业转型升级，并通过百度智能云赋能行业客户。目前，"百度大脑"已向所有开发者开放了200多项人工智能核心能力[①]，构建起了人工智能全栈技术布局。"百度大脑"开放平台上的开发者数量已超过100万，入选百度人工智能加速器企业覆盖金融、工业、农业、零售、医疗、互联网等17大行业。

（三）基于5G和物联网技术的平台经济

北京积极推动5G关键技术攻关，在技术标准、基站设备、测试仪表等方面取得了一系列成果（到2020年年底已建成5.3万个5G基站），在大规模天线阵列技术、低频段5G技术等方面处于国际领先地位。特别是中关村云集了1200多家基于4G和5G技术的下一代移动通信企业，如大唐电信、普天信息等，总产业规模超过8000亿元。

在物联网方面，北京涌现了一批典型企业，形成了包括传感器芯片设备、系统集成、应用服务在内的较为完整的产业链，成为我国物联网产业重要的研发、设计、制造及系统集成基地。

---

① 在2016年百度世界大会上，"百度大脑"1.0完成基础能力搭建和核心技术初步开放；在2017年百度人工智能开发者大会上，"百度大脑"2.0形成了完整的技术体系，开放60多项人工智能能力；在2018年百度人工智能开发者大会上，"百度大脑"3.0核心技术突破为"多模态深度语义理解"，同时开放110多项核心人工智能技术能力。

二、北京平台经济存在的主要问题

（一）平台经济存有较大的运营风险，容易殃及池鱼

平台经济具有较大的外部性，当平台自身的风险防控能力不足时，常常外溢为社会问题，造成对公共资源的消耗和对公共利益的破坏，犹如城门失火，殃及池鱼。当前，北京平台经济既存在网络安全、系统漏洞、信息泄露等技术层面的风险，也面临着资金链脆弱、产业诚信度不足、企业运营不善等经营管理方面的问题，总体上存在较明显的运营风险。像以往发生的部分企业因资金链断裂宣告破产、部分企业因商业模式缺乏创新而难以为继、部分企业诚信度差给投资者的投资安全带来较大压力等，都是引发社会广泛担忧的问题。

（二）部分平台不合理地承担了监管责任

在当前的司法实践中，有些政府部门要求平台商代替承担行政执法职能，这与国家行政处罚法和行政强制法明确规定的私人组织不能成为行政处罚权的实施主体的要求相悖。平台面临两难困境。

（三）平台经济治理手段创新滞后于自身发展，"条块监管模式"引发高治理成本和违法隐患

平台经济治理模式多为传统的"条块监管"，一些部门的监管手段仍停留在街头巡查、突击检查、"运动式"整治等传统的现场执法、人工监督阶段。而互联网平台商家的经营活动往往是跨部门、跨领域、跨地区、跨行业的，一个部门或一个地区的监管力量根本无法实现对数字经济平台海量参与者和交易行为的实时、有效跟踪和监督，这严重制约着治理效果。此外，"条块监管"使得数字经济平台面临于法不容的问题。以住房分享为例，一些短租平台发展迅速，主要由个人家庭将闲散的房源通过互联网平台提供给需要不同住宿体验的消费者；但个人家庭房源并不具备法律要求的像酒店

旅馆那样的相关资质条件，不适应按酒店旅馆业的标准进行必要的治安、消防、卫生等领域监管。因此，互联网+民宿行业存在较大的法律风险，整体上处于监管空白地带。

三、促进北京平台经济发展的对策建议

（一）优化准入许可，不断推进平台企业登记注册的便利化

调整经营场所的登记要求；减少企业的名称约束，接受企业使用反映新业态特征的词汇来命名；规范经营范围，将最新的经营范围及时纳入登记；增加融合性产品的准入，只要合法均应允许进入；去除一批不必要的行政许可。

（二）健全相关法律法规，维护公平竞争的市场秩序

禁止单边签订具有排他性的合同，依法查处限制交易、不正当竞争等违法行为。针对平台经济领域的价格违法行为制定监管措施，规范平台类企业的价格标示和价格促销等行为。加强金融领域业务的市场准入管理和事中事后监管，使设立金融机构、从事金融活动、提供金融信息的中介和交易撮合服务，务必依法接受准入管理。

（三）增大财税优惠力度，创新金融服务方式

采取首购、订购优惠等支持方式，推动工业互联网相关产品与服务的应用。加速固定资产折旧，对软件和集成电路产业中的小微企业进行税收优惠。扩大直接融资比重，鼓励互联网平台企业在各类资本市场进行股权融资，落实项目收益债、企业债、可转债等在互联网领域的应用，鼓励多种类基金向工业互联网流动。扶持对互联网技术、业务和应用创新的精准信贷。鼓励信贷产品创新，允许使用数据资产等进行质押贷款。延长金融服务的产

业链范围，鼓励符合条件的企业集团设立财务公司，为其所属的工业互联网类企业提供财务管理服务。鼓励保险公司推出针对工业互联网领域的特定产品，提高保险服务的针对性。

（四）完善治理机制，提高平台经济监管效率

一是秉持分业务类别的治理态度。针对不同行业特点采取不同的监管和治理方法，避免行业监管"一刀切"。对于电子商务平台、分享经济平台等一般性交易平台，以"踩油门"为主；对于社交平台、信息发布平台等一般性的传播类平台，尤其是当这些平台处于发展初期时，以引导为主，在监管上持以包容的心态；对于医疗器械、新型诊疗技术、P2P网贷、食品药品电商等涉及生命财产重大利益的领域，以及涉及信息安全、数据主权等的重要敏感领域，以"踩刹车"为主。

要加强对平台的信息内容监管，严厉打击网络谣言、黄赌毒及不利于国家安全、社会稳定的信息内容；对可能危及人民生命财产安全的活动，要及早发现、露头就打。

二是完善分级负责的多主体协同治理机制。严格落实平台企业网络主体资格审查；界定平台企业权力、责任和利益，明确其追责标准和履责范围；加快完善平台交易、质量与安全保障、风险控制、信用评价等规则。引导规范第三方组织参与平台治理。通过行业协会，及时组织开展行业调查，协调企业之间以及政企之间的关系，规范企业经营行为，研究建立争议处理机制、投诉处理机制和反馈机制等。在此基础上，建立并完善多主体分级负责的协同治理机制，即政府管平台（政府可对平台和服务资质进行定期审查和合理问责）、平台管用户，以多元合作治理替代多头管理，以协同治理代替分段监管，推动政府、平台和第三方组织的联动合作，以最大限度减少部门利益的困扰。

遵循全球治理规律，提升北京国防科技产业实力

冷战结束后，经济全球化加速推进，科技革命日新月异，政治多极化趋势在曲折中发展，军事领域也发生深刻变革。在经济全球化背景下，重视发展已成为各国主要的政策取向，经济优先成为世界潮流，世界生产力得到快速提高，部分发展中国家乘势而起，中国成为世界第二大经济体。但发达资本主义国家仍在国际分工体系中占主体和支配地位，国际分工主要受世界范围的资本主义积累规律的支配，具有不平等性，地区之间、国家之间、种族之间产生了极端悬殊的贫富差距。这种差距暴露了世界经济秩序的极端不合理性，成为各国共同发展的障碍，构成危害世界和平的潜在因素，给全球治理带来了严峻挑战。全球范围内，因民族矛盾、宗教纷争、领土争端和资源争夺等引发的武装冲突和局部战争不断出现，国际安全问题日趋多元化，国际恐怖主义成为公害，民族分裂主义和宗教极端势力十分活跃，霸权主义和强权政治有新的表现。

近年来，以美国"修墙"、英国脱欧、法国黄马甲运动等为标志的反全球化浪潮高涨。特别是近三年来，美国对华态度急转直下，对华政策得寸进尺，战略压制、政治诋毁、经济脱钩、社会切割、外交对抗、安全围堵，毫无收敛，宁肯接受"双输"局面也要压制中国，形成了"新冷战"[①]，使中美关系到了建交以来的最低点，并有持续恶化的势头。作为"旧冷战"的胜利者，美国希望让世界相信它也将是"新冷战"的胜利者，其遏制中国的战略将持续10～20年。

为此，我们要面对现实，丢掉幻想，树立底线思维意识，积极发展国

---

① "新冷战"发生在太空、网络等新空间、新领域、新产业内，带有鲜明的争夺未来的特点，具有对抗的高风险性和结局的零和性。

防科技产业，增强应对危机、维护和平、遏制战争、打赢战争的能力，为维护国家发展的重要战略机遇期提供坚强的安全保障。作为国家首都，北京是全国科技创新中心，拥有几乎所有的国防科技产业央企总部，拥有全国最多的国防科技产业勘探、规划、设计、研发机构，在发展国防科技产业方面大有可为。在未来军需增加的情形下，做好为上述中央单位服务的工作，是"四个中心"建设的需要，也是"四个服务"的具体体现，对北京的经济社会高质量发展具有重要意义。

北京在促进国防科技产业发展方面，可以主动作为，先动起来、先冲上去，促进形成"主力出征、地方支前"的生动局面。一是加强规划衔接。主动走访，加强交流，促进北京地方发展规划同国防科技产业发展规划的有效衔接，促使国防科技领域全要素、多层次参与到北京经济社会发展中。二是做好环境配套。为国防科技产业项目在北京落地提供用地用房保障和良好的基础设施配套服务。三是加强服务军需的能力建设。以"三城一区"主平台为依托，发挥科技智力资源密集优势，建设好研发平台和科学大装置等。四是促进建立央地联合攻关机制。针对军事技术"卡脖子"的关键领域和重大科研项目，积极促成有关方面通过建立产业联盟、企业联盟等方式进行联合攻关。充分发挥北京在产业规划、设计、研发、中试等环节的资源优势，通过共建共享实验室、共同实验军民通用技术等方式，推动北京科技研发业做大做强。五是培育军民融合"小巨人"企业，加快发展军地兼容经济。打破行业界限，以专业为导向，以资产为纽带，积极参与军工专业化重组，调整优化能力结构布局，培育专业化"小巨人"军民融合企业群体。六是促进国防科技产业智库发展。加强首都高端智库与国防科技领域智库之间在项目研发、课题研究、规划设计、人才培养等方面的合作，促进地方人才向国防科技领域流动，集聚智力资源，进一步提升国防科技产业决策水平。七是加强国防动员物资供应体系建设。八是通过打造"北京航展""军事装备博览会"等品牌，增强市民的国防安全意识。

让金融更好地为北京现代农业发展服务 [①]

目前，全市人均地区生产总值已超过1万美元，北京正处于城市化、市场化、国际化和现代化的加速期。在这个过程中，现代农业具有不可替代的地位，而且其作用愈加重要和明显。北京城乡产业依存度高，城市对农产品的数量需求大，质量要求高，农业承担的食品供给、健康营养和安全保障等任务越来越重。从城市功能的角度看，宜居城市是北京的重要定位，而宜居离不开生态，现代农业正是以保护生态为前提的，与构建宜居城市的要求是一致的。有关研究表明，北京农田总服务价值为120亿元，其中生态价值90亿元，是产品价值的3倍；森林生态服务价值高达2100多亿元。农业的社会价值已通过各种途径显现出来，发展现代农业对市民生活、城市建设和社会发展具有特殊重要的意义。

发展现代农业要以增加农民收入为中心，以构建高新技术型、集约化、市场化、标准化、生态化的现代农业体系为目标，把结构的战略性调整作为工作主线，全力推进农业产业化经营，使农业产业结构和区域布局更趋合理，资源配置不断优化，农业的经济效益、社会效益、生态效益全面提高。而在这个过程中，每一个环节都离不开金融的支撑。

近年来，全市农村金融改革和创新步伐不断加快，村镇银行、小额贷款公司、农业担保公司等机构相继成立，农业信贷、保险、担保、投资等领域的改革稳步推进，一些区县金融机构取得了很多成功的经验，有力地推动了全市现代农业的发展。然而，我市的农业和农村金融总体上还处于起步和摸索阶段，还存在着信用环境差、担保作用发挥不够、农业保险覆盖面小、

---

① 本文原载于北京市经济与社会发展研究所内部刊物《经济社会发展研究》（2010年）。

草根性微小型金融机构缺乏、涉农金融业务制度不完善、农村资金外流严重、财政资金引导力度不够、农村金融差异政策不成系统不成熟等问题，农业和农村金融薄弱问题尚未得到根本好转。为了保障人民生活，建设宜居城市，实现城乡共同繁荣，构建和谐社会首善之区，应该让金融为发展北京现代农业和转变农业发展方式提供更多更有力的支持和服务。那么，如何让金融为北京的现代农业发展提供更好的服务呢？

一、要培育良好的农村信用环境

长期以来，由于受多种因素影响，农村地区金融意识普遍比较淡薄。有些农民甚至认为农户小额信用贷款是政府发放的，可以不还；一些农村企业城信意识有待加强，有的小企业让金融机构难以掌握其经营的真实情况。目前，我国还缺乏行之有效的对农民和涉农企业的信用评价体系和完善的信用担保体系。北京市从2004年起实施"三信"工程建设，但农民、农村对征信体系知之甚少，农民信用意识仍然比较淡薄，各区县"三信"工程建设进展不一，效果各异，造成大量不良贷款。在金融机构对信贷资金安全性、流动性和效益性不断提高的当下，上述情况无疑会影响金融机构发贷积极性，加上农民和涉农企业面临自然和市场双重风险，一些金融机构在放贷地有所顾虑。培育良好的信用环境，让金融机构对双赢充满希望，有助于其为现代农业发展提供更有力的支持。

一是加强信用宣传，继续推进"三信工程"建设，进一步增强企业、农户的信用观念和诚信意识。

二是完善农村信用的征集、评估、发布与服务体系。要加强农村金融机构与工商、税务等部门的协同配合，建立农村企业和农户信用信息库，整合信息资源，实现信息资源共享。完善逃废银行债务和恶意欠息的个人和企业定期通报制度，使信用成为农村金融活动各参与主体的立身之本。

三是强化对各种失信行为的经济制裁，加大对失信行为的惩戒。对债务人的违约行为制定更加严厉的赔偿和惩罚规则，提高失信者的违约成本。对不良贷款率高的区县，由行政、司法、金融等部门联合研究，协同化解。

二、充分发挥担保作用，完善农村信用担保体系

借鉴市级农业担保公司成立和运作的经验，各区县要加快组建或完善本级的担保公司，增强现有担保公司的担保能力，增强对涉农信贷的风险担保补偿能力，降低信贷资金违约风险，吸引更多的资金进入涉农领域。组建市级农业再担保公司，通过再担保公司的增信和分险服务，放大担保倍数，扩大担保贷款规模。

根据组织者和运行方式的不同，有四种农村信用担保模式可供借鉴。第一种是政府组建、政策性运作模式。此类担保机构由财政拨款组建，采取政策性方式运作，附属于政府相关职能部门。第二种是政府组建、市场化运作模式。这种模式是以政府出资为主、社会出资为辅组建具有独立法人资格的担保机构，突出为当地农业和农村经济发展服务的目的，按商业化运作，按照保本微利的原则经营。第三种是社会化组建、商业化运作模式。就是以农村中小企业、个体工商户和农户为主出资，以市场化手段组建具有独立法人地位的担保机构，产权清晰，权责明确，采取商业化运作模式，以营利为目的。第四种是互助合作型运作模式，就是由农户或农村中小企业为解决自身贷款难而成立互助性担保机构。

三、建立财政与金融结合、资本与资源结合的农业投资体系

发挥财政资金杠杆作用，探索财政与金融结合、资本与资源结合的有效途径，设立农业产业投资基金，采取政府出资为主，其他商业银行、基金等筹资为辅的资金组织形式。积极支持农业龙头企业上市融资，利用短期、

中期债券市场，多层次、多方式筹措发展资金。重点支持都市型现代农业项目，为菜篮子基地、农业走廊、农产品安全体系、观光农业升级、农产品流通体系、农产品加工基地等提供资金扶持。

四、调整存量金融资源，加大农村信贷扶持力度

倡导现有农村金融机构创新业务和金融产品，采取不同于商业信贷的业务交易方式对农户和涉农企业发放贷款，下移客户群体。建立农业贷款绿色通道，重点支持农村合作经济组织发展。健全农村小额信贷体系，支持不需抵押担保的农户小额信用贷款和联保贷款。

银行机构要逐步下放"三农"贷款审批权，推动"三农"业务向事业部管理转变，将"三农"业务统一运作，统一管理，相对独立核算。

逐步拓宽"三农"贷款抵押担保物范围。尝试将农户的林权、土地使用权、农村养老保险证和农户保单等作为担保物，纳入小额信贷抵押范围；尝试以专业合作社的公共设施、车辆和仓库等财产为抵押对其发放贷款。

五、进一步提高农业保险的覆盖面

保险机制作为独特的风险管理和社会管理工具，在支持和服务北京现代农业发展、活跃农村经济方面具有重要作用。目前，我市农业保险只覆盖了农村种殖业、养殖业生产项目的30%，面还比较小，大部分农业生产遭受意外灾害造成的损失无法得到经济补偿，影响了农村金融机构支农的积极性。应充分发挥农业保险的作用，改善我市农村信贷环境，提高农业经营主体融通资金的能力。

有关部门要研究逐步增加参保险种、参保产业和参保农户，加大财政投入，力争使农业政策性保险的覆盖面接近或达到100%。在进一步扩大种

植业保险的同时，积极开展奶牛、林业、家禽、淡水养殖和本区县特色农业领域的保险服务。进一步发展农房、农机和农产品出口等保险，为农民生产生活提供更加全面的风险保障。

引导保险公司强化风险意识，加强承保标的的专业化风险管理，提高农村防灾防损水平；提高服务质量，加快查勘理赔速度，公开理赔程序、理赔标准和理赔结果，确保及时将农业保险理赔资金支付给受灾农户。此外，还要加大农业保险产品和服务推广力度。要加大保险宣传，根据农村文化特点，抓住当地传统的民俗和旅游节日，借鉴送戏下乡等农民喜闻乐见的形式进行现场理赔，以进一步提升农民的保险意识。将积极宣传农业保险的相关政策与服务农业的有效措施结合起来，不断丰富农业保险的宣传内容，努力为发展农业保险奠定深厚的群众基础，营造宽松的舆论氛围。

六、发挥财政支农的引导作用，引导资金回流农村

整合、统筹好现有的财政支农资源，提高财政支农资金管理效能，注重支农资金的长期、积累和滚动效应，形成财政支农长效机制。继续发挥财政支农引导作用，通过担保、贴息等多种方式做好银政联动，逐步吸收银行等资金进入"三农"领域。要在总量和比例上逐年加大财政支农力度，同时通过财政支持担保机构建设等方式，发挥财政资金的杠杆作用。

建立资金回流农村的激励导向机制。综合运用财政补贴、税收减免等多种手段，引导商业金融、合作金融和其他形式的资金回流农村。此外，可以出台与农村金融相关的法规，规定在区县域范围展业的金融机构吸收的存款须有一定比例用于支持农村经济发展，以法律形式来保障金融机构对现代农业的支持力度。

银行应积极发挥支农作用。商业银行要在稳健经营的前提下，在区县域以下增设具有贷款功能的分支机构；农村商业银行要加大支农信贷投放力度，继续发挥支农主力军作用；政策性银行、邮政储蓄银行要根据自身资金

或网点特点，加强支农力度，将资金回流农村。

七、完善农村金融政策和税收优惠政策

"三农"业务高成本、低收益的内在弱质性，导致了金融机构缺乏发展涉农业务的积极性，从而制约了现代农业的发展。要根据北京农业和农村的内在特点，研究制定"三农"信贷指引或意见，对信贷投入的条件、要求和责任追究制度要体现"三农"的特征和差别；研究确定科学统一的涉农贷款统计口径，逐步按照涉农贷款的比例，实行差别的存款准备金率和机构准入政策。要制定专门针对金融机构涉农业务方面的税收优惠政策，鼓励商业金融机构拓展农业金融市场。

第五部分　区域经济

　　区域经济的形成是劳动地域分工的结果，是国民经济的缩影，具有综合性和区域性的特点。每一个区域的经济发展都受到自然条件、社会经济条件和技术经济政策等因素的制约。区域经济的效果，并不单纯反映在经济指标上，还要综合考虑社会总体经济效益和地区性的生态效益。进入新时代，我国社会的主要矛盾是人民日益增长的美好生活需要和不平衡不充分的发展之间的矛盾，其中不平衡就包括区域之间的不平衡。要缩小以至消除区域之间的不平衡，就要按照国家经济发展的战略部署，特别是要以产业政策和地区发展规划为龙头，选好适宜的切入口和突破口，加强区域协作，促进经济协调发展。要在政府的引导下，以市场为导向，以企业为主体，以效益为中心，因地制宜，逐步将区域协作推向深入。协作各方要根据市场需求，采取适宜的形式，在推动结构调整和资产重组、促进市场建设和开拓、加快技术转移转化、加大人才和劳务合作交流力度、联手建设跨地区的基础设施、联手进行区域环境治理、优化农业结构等方面持续发力，使优势互补、互惠互利，共同发展。

谈新时代经协工作的深入开展 ①

党的十一届三中全会以来，我国经济技术协作（以下简称为经协）工作发展很快，从物资串换起步，逐步发展到资金、技术、人才和信息等全方位的联合与协作，促进了经济结构的调整、统一大市场的形成和区域经济的协调发展。随着改革开放的深入和社会主义市场经济体制的逐步完善，以党的十八大为标志，经协工作已进入了一个崭新的阶段。本文介绍了笔者从实际工作和理论学习中得到的一些认识和体会。

一、新时代经协工作的特点

党的十九大报告指出，我国社会主要矛盾已经转化为人民日益增长的美好生活需要和不平衡不充分的发展之间的矛盾。目前，我国各地经济发展的不平衡性在某种程度上还很大。经济发展中出现的某些矛盾和问题必须通过区域经济协作才能更好地解决。从宏观上来看，新时代经协工作的重点就是区域经济协作。对地方经济和企业而言，其主要目标和任务是实现产业梯度转移，加速产业升级；实现资源优化配置，扩大企业效益增长空间；扩大招商引资范围，大力发展对外贸易。具体地说，新时代经协工作具有以下几个方面的特点：

（一）在以企业为主体的协作当中，政府也起着较大的作用

企业是协作的主体，没有企业的参与，经协就不会有实质性的进展。

---

① 本文根据作者原载于《经济技术协作信息》（2000 年第 12 期）上的文章《谈新时期经协工作的深入开展》改写而成。

但政府在其中的作用也很重要。它不仅仅起到规划、协调、制定政策及改善服务等作用，而且在解决基础设施建设或进行较大投资行为时，可以作为主体签约并组织实施。

（二）以股份制为主要形式的资本联合成为常事

随着市场经济体制和现代企业制度的完善，跨地区、跨部门、跨行业的企业收购、租赁、兼并、参股、控股等资本经营成为常事，股份制经济迅速发展，从而使分散在多地的资金集中起来，得到更加有效的使用。同时，由于多个投资主体组成利益共同体，也更有利于技术的转移和管理水平的提高。

（三）从转移交换协作资源转变为就地开发利用之，以使资源有较大增值，区域经济的特色更加突出

（四）协作产业从单一产业扩展到一、二、三产业并举

（五）协作跨度更大，协作结果更能体现出优势互补的目的

这些特点在各地的经协工作中已开始显现出来。认识到了这些特性后，我们要明确指导思想和原则，找准定位，采取切实可行的措施开展多种形式的经协活动，最大限度地促进区域经济协调、健康、快速发展。

二、经协工作的指导思想和原则

经协工作要以习近平新时代中国特色社会主义思想为指导，按照国家经济发展的战略部署，特别是要以产业政策和地区发展规划为龙头，选好适宜的切入点和突破口，更好地为地区产业发展和经济结构调整服务，促进经济协调发展。

要在政府的指导下，以市场为导向，以企业为主体，以效益为中心，因地制宜，逐步推向深入。合作各方要根据市场需求，采取适当的形式，使优势互补，互惠互利，共同发展。

三、经协的重点领域

一是大力推动结构调整和资产重组。跨地区资产重组是结构调整的重要内容。要继续鼓励优势企业以资产为纽带、以产品为龙头，通过跨地区的控股、参股、收购、联合、兼并、租赁、托管、承包经营等方式，实现地区间资产重组和优势扩散。

二是促进区域市场建设和开拓。要鼓励流通企业和生产企业在消费品和生产资料流通领域联合发展跨区域连锁经营、代理、配送和直达供货等现代流通组织形式，实现规模经营、集约经营；联合兴办商品、劳务、科技、信息等要素市场，在注重实效的前提下举办各种线上线下展销活动和经贸洽谈会。

三是加快技术转移和扩散。要鼓励优势企业广泛开展技术交流，重点推广先进、成熟技术以及综合性节能降耗技术，扶持市场前景好、技术含量高、附加值高的技术转移项目；要鼓励优势企业帮助其他企业开发新技术、新工艺和新产品；同时，禁止把发达地区淘汰的生产设备、落后的工艺技术、污染严重的项目转移到欠发达地区。要科学规划本地区的经济发展战略和产业定位，严格控制污染项目上马。

四是加大人才和劳务合作交流力度。要鼓励欠发达地区派出管理和技术人员到发达地区学习、考察或跟岗位锻炼，向发达地区输出劳务等；鼓励发达地区向欠发达地区派出管理和技术人员；提倡采取联合办学、定向培养、委托代培等方式，为贫困地区的经济发展培养人才。

五是联手建设跨地区基础设施，进行区域环境治理。各地要切实树立"环境就是生产力""环境就是经济"的观念，服从跨地区的交通、通信、能源、水利和环保等重大项目的统筹规划，联合投资，共同建设，改善地区经济发展条件，为经协工作的深入开展奠定基础。

六是提高对外开放水平。利用沿海地区出海条件好和沿边地区口岸接近国际市场的优势，引导内陆地区到沿海或沿边地区联办工贸结合的出口窗口企业，加快外引内联步伐，推动内陆地区出口加工基地的产品出口到海外；通过发达地区的中外合资企业与欠发达地区的企业组成"中中外"企业，增强吸引外资和消化吸收国外先进技术的能力。

七是优化农业生产结构，提高农村企业素质。要以突出区域特色、培育主导产业为目标，大力调整和优化农业内部结构。要加强农业招商引资和农业设施重组转制工作，鼓励农民由一产向二、三产业转移。要深入实施科教兴农战略，通过联合协作，跨地区推广先进的农业生产技术和经验，提高农产品的科技含量和市场竞争力。以增强带动能力为重点，积极培育发展农民专业合作经济组织。要结合实际，大力推进集体企业产权制度改革，使集体企业由传统企业制度向现代企业制度转变，由封闭型向开放型转变，由重局部利益向经济和社会效益并重、可持续发展转变。

八是继续抓好对口支援与帮扶工作。要由单纯"输血"式的支援向提高受援地区的"造血功能"转变，并将这项工作与自身发展结合起来，努力做到互惠互利。各结对帮扶地区要共同做好扶贫资金使用、帮扶项目管理和监督工作，要经济效益和社会效益两手抓，共同促进欠发达地区经济、社会的协调发展。

四、关于政府的职能和作用

政府的职责主要是做好统筹、指导、协调和服务工作，创"三优"（优惠的政策、优质的服务、优美的环境）。各地负责经协工作的机构要适应社会主义市场经济的要求，进一步转变观念，理顺职能，为经协工作的深入开展创造良好的环境和条件。

应在有关法律、法规的范围内，根据各地实际情况制定和实施吸引区外投资的优惠政策，采取各种方式解决利益分配问题。

可以通过建立地方领导联席会、协调会等方式，加强高层领导之间的沟通与交流，共同商议重大协作事项，提出解决方案。禁止各种形式的地区封锁和市场保护行为，消除阻碍商品、要素在各地区合理流动的行政壁垒；依靠法律和法规妥善解决经协过程中的矛盾和纠纷，切实保障协作各方的合法权益。

要在广泛调研和深入科学论证的基础上，编制经协工作规划，从宏观上明确联合协作的方向和内容，并组织、动员各方力量认真落实，使工作逐步走上科学、规范、有序的轨道。

有条件的地区应当根据自身特点，健全和发展区域经协组织及网络。已有的各类经协组织要建立健全规章制度，提高管理水平和工作质量。

要推动区域性社会中介组织建设。规范信息、咨询等类型的区域性社会中介组织的发展，并加强指导与管理，充分发挥各类中介组织在促进经济技术研究评估、信息中介、咨询服务等方面的作用。

大力加强并完善信息交流，发挥信息的导向作用。要高度重视并加强信息的收集、整理和发布工作，加快建立和完善开放式经协信息网络。通过提供国家经济政策、行业发展趋势、商品供需动态、各地经协主要意向以及协作备选项目等重要信息，帮助或指导企业做出科学决策或为企业决策提供信息服务。

总之，我们要在党的一系列方针政策指引下，解放思想，认清形势，抓住机遇，积极开展多形式、宽领域、全方位的经协工作，促进国民经济持续、快速、健康发展！

主动适应抓调整，迎难而上求发展 ①

从我国特殊的国情出发，中央政府明确提出要实行最严格的土地管理制度，严格控制建设用地增量，并出台了一系列政策和措施。面对土地的硬约束，在新形势下怎样破解经济发展难题，提高经济总量，优化经济结构，增强区域综合竞争力？我认为，可以采取以下几种对策。

一、以特取胜，凸显个性，在区域定位上形成鲜明特色

特色创造集聚效应，有特色才会有比较优势。仅4.3公里的南京珠江路，竟先后吸引巨资兴建了百脑汇、数码港等10多座电脑城，拥有1600多家IT企业，日均销售额达5000多万元。一条狭长的街道能释放出如此巨大的能量，靠的是特色。作为"生态涵养发展区"，平谷区位于连接首都和天津港的重要通道上，是北京东部发展带的重要组成部分，在产业发展上也要有自己的特色。培植特色，可以围绕现有产业基础，进一步整合资源，形成特色产业区域；可以放大人文、旅游等资源要素，加强规划设计，强势推介，形成资源类的特色区域；可以依托现有市场，构建一批有特色的市场群；还可以通过概念规划，集中一个区域，进行功能定位，包装成项目整体对外招商，创造新兴的特色区。总之，各开发区、各乡镇要依据发展规划，结合自身实际，明确产业及功能定位，努力在"特色"上多做文章，力争形成一批

---

① 本文原载于原北京市乡镇企业局内部刊物《北京乡镇企业》（2007年第1期）。文章针对当时北京郊区一些政府部门招商引资"捡到篮里都是菜"等粗放发展问题，提出了批评和对策建议，至今仍有借鉴意义；选入本书时，由作者进行了修改完善。

市场集中、产业集聚、企业集群、人才集合的专业特色区域，以特色吸引客商，以特色提高资源利用率。

二、眼睛向内，盘活存量，在存量利用上实现充分化

由于原企业破产、新项目尚未开工或政策性关闭等原因，2004年年末，平谷区共有国有或集体所有的闲置建设用地一千余亩，主要分布在兴谷开发区和部分乡镇。在土地日益紧张的今天，眼睛向内、盘活存量比任何时候都更为紧迫。要及时做好与权属人的沟通，取得配合支持，迅速整修闲置的存量，尽快包装成项目对外招商。进一步加快企业改制步伐，激活企业内部的存量资源。对一些利用不充分的土地、厂房要进行资源整合，实施"旧笼换新鸟"，让优势企业得到更快发展。要顺应国家加强土地管理的形势，对超过规定时限、批而未用的项目集中进行清理，该调整的调整、该收回的收回，充分利用好已批土地资源。

进一步做好土地开发、整理和复垦工作。在保护好土地资源环境的前提下，大力开发未利用地。按照土地开发整理专项规划，积极推进土地整理，开展对田、路、林、水和村的综合整治，提高耕地和其他农用地的利用率，在原有的废弃地块上培育出新的增长点，把我区耕地后备资源较多的优势发挥出来。

三、调优调强，提高新增工业用地利用率，在用地上走集约化之路

为认真贯彻落实"十分珍惜、合理利用土地和切实保护耕地"的基本国策，促进建设用地集约利用和优化配置，提高工业项目用地管理水平，国土资源部发布了《关于发布和实施〈工业项目建设用地控制指标（试行）〉

的通知》（国土资发〔2004〕232号）。根据国家有关部门的规定并结合本市实际情况，北京市政府相关部门联合制定了"关于北京市工业开发区（基地）建设项目节约土地和资源的意见"。根据意见精神，工业项目建设应采用先进的生产工艺和设备，尽量缩短工艺流程，在用地上必须同时符合以下四项指标：一是投资强度控制指标，二是进入开发区的工业项目容积率不能低于0.8，三是进入开发区的工业项目的建筑密度不能低于50%，四是工业项目行政办公及生活服务设施用地不得超过总用地面积的7%。

我们要调优调强，在土地使用合同等供地文书中明确约定投资强度、容积率等控制性指标要求及违约责任，提高工业项目土地利用率。对不符合控制指标要求的工业项目，不予供地或对用地指标予以核减。对因工艺流程、生产安全、环境保护等特殊要求确需突破控制指标的，要进行专题论证；实属合理的，方可通过预审或批准用地。对质态较好但占地面积较大的项目，要适当压缩供地规模。对占地少、污染小、市场前景好、自有资金足的项目要优先落实用地。鼓励开发区建一些多层的标准化厂房，走"立体化"的用地模式，向空中要面积。将那些前景看好但目前实力不够大的企业，先期优先推荐进入标准化厂房生产。

四、优选项目，突出重点，在项目主攻方向上更加明确

根据市政府有关部门"关于进一步推进北京工业开发区（基地）建设和发展的意见"要求，要选商引资，不能"捡到篮里都是菜"。要全面梳理在手项目，坚持"有所为，有所不为"。通过政府部门的联动审批，对拟引入的项目进行严格筛选。在招引项目的主攻方向上，向产业链高端企业，特别是拥有自主知识产权的高新技术企业倾斜，向用地集约、环境友好的新型工业项目倾斜，向围绕龙头企业发展、形成配套能力的产业集群倾斜，推进产业结构优化升级。对那些科技含量高、产业关联度大、符合结构调整要求的龙头性项目，要积极申报，争取列入专项用地计划。要围绕开发区的产业

集聚度、投资密度、产出效益、资源消耗和环境保护等要求，建立综合评价指标体系，定期公布评价结果。

五、双管齐下，加大力度，在招商引资上形成强大攻势

随着我国社会主义市场经济体制的逐步完善和世界经济一体化程度的提高，国内民间投资增长迅速，外商投资也呈现出由绿地投资转向并购投资、由单一投资转向产业链投资、由合资为主转向以独资为主等新特点。这为我们的招商引资工作提供了新的机遇。另外，国内各地区之间招商引资的竞争不断加剧，优惠政策的作用不断弱化，营商环境日益显现出决定性作用。随着各种基础设施工程的建成并投入运营，郊区工业发展的硬环境瓶颈将被打破。在未来的经济发展进程中，软环境质量将起到硬作用。提高软环境质量也是加大招商引资力度。为此，我们要双管齐下，将对外招商与环境建设有机统一起来。

在对外招商方面，应重点解决好招商主体、投资对象、招商渠道和激励机制问题。政府在招商引资工作中的主要作用是做好战略规划，定位目标区域，引进龙头企业，构建产业链。目前和今后一段时期，除了大力吸引大陆民间资本外，我们招商引资的重点地区应是韩国、美国、欧盟和中国台湾地区。招商引资的重点领域是战略性新兴产业。要将招商机构向专业化组织、企业化运作方向转变，精心组织小型的专业化招商队伍，主动上门招商。同时，充分利用社会招商资源来构建招商网络，尤其是要聘请专业招商中介机构作为招商代理进行有偿招商。除了绿地项目外，也要根据国家有关规定，积极引导外资并购现有企业，达到以增量盘活存量的目的。还要大力建设科技型企业孵化器，吸引一些尚未成型的科技企业入园孵化，使之成长壮大后反哺区域经济发展。

在环境建设方面，要围绕产业发展需要，努力在三个方面实现创新。一是在整合资源，提高资源组合的效率方面有所创新。二是在提高区域配套

能力，提高产业集聚度方面有所创新。积极借鉴国内外产业配套建设的成功经验，围绕重点产业链的构建，引导和培育区域产业配套能力，降低产业发展的商务成本。三是在搭建和培育各类平台，努力为企业发展需要服务方面有所创新。改革开发区的管理体制，积极进行ISO环境管理体系认证，按照与国际接轨的要求，实施科学管理，不断提升管理档次，继续推进服务型政府建设，尽快建立务实高效的服务机制，并努力形成服务的个性化、系统化和产业化。

总之，面对新形势、新要求，我们要明确产业定位和主功方向，加大招商引资力度，以增量带动存量，实现产业集聚、资源集约的发展格局，推动经济社会的全面发展！

关于完善北京市季度 GDP 核算方法的建议 ①

　　科学、完整地核算GDP，是地方政府准确把握宏观经济形势的重要手段；季度GDP核算对于政府及时判断经济走势，抓住调控着力点进行有效调控具有重要作用。有效利用季度GDP核算结果，应成为政府经济调控的重要方法。对北京市而言，政府应加强对全市季度GDP构成特点及变化趋势的准确把握，找出对全市季度GDP影响最为关键的若干行业中的若干指标，作为日常调控的着力点；同时，要进一步提高季度GDP核算结果的准确性与及时性。

一、北京市季度GDP调控的着力点

　　从北京市季度GDP总量及结构变化趋势来看，对于GDP总量影响最大的前几位产业分别是"工业，批发和零售业，金融业，信息传输、计算机服务和软件业，租赁和商务服务业以及科学研究、技术服务和地质勘查业、房地产业"。而从各主要行业增速看，除金融业和房地产业外，其余五大产业也是近年来产值增速最快的产业。这意味着，把握和调控季度GDP变化，需要政府重点关注这七大行业变化；把握其产业增加值核算指标的变动情况，就可以提前掌握GDP变动情况，并及时确定有针对性的调控方案。具体需关注的行业及指标见表1。

---

　　① 本文根据作者主持的《我市季度 GDP 核算方法与调控着力点研究》中的相关内容改写而成。

表1　季度GDP调控具体应关注的行业指标

序号	主要行业	行业内需关注的主要指标
1	工业	规模以上工业增加值
2	批发和零售业	批发业商品销售额
		零售业商品销售额
3	金融业	人民币存贷款余额
		金融业营业税
4	租赁和商务服务业	租赁和商务服务业营业税
5	科学研究、技术服务和地质勘查业	从业人员劳动报酬增长速度
		从业人员增长速度
6	房地产业	商品房销售面积
		房地产中介行业从业人员及劳动报酬增长速度

二、关于完善北京市季度GDP核算方法的思考

（一）在统计指标及调查范围等方面可以做一些改进

1.可以调整部分行业季度增加值核算的统计指标

对房地产行业季度增加值的核算，在房地产行业（K门类）中，应增加"商品房销售额"指标，以加权平均的方式来辅助核算增加值。房地产中介、物业管理、其他房地产业增加值核算，可以借鉴年度核算时使用的"房地产业营业税发展速度"指标，测算出营业税和从业人员劳动者报酬的加权发展速度，以此推算季度增加值。

对信息传输、计算机服务和软件业的季度核算，在电信业务总量发展速度的基础上，应增加计算机服务业或软件业的代表性业务指标，如软件业业务收入、税收总额、工资总额（工业和信息化部要求每月上报），以加权平均的方式推算本产业总的GDP增速。

对批发零售业的季度核算，应尽量借鉴税务部门的数据，利用"增值税"指标来辅助核算增加值，与批发零售业的销售数据形成对照。

2.要根据产业结构特点，加快完善新兴行业的价格指数体系，降低单一价格指数对季度核算结果的影响

利用单缩法推算不变价增加值时，价格指数的准确性至关重要。从当前多个行业季度核算使用的价格指数看，种类较为单一，许多行业由于没有制定价格指数，都采用相关价格指数加以估算，在服务业核算中显得尤为突出。应当加强对服务行业价格指数应用性的实证研究，进而完善对现有服务业增加值的核算。

在重点行业核算中，价格指数也有待完善。如房地产行业，应与年度核算方法统一，对房地产开发经营业缩减指数采用房屋销售价格指数、土地交易价格指数、房屋租赁价格指数三者的加权平均值。对物业管理业、房地产中介服务业、其他房地产业，采用物业管理价格指数、服务项目价格指数缩减。对批发零售业，在批发业核算不变价增加值时应使用两方面价格指数，一是与关税、海关代征增值税和消费税、出口退税有关的部分采用进出口价格指数缩减，二是批发活动本身采用工业品出厂价格指数和原材料燃料动力价格指数简单平均进行缩减。另外，应进一步加强对电信业、软件业价格指数的研究和运用。如果能建立起一套比较完整的服务业价格指数体系，将对提高GDP核算的准确度大有好处。

（二）不断完善季度GDP核算机制

1.积极探索支出法季度GDP核算制度

从发达国家经验看，成熟的季度核算体系多不仅仅限于一种核算方法，大部分国家使用两种或三种方法核算季度GDP，进而检验来自不同渠道统计数据的一致性和匹配性，而其中支出法也是最为普遍的方法。我国在季度支出法GDP中进行了许多尝试，也取得了进展，但受基础数据质量不高等因素影响，未能实现制度化，但至少说明这是改革的方向。因此，本市可以充分利用已有资料，先行完善用支出法来核算季度GDP的方法。

2.进一步完善季度核算的数据基础

核算结果的准确性关键取决于基础数据质量。应积极挖掘基础资料，在完善现有统计报表体系基础上，充分利用行业部门资料，提高核算准确度。以房地产行业为例，鉴于房地产业销售与效益不同步问题，可以在现有季度统计报表中适当增加房地产企业主营业务收入之类的统计指标，以扩大季度增加值测算指标的可选范围。争取将房地产中介服务、物业管理等其他房地产活动纳入房地产统计报表范围，为GDP核算充实依据。此外，应积极利用部门数据，如住建委、财政局、税务局、人民银行等部门都设有房地产方面的统计报表，应积极加以利用。

3.细化季度核算的行业分类，提高季度核算准确度

近些年来，新技术、新产品、新模式、新业态不断涌现，有关部门对产业的分类不能满足于固有的季度GDP核算要求。应加强学习和研究，在现有体制下，积极探索适合北京市产业发展特点的行业分类办法，并充分借鉴发达国家经验，在现有分类基础上，科学细化行业分类，提高季度GDP核算准确度。例如，对信息传输、计算机服务和软件业，居民服务和其他服务业，科学研究、技术服务与地质勘查业等行业，都可以通过完善统计数据基础进一步细化分类，并确定下一层次的核算指标。

4.对一些具体行业存在的少统漏统部分，要通过加强统计抽样调查加以完善

增加值的低估是GDP核算中存在的一个重要问题，原因之一就是统计制度中的核算范围不全，缺乏原始有效的资料。在上文中分析的房地产业、批发零售业都存在此类问题。加强抽样调查和普查是解决统计资料薄弱的最基本最有效的手段。以房地产业为例，加强租赁市场的抽样调查，不仅将有效收集租赁市场的第一手资料，而且对解决部分服务计价过低和劳动者报酬统计遗漏等问题也有重要作用。

案例：建设平谷国际服装园区之我见 ①

长期以来，作为工业经济的一个支柱，服装业在平谷的经济发展和社会进步过程中起着重要作用。平谷区委区政府提出，要打造"北京国际服装名城平谷产业园区"（以下简称平谷国际服装园区）概念，借助奥运经济的拉动效应，大力招商引资，进一步壮大区域服装产业实力。本文围绕着打造平谷国际服装园区概念有什么意义以及如何建设平谷国际服装园区问题，展开论述。

一、通过打造平谷国际服装园区概念，丰富绿色经济发展战略

包括面料、箱包、鞋帽、首饰等轻纺业在内的服装业是一个永恒的产业。只要人类存在，它就会长盛不衰，而且会不断向高级阶段发展。不同于一般的工业产业，服装业已经渗透到了历史、文化、艺术等范畴；服装产品与人们的生活习俗、精神面貌、文化修养、性格志趣等有着直接的联系。而且，发展服装业与发展高新技术产业并不矛盾。我们要发展的服装业是用高新技术或先进适用技术改造和提升的产业，属于劳动力密集、不破坏自然环境、低消耗型的都市工业。

建设国际服装名城，首都北京具有政治优势、历史文化优势、信息优

---

① 本文原载于中共北京市平谷区委研究室《平谷调研》（2003 年第 2 期），选入本书时，由作者进行了修改完善。

势、人才优势、对外交往的优势和比较雄厚的产业基础。平谷作为北京的一部分，按照全市的统一部署建设国际服装园区，促使服装产业加快结构调整和产业升级，也将有幸乘上北京国际服装名城这辆高速列车，到更宽阔的领域内开展国际贸易，到更广阔的空间内开拓国际市场。这不仅有利于区域服装产业本身的发展，而且会使城市功能更快完善，会促进全区旅游业等现代服务业的发展，对全区经济结构的调整和总量的提高都具有积极作用。

因此，打造平谷国际服装园区概念，丰富了全区绿色经济发展战略。

通过打造平谷国际服装园区促进全区绿色经济发展，要做到五个坚持，即坚持点上突破、面上提升的总体思路，坚持发展优势、淘汰劣势的基本原则，坚持以企业发展为中心、规划引导与政策支持相结合的发展途径，坚持走建设大项目、促进集约化的发展道路，坚持用高新技术或先进适用技术改造和提升传统技术的做法。

二、积极借助外力，快速提高平谷区服装产业总体实力

一是借机。市委市政府对解决就业问题、发展劳动力密集型产业非常重视，要求有关部门抓紧制定政策，落实规划。服装业是都市工业中的重点发展行业，是继现代制造业之后，启动的第一个工业支点。这对平谷区是一次重要机遇。

二是借势。北京将成为唯一一个既举办过夏季奥运会又举办过冬季奥运会的城市，且要率先基本实现现代化，要成为国际一流的和谐宜居之都。与此同时，要建设北京国际服装名城，使北京成为继巴黎、米兰、伦敦、东京、纽约之后的又一世界时装之都、时尚之源。为此，可以规划建设国际时装中心、品牌服饰广场、精品时尚街、产业园区和若干品牌集团。

面对全新的国际贸易环境和游戏规则，建设服装名城要充分发挥北京各方面的优势，改变传统发展模式，加快全市服装业结构调整步伐，加大技术进步和体制创新力度，全面增强行业的国际竞争力。我们应该乘势而上。

三是借钱。意即大力招商引资，使更多的服装企业到平谷区来发展，借助外来资金，壮大本地服装产业实力。从行业发展趋势来看，我国已成为全球服装业的制造中心，而北京、上海等大城市，凭借其各种优势，将发展成为服装的贸易中心、展示中心、设计中心和信息中心，服装制造企业将主要向劳动力丰裕，土地资源相对便宜的郊区转移。我们要主动去敲门，吸引这些企业到平谷区来发展，以此增加行业总量。

四是借牌。品牌对于服装生产来讲极其重要，没有品牌就没有生命力。然而一个企业从零开始打造一个品牌并使之成为名牌需要漫长的过程和巨额的资金。有关资料表明，大量国外名牌已经、正在或准备在我国寻找代理商，寻求合作销售和生产的机会。对于平谷区服装业的发展来讲，除了要做大做强现有的品牌产品和明星企业外，更现实更主要的是要借牌。

为此，要明确目标，与国外同行业进行广泛合作，使国内外的客户知道我们有能力制造世界名牌产品，并想办法使自己能够获得具有自主知识产权的最终产品。要鼓励企业引进名牌，鼓励合作方以品牌参与合资。企业自身也要主动淘汰陈旧落后的技术和传统管理模式，缩小与名牌企业的差距，积极争取名牌产品的特许生产经营权。买公司是欧洲名牌企业的重要投资方式；面对全球服装制造能力的区域性调整，政府应以优惠的政策吸引世界名牌企业来买公司或建立生产基地。

三、在扩大总量的基础上，突出重点，培育特色

在投资和消费日益理性化的今天，商机最终还是要靠经营特色来营造。从建设北京国际服装名城的角度来看，没有特色，就没有地位；没有特色，就没有生命力。北京市其他几个服装产业基地除了有一定的总体实力外，特色均很突出。建设平谷国际服装园区，也应该突出重点，形成自己的特色。鉴于北京国际服装名城的总体要求、其他几个园区的情况和平谷区服装业的现状，我们可以从以下几个方面来培育特色。

（一）通过进一步发挥地理位置优势及出口创汇优势，使平谷区成为包括周边地区在内的服装产品的集中出口区

当今国际服装贸易发展的主要趋势是由贸易保护向自由贸易回归，生产中心日益向低成本地区转移，出口品种以比较优势明显的服装产品为主。国内服装出口地区将相对集中，出口比重将稳定在70%左右，出口数量稳步增长，价格走低。

应大力鼓励区内企业开拓国际市场，以出口为导向，拉动区内的服装生产，继续保持服装出口供货额和出口创汇在全市的领先地位。为做好此项工作，要充分发挥海外华人、留学归国人员及其他有海外关系的人员的作用，尤其是要发挥已有的海外贸易窗口的作用，调查研究外国的国情及现实情况，捕捉市场机遇。要不折不扣地落实鼓励企业开拓国际市场、扩大国际贸易的相关政策，并在实践中对政策进行不断完善。政府有关部门还要积极引导，加强服务，使更多的企业尽快通过ISO质量和环保双认证，切实严格执行认证体系标准，并适时转版。

另外，也要充分利用平谷区地处京津唐交会处，具有海关办事处和公共保税库等条件，进一步改善投资环境，吸引顺义、怀柔、密云、三河、蓟县、兴隆、承德等周边地区的客商来办理海关手续及其他相关业务，甚至设立出口加工企业，以充分拓展贸易空间，推动全区外向型经济的进一步发展。

（二）通过规划引导和政策支持等手段，使平谷成为大装产品的集聚生产区

20世纪90年代后期以来，在激烈的竞争中，国内一些以某一品类服装为主的区域化生产基地显露出清晰的轮廓，并呈现出较强的生命力，如浙江枫桥的衬衫、广东沙溪的休闲服等。从平谷区服装产业基础来看，大装产品（包括风衣、大衣、茄克、防寒服、羽绒服等）的产值已占全区服装工业总产值的65%左右。根据择优扶强的原则，羽绒服等大装应该得到重点扶持。

我们应借鉴南方一些地区的经验，以大装集聚区所具有的较强的产业综合竞争力，以特有的高效率、低成本，吸引越来越多的客户和订单。

要对重点企业进行扶持，坚持以优势企业为核心，以优质产品为龙头，鼓励有条件的企业凭借人才、市场、资金、技术、品牌等优势，通过控股、收购、兼并小企业等方式，形成有名牌、有市场的企业集团，参与竞争。特别是要帮助企业拓宽融资渠道，使之有可能投入更多的资金用于品牌炒作、广告宣传等事务。支持重点企业建立智力、技术、管理和名人效应等要素参与分配的激励机制。

同时，也要引导并鼓励在夹缝中求生存的小企业采取"瞎子背瘸子"的方式重组资产，互补优势，共生同赢，使它们改变过去的经营策略，开拓特色服务领域，采取产品差异化、市场差异化、发展模式差异化的策略，在竞争中获得新的发展空间。

（三）通过探索建设服装产业园，使平谷区成为服装业新型经营模式示范区

国内绝大部分服装制造企业采取的是自己投资建厂、自己经营的发展模式，不仅前期资金投入多，而且投产后的各种费用太高，导致劳动力成本的比较优势得不到充分发挥。特别是采取这种经营模式的一些小企业，集聚性差，产品的利润空间主要靠延长工人的劳动时间来获取。为此，区内业内人士提出了建设服装产业园的设想。其基本思想是，集中建设服装生产所需的动力后方设施和部分厂房，统一进行物业管理和其他软件服务，以减少业主的各项管理费用，从而降低业主的生产成本，使其获得高回报率。这种模式的优势之一是集约效应，提高了资源的利用率。优势之二是业主可以多种方式入驻产业园，可以租赁方式入驻，可以投资建厂房的方式入驻，还可以品牌入驻，在没有前期投入或前期投入较低的情况下即可接单生产。优势之三是园区在获得国际名牌产品特许生产经营权后，可以授权业主为国际知名品牌制作产品，使之获取高附加值回报。因此，产业园的共享资源，为不同的服装加工业主提供了发展平台，使他们能以新形象、高起点参与市场竞

争。这种新模式对想到中国寻找合作伙伴的国际名牌企业，对想进入服装制造业的新业主，对已经从事服装制造业但经营效益不太理想的小业主均有一定的吸引力。

政府可以对产业园进行一定的扶持，进行重点培育。产业园本身要以科技、人文、环保、创新的理念，进行国际化经营、社会化运作、制度化管理。要以一流的设施、优质的服务，为国内外服装企业提供广阔的发展空间，通过经营模式的创新提高平谷区服装制造业的水平，成为全区甚至全市服装制造业的亮点，产生示范效应。

（四）通过培育面料、辅料专业市场，使平谷区成为服装原料的集中供应区

制约平谷区服装产业向集约型发展的另一个重要因素是华北地区纺织面料质量不过关，印染后整理技术落后，印染面料色差波动大，致使本地服装生产企业所用的大量中高档面料、辅料不得不从意大利、韩国、日本、中国台湾等地进口或到南方去采购，这大大加重了企业的负担，使生产成本明显提高，利润空间减小。

为此，联想到建设贸易大区的目标，可以适时适地适式建设服装面料、辅料专业市场，面对区内及周边地区，进行批发及零售业务，使区内服装制造企业直接得到好处，也使本区成为一个较大的服装原料的集中供应区，从而活跃市场，促进竞争，繁荣经济。国外一些厂商也需要大量优质面料，如日本目前需要大量棉布，欧洲及原苏联地区需要大量绦混料。建设服装原料批发市场，也可直接引进外资。我们在出口服装成品的同时，还可以出口高档服装面料和辅料，以此来扩大平谷的贸易平台。

第六部分　综合经济

　　近年来，北京市经济总体上承现稳中有升、稳中向好的发展态势，新旧动能转换加速，高端产业引领发展的趋势明显。但也要看到，国际上百年未有之大变局叠加新冠肺炎疫情，世界进入动荡变革期，经济不确定性不稳定性因素增加。我国已转向高质量发展阶段，但发展不平衡不充分的问题明显存在，供给侧结构性改革任务艰巨。北京经济发展也存在着不平衡不充分的问题，潜在经济增长率下移、财政增收空间缩窄、产业结构面临深度调整。为此，全市上下要按照高质量发展要求，以"四个中心"为龙头，以"四个服务"为抓手，深入推进供给侧结构性改革，通过全面深化改革来调动一切积极因素，构建"高精尖"的现代化经济体系、建设有全球影响力的科技创新中心，推进城乡统筹和区域协调、推动建设京津冀地区世界级城市群，大力进行绿色宜居城市建设，尽量改善发生，妥善解决社会问题，推动生产力水平整体提高，促进经济发展和社会全面进步，切实增强人民群众的获得感和幸福感。

解决北京发展不平衡不充分问题的
总体思路和对策建议

一、全面深化改革解决北京不平衡不充分问题的总目标

全面深化改革解决北京发展不平衡不充分问题，总目标是实现高质量发展，就是秉承新发展理念、能够很好满足人民日益增长的美好生活需要的发展，是创新成为第一动力、协调成为内生特点、绿色成为基本形态、开放成为必由之路、共享成为最终目的的发展。

二、全面深化改革解决北京发展不平衡不充分问题的总体思路

全面深化改革解决北京发展不平衡不充分的问题，要以习近平新时代中国特色社会主义思想为指导，坚持发展仍是解决我国所有问题的关键重大战略判断，秉承新发展理念，强化首都意识和首善标准，以促进社会公平正义、增进人民福祉为出发点和落脚点，以"四个中心"为龙头，以"四个服务"为抓手，以"减量提质"为品牌，发挥经济体制改革牵引作用，最大限度集中全社会智慧、调动一切积极因素，构建"高精尖"经济结构、建设有全球影响力的科技创新中心，推进城乡统筹和区域协调、推动建设京津冀地区世界级城市群，大力进行看得见山望得见水的绿色宜居城市建设，发挥

好大国首都和国际交往中心作用，让发展成果惠及全体市民，为实现"两个一百年"奋斗目标，实现中华民族伟大复兴的中国梦做出新的应有的贡献！

必须遵循以下原则：

——坚持群众路线。强化以人民为中心的发展思想，强化一切为了群众、一切向群众负责的观点，把增进群众福祉、促进人的全面发展作为改革的出发点和落脚点。完善人民民主，打造社会公平，保障人民平等参与、平等发展权利，充分调动人民群众的积极性、主动性和创造性，既不能害"急性病"，也不能害"慢性病"，让全体市民在共享发展中有更多实实在在的获得感。

——坚持依法治市。更加注重发挥法治在改革发展中的重要作用，运用法治思维和法治方式深化改革，运用法治思维和法治方式建设和管理城市，促进社会治理体系和治理能力现代化，加快形成与城市战略定位相匹配的综合治理体系。

——坚持科学发展。以经济建设为中心，从实际出发，把握发展新特征。把发展基点放在创新上，以科技创新为核心，以人才发展为支撑，最大限度地激发全社会创新创业活力，加快实现发展动力转换和发展方式转变，实现更高质量、更有效率、更加公平、更可持续的发展。

当前，在深入推进供给侧结构性改革的主旋律下，要重点推进以下几个方面的改革：加快完善社会主义市场经济体制，大力推进科技体制改革，深化农村综合改革，推进社会领域改革，深化城市管理体制改革，健全京津冀协同发展体制机制，加快推动服务业扩大开放新格局等。要以全面深化改革来解决北京发展不平衡不充分的问题，推动生产力水平整体改善，促进社会全面进步。

三、北京高质量发展的指标体系设计

总目标是高质量发展。关于高质量发展，2018年4月习近平总书记在湖北考察时指出，高质量发展就是体现新发展理念的发展，是经济发展从"有没有"转向"好不好"。北京市委书记蔡奇指出，北京高质量发展，高在高精尖经济结构，高在全要素生产率，高在质量效益上。要用心抓高质量发展，围绕"四个中心""四个服务"，在狠抓创新驱动、增强发展后劲上下功夫。打造全国科技创新中心这个创新发展新引擎。深入推进供给侧结构性改革，狠抓一批带动性强的项目和行动计划，增加有效供给，抓紧落地实施十个高精尖产业发展指导意见，积极开发消费新热点，集中抓好优化营商环境，以开放促发展。

依循北京高质量发展的要义，如表1所示，本研究设计了北京高质量发展的指标体系。其中创新发展指标选取主要是参考《首都科技创新发展指数指标体系》，选取了权数较高的指标，选取了测度企业创新和政府支持创新等指标。协同发展指标的设立主要考虑北京市行政范围内各区的协同发展测度和北京推动京津冀协同发展的指标测度。绿色发展指标都是源自《北京市绿色发展指标体系》，分别选取了权数较高的指标、能源消耗降低类指标、与人民生活关系较密切的指标。开放发展主要是从贸易、国际化程度、对外投资、技术输出和引进等方面设置指标。共享发展主要从居民收入、住房、就业、医疗、教育等方面进行指标设立。

指标体系设计所参考的政策和指标体系主要有《北京城市总体规划（2016—2035年）》《京津冀协同发展规划纲要》《建设国际一流的和谐宜居之都评价指标体系》《北京市绿色发展指标体系》和《首都科技创新发展指数指标体系》等。

表1　北京高质量发展指标体系指标表

一级指标	序号	二级指标	计量单位	指标类型	指标来源
创新发展	1	R&D 经费内部支出相当于地区生产总值比例	%	正向	市统计局
	2	企业 R&D 投入占企业主营业务收入比重	%	正向	市统计局

一级指标	序号	二级指标	计量单位	指标类型	指标来源
创新发展	3	企业 R&D 人员数占其从业人员比重	%	正向	市统计局
	4	每万名从业人员中"两聚工程"人才数	人	正向	市科委、市统计局
	5	万名从业人口中从事 R&D 人员数	人	正向	市统计局
	6	每亿元 R&D 经费 PCT 专利数	个	正向	市统计局、市知识产权局
	7	技术交易额增长率	%	正向	北京技术市场管理办公室、市科委
	8	企业税收减免额占缴税额的比例	%	正向	市科委、市统计局
	9	中关村试点政策效果		正向	市科委
	10	创业投资金额增长率	%	正向	市统计局
	11	创业板上市企业数增长率	%	正向	市金融局
	12	政府采购新技术新产品支出占地区公共财政预算支出比重	%	正向	市财政局
协调发展	13	各区居民人均可支配收入差距（标准差）	数值	逆向	市统计局
	14	各区人均 GDP 差距（泰尔指数）	%	逆向	市统计局
	15	北京城六区常住人口下降率（以 2014 年为基期）	%	正向	市公安局、市统计局
	16	各区人均公共财政支出差距（标准差）	数值	逆向	市财政局、各区财政局
	17	北京对津冀的技术交易额占北京面向京外技术交易总额的比重	%	正向	市科委
	18	津冀实际利用内资中来自北京金额所占比重	%	正向	津冀统计局

续表

一级指标	序号	二级指标	计量单位	指标类型	指标来源
协调发展	19	北京到津冀异地养老人数增长率	%	正向	京津冀三地人社局
绿色发展	20	细颗粒物浓度（PM2.5）年均浓度下降（以2013年为基期）	%	正向	市环保局
	21	单位地区生产总值能耗降低	%	正向	市统计局、市发展改革委
	22	单位地区生产总值二氧化碳排放降低	%	正向	市发展改革委、市统计局
	23	单位地区生产总值用水量下降	%	正向	市水务局、市统计局
	24	单位地区生产总值建设用地面积降低率	%	正向	市规划国土委、市统计局
	25	地表水环境质量目标完成情况	分	正向	市环保局
	26	城市绿化覆盖率	%	正向	市园林绿化局
	27	公园绿地500米服务半径覆盖率	%	正向	市园林绿化局
开放发展	28	一般贸易占对外贸易比重	%	正向	市商务委、市统计局
	29	服务贸易进出口额占对外贸易总额比重	%	正向	市商务委、市统计局
	30	国际航线数	条	正向	市交通局
	31	境外游客占旅游游客比重	%	正向	市旅游委
	32	人均实际利用外资	万元	正向	市商务委
	33	对外投资占全国比重	%	正向	市商务委
	34	高新技术产品出口占地区出口比重	%	正向	市商务委、市科委
	35	对外技术引进合同金额占全国比重	%	正向	市商务委、市科委

续表

一级 指标	序号	二级指标	计量 单位	指标 类型	指标来源
开放 发展	36	在京常住外国人	万人	正向	市人社局、市公 安局
	37	在京国际组织数	个	正向	市统计局
共享 发展	38	居民人均可支配收入	元 / 人	正向	市统计局
	39	居民人均可支配收入占人均 GDP 比重	%	正向	市统计局
	40	新增供应人才住房和保障性住房	套	正向	市住建委
	41	城镇登记失业率	%	逆向	市人社局
	42	亿元 GDP 生产安全事故死亡人数	人	逆向	市交通局、市统 计局
	43	一刻钟社区服务圈覆盖率	%	正向	市统计局
	44	公共交通占机动化出行分担率	%	正向	市交通局
	45	千人病床数	张	正向	市卫计委
	46	平均预期寿命	岁	正向	市卫计委
	47	人均公共体育用地面积	平方 米	正向	市体育局、市统 计局
	48	每万人口公共文化设施房屋建筑 面积	平方 米	正向	市教委、市统计 局

如何实现减量提质不降速

总体来看，2018年以来，北京市经济呈现出稳中有进、稳中向好的发展态势，经济新旧动能转换加速，高端产业引领发展的趋势明显。但也要看到，宏观经济环境仍然较为复杂，发展不平衡不充分的问题明显存在，供给侧结构性改革任务艰巨，新旧动能转换过程中存在着经济增长的下行压力。

为此，全市要深入学习贯彻党的十九大精神，以习近平新时代中国特色社会主义思想为指导，坚持稳中求进工作总基调，紧紧围绕新发展理念和首都城市战略定位，按照高质量发展的要求，深入推进供给侧结构性改革，统筹推进疏功能、稳增长、促改革、调结构、惠民生、防风险等各项工作，确保经济社会发展减量提质不降速。

一、如何理解减量提质不降速

（一）减量

《北京城市总体规划（2016—2035年）》突出减量发展，确定了人口总量上限、生态控制线和城市开发边界三条红线，突出有序疏解非首都功能。我们认为"减量"的主要含义，一是严格控制人口规模、降低人口密度。人口规模方面，通过疏解非首都功能实现人随功能走、人随产业走。降低城六区人口规模，城六区常住人口在2014年基础上每年降低2～3个百分点，争取到2020年下降约15个百分点，控制在1085万人左右，到2035年控制在1085万人以内。城六区以外平原地区的人口规模有减有增、增减挂钩。人口密度方面，到2020年中心城区集中建设区常住人口密度由现状1.4万人/平方公里下降到1.2万人/平方公里左右，到2035年控制在1.2万人/平方公里以内。

二是实现城乡建设用地规模减量，压缩产业用地。城乡建设用地规模方面，促进城乡建设用地减量提质和集约高效利用，到2020年城乡建设用地规模由目前的2921平方公里减到2860平方公里左右，到2035年减到2760平方公里左右。到2020年中心城区城乡建设用地由现状约910平方公里减到860平方公里左右，到2035年减到818平方公里左右。中心城区规划总建筑规模动态零增长。产业用地方面，压缩中心城区产业用地，严格执行新增产业禁止和限制目录。全市严禁发展一般性制造业的生产加工环节，坚决退出一般性制造业，就地淘汰污染较大、耗能耗水较高的行业和生产工艺，关闭金属非金属矿山，有序疏解高风险的危险化学品生产和经营企业。促进区域性物流基地、区域性专业市场等有序疏解。优化调整产业功能区规划，合理压缩规划建设规模。制订各区工业用地减量提质实施计划，压缩尚未实施的产业用地和建筑规模。到2020年城乡产业用地占城乡建设用地比重由现状27%下降到25%以内；到2035年下降到20%以内，产业用地地均产值、单位地区生产总值水耗和能耗等指标达到国际先进水平。

三是有序疏解非首都功能。具体包括疏解腾退区域性商品交易市场、疏解大型医疗机构、调整优化传统商业区、推动传统平房区保护更新等。

四是持续推进减碳。减少燃煤污染方面，在城六区基本实现无煤化的基础上，2018年基本实现通州区无煤化；要加紧治理北部平原地区的散煤，2020年基本完成全市除新城集中供热中心以外的燃煤锅炉清洁改造和平原地区所有村庄无煤化。淘汰老旧机动车方面，目前还有部分柴油货车排放标准达不到国四标准，2018年将推进这部分车辆的替换更新。农业污染减排方面，目前本市农业生产科技含量较低，未来将积极压缩种植、养殖规模，在确保150万亩耕地面积的基础上，推进"农转林"。

五是严格控制用水总量，以水定城、以水定地、以水定人、以水定产。全市年用水总量现状约38.2亿立方米，到2020年控制在43亿立方米以内，到2035年用水总量符合国家要求。

六是严格控制建筑高度。加强建筑高度整体管控，严格控制超高层建筑（100米以上）的高度和选址布局。加强中轴线及其延长线、长安街及其延长线的建筑高度管控，加强山体周边、河道两侧建筑高度管控。

（二）提质

从发展战略看，提质意味着可持续性发展和包容性发展。一是要素生产率进一步提高。生产要素从低效率部门向高效率部门转移，在产业内部通过竞争、兼并重组、淘汰低效企业，经济整体效益和竞争力进一步增强。二是实现绿色低碳循环发展。三是收入分配格局优化，居民收入在整个收入分配中的比重提高，能够更多地共享改革发展成果。四是有效化解各类风险。经济增速下调暴露出的各类风险，如地方政府性债务、影子银行等，能够通过建立健全体制机制，既减轻一次性风险冲击力度，又有效防范系统性风险威胁。

从增长动力看，提质意味着动力转换。一是需求拉动出现新变化。消费需求个性化、多样化逐渐成为主流；投资需求在传统产业相对饱和，但基础设施互联互通和一些新技术、新产品、新业态、新商业模式的投资机会大量涌现。二是创新成为驱动发展新引擎。三是资源配置动力内生化。资源配置效率的提高不仅来自资源要素在部门间、地区间的转移，更多来自部门内、区域内资源的优化配置。

从经济结构看，提质意味着结构优化。一是产业组织出现新特征。新兴产业、服务业、小微企业的作用更加凸显，生产小型化、智能化、专业化日益成为产业组织的新特征，致使组织结构、产品结构、技术结构更加优化。二是新型城镇化进程加快，区域统筹发展的协调性增强，区域结构更加优化。

从制度环境看，提质需要市场发挥决定性作用。全面推进依法行政，推进关系行政组织和行政程序的法律制度不断完善，实现政府机构、职能、权限、程序、责任法定化，最大限度减少对市场的不合理干预。

就北京市而言，提质就是要在创新驱动和产业结构调整中提升经济发展质量，就是要在民生改善中提升社会发展质量。

（三）不降速

就像世上没有永动机一样，经济不可能永远持续高速增长。从发达经济体发展规律来看，当一国经济经过一段时间的高速增长，经济总量已经达到一定规模后，如果仍要人为地维持增长速度不变，就需要更多要素的投入。经济换挡减速是普遍现象，只要宏观政策得当，仍能维持中高速增长，跨越中等收入陷阱。日本在战后迎来高速增长阶段，第一次减速换挡大约在1973年前后，第二次换挡在1991年前后。在1950—1972年期间，日本GDP年均增速为9.7%，到了1973—1990年期间回落到年均4.26%，相比此前速度减少了一半还要多，1991—2012年期间更是进一步回落到年均仅0.86%。韩国经济增速换挡发生在1997年前后，在1961—1996年期间，韩国GDP年均增速为8.02%，1997年之后显著回落，1997—2012年期间年均增长4.07%，相比此前高速阶段回落了近一半。我国台湾地区也有类似情况，经济增速从高速换挡到中速大约在1995年前后，1952--1994年我国台湾地区GDP年均增长8.62%，1995—2013年年均增长4.15%，增速回落一半多。

从我国情况来看，随着劳动力、土地成本的上升和环保要求的红线约束，以及金融危机后国际贸易增速放缓，单纯依靠物质要素投入、依赖国际市场来推动经济增长的情况不复存在，经济增长的速度从高速过渡到中高速，经济发展的目标从主要追求增长速度向追求质量和效益转变。正如习近平总书记所强调的，为了从根本上解决经济的长远发展问题，必须坚定推动结构改革，宁可将增长速度降下来一些。任何一项事业，都需要远近兼顾、深谋远虑，杀鸡取卵、竭泽而渔式的发展是不会长久的。从保证新增就业、地方财政收入等方面的要求来看，经济增长还是要有一定的速度，但如果一味追求速度而忽视质量和效益则没有太大意义，因此政府调控经济的思维方式、关注点应随之转变。

从北京发展阶段来看，按照市统计局发布数据计算，2017年全市人均

GDP会达到2万美元左右①。按照世界银行标准，北京市将达到中等发达国家水平。在本市转变发展方式的过程中，GDP增速换挡至个位数，只是阵痛，是化解多年来积累的深层次矛盾的必经阶段。随着经济从要素驱动、投资驱动转向创新驱动，以及经济结构不断优化，GDP增速将在较长一段时间内稳定在目前的水平上，不会出现大幅下滑。

不降速的目标就是守住不失速的底线，适当设定区间可以为更高质量的发展腾出空间。在经济指标的设定上，可以适当增加一点弹性，允许GDP增速在一定区间内合理波动。同时，应更加重视经济结构、就业率、万元GDP能耗、规上工业企业利润率等体现发展质量的指标。可设立高精尖发展指数，动态监控本市重点培育的高精尖产业发展情况。

（四）关于减量提质不降速三者之间的关系

减量、提质、不降速三者，是相辅相成、辩证统一的。提质是根本要求。党的十九大提出"我国经济已由高速增长阶段转向高质量发展阶段"。多年来，北京高速增长带来了城市规模巨大且人居环境退化、城市功能密集且结构失衡、城镇空间庞大且蔓延无序等诸多问题，对经济发展的可持续性产生了不利影响。无论是从整个国家经济发展的大趋势来看，还是从北京的现实情况来看，从主要解决"有没有"转变到着力解决"好不好"，实现高质量发展，是当前和今后经济发展的根本要求。

减量是提质的必要条件。减量是解决大城市病、实现提质发展的必要手段。减量发展模式将彻底告别过去摊大饼式的土地开发模式和低效益的资源利用方式，倒逼发展方式转变、产业结构转型升级、城市功能优化调整。疏解非首都功能，有助于优化城市建设用地的管理、城市空间的管理，使土地利用价值适应市场化的要求，更加集约、有效地利用好、规划好城市发展空间，为科技创新型企业入驻、高精尖产业发展提供更多机会。因此，减量不是不发展，而是为了促使经济实现高质量发展。减量发展已成为追求高质

---

① 据测算：2017年北京地区生产总值28000.4亿元，常住人口2170.7万人，年末汇率6.3926。根据上述数据计算，人均GDP为2.01万美元。

量发展的一个鲜明特征。

减量提质要保证不降速。2013—2017年，北京平均GDP增速为7.1%。2017年，北京市GDP增速为6.7%，全国GDP增速为6.9%。北京市政府工作报告把2018年GDP增速目标定在6.5%左右。这些数据传递出的信号表明，政府要通过主动放慢经济增长速度将经济发展引导到"高质量"的轨道上来，这是一个可持续的过程。但需要注意的是，"GDP增速在6.5%左右"是检验减量提质发展效果的一个标准，是减量提质发展需要保证的。若GDP增速下滑突破这条底线，不仅很难实现"十三五"规划所提出的"地区生产总值年均增长6.5%，2020年地区生产总值和城乡居民人均收入比2010年翻一番"的目标，而且可能会引发高通胀、就业压力大、社会不稳定等诸多问题，最终导致经济社会发展不可持续。从实际情况看，北京在疏解非首都功能、腾笼换鸟的过程中，需要通过提高资源的配置效率、加快科技创新、推动京津冀协同发展等防止固定资产投资增速继续下滑，提升"高精尖"产业等对GDP增长的贡献率。

总之，新时代北京经济社会发展，要以习近平新时代中国特色社会主义思想为指导，坚持以人民为中心的发展思想，落实北京"四个中心"战略定位和城市总体规划，坚持从"集聚资源求增长"向"疏解功能谋发展"的减量发展方向转变。提高全要素生产率，构建"高精尖"经济结构，培育内生发展新动能，提高经济发展质量，着力在解决不平衡不充分的发展问题的过程中，确保经济发展换挡不熄火，提质不降速。

二、确保减量提质不降速的重点对策与建议

（一）全力打赢疏解整治促提升攻坚战，促进城市中心区和郊区"瘦身健体"

一是城市中心区要坚持走减量之路，全力打赢疏解整治促提升攻坚战。疏解功能谋发展，是北京当前和今后一个时期明确的战略任务。中心城

区既是居民聚集区，也是历史文化保护区，如何在疏解中升级，考验城市治理能力，关乎城市长远发展。疏解非首都功能、改善居民生活和保护历史风貌并不矛盾，完全可以统一起来。疏解是手段，以功能减法换空间加法；民生是目的，以环境提升促生活品质；保护是归宿，以和谐宜居承古都神韵。这应当成为首都核心区发展的重要路径。要进一步加大疏解整治促提升工作力度，为高精尖产业落地腾出清朗空间。重点是聚焦重点区域，有序疏解区域性专业市场和物流中心；严控基础制造产能，淘汰制造业中不具备比较优势的生产环节和生产工艺；引导和推动区域性仓储物流功能外迁；坚决调整退出环保不达标、安全隐患严重的一般制造业；加快推进拆除违法建设、棚户区改造、城乡接合部整治改造等重点任务，聚焦重点区域，基本实现无违法占地、无违法建设；推动零散产业用地向集中建设区集聚，集中建设区外零散分布、效益低的工业用地坚决实施减量腾退，集中建设区内的工业用地重点推进更新改造、转型升级。

二是城乡一体化发展坚持减量之路。全市目前共有182个乡镇，其中31个乡镇已全部纳入中心城统筹发展范围，有43个乡镇部分或全部纳入新城统筹发展范围，其余108个乡镇规划为独立发展的城镇化区域。多年来，随着相关政策的不断完善和对郊区投入力度不断加大，小城镇交通、市政基础设施、公共服务设施和生态环境不断改善，全市小城镇建设已初见成效，但小城镇包括乡村地区仍是全市发展不平衡、不充分的集中体现区域，乡村振兴、城乡一体化发展的任务仍然很重。小城镇定位要服从首都城市战略定位，服务于优化提升首都核心功能，服务于国际一流和谐宜居之都建设，服务于推动京津冀协同发展，服务于新型城镇化和城乡发展一体化，发挥好联系城市和农村的功能节点作用。要加快不符合首都城市战略定位的产业淘汰退出和疏解转型，严格落实新增产业禁限目录，聚焦生态、旅游休闲、文化创意、教育、体育、科技、金融、总部等领域，强化镇域特色发展。

（二）构建现代化经济体系，实现经济高质量发展

十九大报告提出要构建现代化经济体系，实现高质量发展，这是新时

代对北京的新要求。北京要以"四个中心"建设为引领、以"四个服务"为抓手，重点培育金融、科技、信息、文化创意、商务服务等现代服务业和高端制造业，实现传统动能升级，推动经济持续健康发展。

1. 优化金融业发展，释放金融中心城市活力

金融业已成为带动北京经济增长和财政收入增长、构建"高精尖"经济结构的第一支柱产业，对提质的作用至关重要。北京金融中心城市特征已经显现。北京金融业要以切实服务好"四个中心"功能定位和建设国际一流和谐宜居之都，服务好京津冀协同发展，服务好中华民族伟大复兴为己任，重点在以下几个方面继续发力。

一是大力促进科技金融与金融科技融合发展。紧紧依托北京科技创新的资源优势，重点围绕服务好中关村国家自主创新示范区建设，以中关村建设具有全球影响力的科技创新中心为契机，优化金融资源配置，鼓励和推动金融企业的机构、模式、服务与产品创新，为科技创新提供多元化、多层次、高效率的金融支持，形成金融服务科技创新的"北京模式"。同时，要支持现代金融科技发展，降低金融供给成本，提升金融服务效率。

二是大力支持文化金融发展。紧紧依托北京文化创意的资源优势，重点围绕服务好"全国文化中心"，积极促进金融与文化相融合，不断创新文化金融发展模式，有力推动文化创意的产业化、市场化、民族化、国际化，使北京成为全国文化金融的一面旗帜。

三是提高服务总部金融的水平。紧紧依托北京国内外总部机构云集、总部经济发达的独特优势，重点发展服务各类总部机构的总部金融，聚焦资源、突出重点、优化环境，满足总部经济的高端金融服务需求，促进总部经济与总部金融的融合与良性互动，充分发挥总部经济与总部金融统筹协调与资源配置能力，增强北京总部金融的辐射力。

四是大力发展绿色金融。紧紧抓住国内外发展绿色金融的历史性机遇，充分发挥北京绿色金融研究水平较高、金融需求多样、金融资源丰富、金融服务体系健全等优势，率先推动各类绿色金融创新，构建绿色金融体系，增加绿色金融供给，使之成为北京金融的新增长极，为中国绿色金融的发展开辟道路。

五是积极发展城市金融和普惠金融。紧紧围绕疏解非首都功能、治理"大城市病"，提高城市治理水平、建设和谐宜居之都的重大需求，推动金融机构为城市基础设施建设、保障和改善民生等重要领域、重点项目提供多元化融资。推动普惠金融发展，满足市民日益增长的多样化金融需求。在打击非法集资、防范金融风险、提高市民金融素养等方面，积极创新，形成北京特色，使城市金融和普惠金融深深植根北京。

六是在防风险的基础上有序发展新兴金融。紧紧跟上国内外金融发展的时代脚步，积极稳妥地发展第三方支付、数字金融、P2P、互联网理财、互联网保险等新兴金融业态，为北京金融注入新的活力；支持新兴金融自下而上促进传统金融的自我革新；完善金融法规制度，利用大数据、云计算等现代科技手段加强金融监管，使新兴金融成为北京金融的新引擎。

2.瞄准国际科技创新中心建设，大力发展科技服务业

落实好中央赋予北京的建设有全球影响力的科技创新中心这一新定位，实现科技驱动、创新引领新格局，既是首都职责所在，也是新时代北京经济发展的内在要求。

一是健全科技成果转化机制，畅通科技与经济结合的通道。完善科研成果与市场的对接机制。尽快实施科技报告制度，推动科技成果的开放共享和转化应用。发布一批符合构建高精尖经济结构的科技成果包，探索市场化的科技成果产业化路径。激发创新主体科技成果转化积极性。落实科技成果使用权、处置权和收益权改革以及科技成果转化尽职免责制度。切实落实京科九条和京校十条。鼓励实行科技成果技术入股、期权、股权奖励和分红权等激励制度。完善科技成果转化的市场化服务。加强对创新需求的政策引导。重点是强化政府采购的创新导向作用，健全符合国际规则的支持采购创新产品和服务的政策体系，探索新技术、新产品首购首用风险补偿机制。

二是依靠新技术的突破、新成果的应用，推动科技与经济的融合。推动一批关键共性核心技术攻关，在新一代信息技术等产业领域加快实施八大技术跨越工程，通过突破一些关键共性技术来培育先导产业和支柱产业。发挥战略性新兴产业创业投资引导基金作用，支撑引领新兴产业集群发展。支持传统优势企业实施绿色制造和职能制造技术改造。以新兴业态引领服务业发展，推动以科技服务业、互联网+和信息服务业为代表的现代服务业向高端化发展。深化科技与文化，科技与农业融合发展。推进中关村国家级文化和科技融合示范基地建设。以北京国家现代农业科技城为依托，推进农业科技创新。推进"互联网+"在金融、文化、商务、旅游、制造、能源、农业等产业的融合创新，推动技术改造，推进产业质量升级。

三是整合创新资源，以协同创新带动产业优化升级。建立企业主导产学研用协同创新的机制。全力抓好"三城一区"建设，以重大产业项目为牵引，对接三大科学城科技创新成果转化，打造以北京经济技术开发区为代表的创新型产业集群和中国制造2025创新引领示范区。深入实施军民融合发展战略，创建国家军民融合创新示范区。推动京津冀协同创新。以推动京津冀全面创新改革试验为契机，加快打造京津冀协同创新共同体。按照三地创新分工协作安排，理顺产业发展链条，推进产业转移协作。

四是破除阻碍体制障碍，激发人才创新活力。重点从人才集聚、流动以及考核激励机制等方面加快改革步伐，打造世界一流人才发展平台和人才制度高地。完善高端创新人才引进机制，完善支持北京创新发展的出入境政策，实施更具吸引力的海外人才集聚政策，完善给予海外人才国民待遇相关政策。建立灵活多样的创新型人才流动与配置机制，鼓励高等学校和科研院所人才互聘。增强企业对创新人才的吸引力，从户籍、居住证、股权激励、职称评定、住房等领域给予他们更多的"获得感"。健全人才评价激励机制，创新评价标准和办法。

3.积极培育和发展文化创意产业，打造北京经济发展新引擎

文化创意产业没有固定的发展模式，需要不断创新理念，拓宽思路，在顺应产业趋势、把握发展规律基础上，突出自身特色和优势，以科技和创新为驱动，实现融合发展、多元发展。在理念创新方面，要以满足人民群众日益增长的精神和文化需求为目的，以人性化的创意设计引导需求，以特色化的文化体验创造需求，以规划合理的项目载体满足需求。要按照"人无我

有、人有我优、人优我精"的思路，立足地方文化优势与特色，促进形成产品特色鲜明、市场错位竞争、产业差异发展的格局。要注重科技引领，充分运用云技术、大数据、物联网等信息技术，提高文化产品的科技含量。要注重多元开发，促进文化创意产业与一二三各次产业以及各领域企业的适度融合，以融合促发展。

在具体运作方面，需要在以下几个方面着力做实。第一，对文化创意资源进行统筹利用，制订文化创意产业发展战略和专项规划，明确发展思路和发展目标，确立空间布局和重点项目，加快资源整合。第二，拓宽投融资渠道，加大资金投入。通过设立文化创意产业发展专项资金、争取国家相关专项资金、加大地方财政支持、减免税收等多种方式引导社会资金投入。第三，引导文化创意企业以市场需求为导向，不断提高研发创新和市场开拓能力，促进产业链整合。第四，围绕文化创意产业发展的重大战略需求，加强公共技术平台和公共服务平台建设，加快构建创意产业公共服务体系。第五，高度重视人才培养和引进，加快构筑人才高地。人才是文化创意产业发展的关键要素，要尽快研究制定文化创意专业人才资格认定、评价标准和激励机制，创造有利于培养、吸引、汇集全球创意创新人才的政策环境和人文环境。第六，以政府为主导、民间组织为主体，创新对外文化工作和对外文化贸易的体制机制，充分发挥区位优势，多方位开展对外文化交流与合作。

4.以深化服务业扩大开放，促进投资便利化为抓手，促进商务服务业的换挡提质

利用好国家批复北京的服务业扩大开放试点政策[①]，深化投融资体制改革，进一步增大对外商投资和境外投资的开放力度和便利化程度。放宽投资者资质要求、股比、经营范围等准入限制。鼓励跨国公司在京建立亚太地区总部，设立整合贸易、物流、结算等功能的营运中心。深化国际贸易结算中

---

① 根据《国务院关于北京市服务业扩大开放综合试点总体方案的批复》（国函〔2015〕81号）和《国务院关于深化改革推进北京市服务业扩大开放综合试点工作方案的批复》（国函〔2017〕86号），北京市先后进行两轮服务业扩大开放综合试点。综合试点服务于京津冀协同发展战略和国家构建开放型经济新体制，聚焦改革创新，着力营造环境，在放宽服务业市场准入、加快体制机制改革、推动配套支撑体系建设等方面取得了新进展、新突破，促进了服务业加快向高端化、现代化、集聚化、国际化发展，服务业和服务贸易的国际化水平不断提升。

心试点，拓展专用账户的服务贸易跨境收付和融资功能，支持企业发展离岸业务。推动生物医药、软件信息、管理咨询、数据服务等外包业务发展。鼓励设立第三方检验鉴定机构，按照国际标准采信其检测结果。以航空发动机维修为契机，大力开展境内外高技术、高附加值的维修业务。

5. 推进传统产业改造升级

以新旧动能转换的澎湃力量推动我市经济保持中高速增长、构建高精尖经济结构，不仅是深化供给侧结构性改革的内在要求，也是推动经济社会可持续发展的现实路径。在这个过程中，传统产业的改造升级是重要的一环。

一是推进传统产业高端化智能化绿色化改造。运用新技术、新业态、新模式改造提升传统产业，延长产业链条，推动传统产业迈向中高端。鼓励企业加大技术改造、技术创新投入，健全技术革新机制。实施智能科技产业发展行动计划，系统谋划"大智能"战略布局，建设"大智能"产业集聚区，培育"大智能"创新体系。推进传统制造业绿色化改造、资源循环利用示范、绿色制造技术创新，统筹推动绿色产品、绿色工厂、绿色园区和绿色供应链发展，加快构建低碳循环的绿色制造体系。

二是推进"互联网+""标准化+""机器人+""大数据+"与传统产业深度融合。推动互联网与传统产业跨界融合，带动传统产业向智能化、数字化、网络化发展。实施智能制造示范工程，开展机器人产业发展专项行动，鼓励企业实施"机器换人"计划，建设"无人工厂"和"无人车间"。加强行业技术标准化，实施新产业标准领航工程。加快大数据与实体经济深度融合，围绕智能化升级，开展"万企融合"大行动，发展工业互联网、物联网和智能制造、智能农业、智能物流、智能商务、智能能源，加快形成智能经济形态。

三是推进传统产业与高科技嫁接、与设计联姻、与品牌联动。加快用高新技术改造提升传统产业，建立完善产学研相结合的技术创新体系，加快科技创新成果商品化、资本化、产业化。把科技创新和高精尖经济结构紧密结合起来，以科技创新引领高精尖产业发展，不断增强发展的创新力和竞争力。加快发展工业设计，支持发展与产品创新和市场推广相关的智能设计、视觉设计、时尚设计、新媒体设计和体验交互设计。按照"品牌产品—品牌企业—品牌产业—品牌经济"的发展思路,建立优势品牌评选机制。

四是推进传统产业走集聚发展模式。依托资源条件、产业基础和龙头企业,加快发展特色鲜明、集中度高、关联性强、市场竞争优势明显的产业集群,重点扶持一批重点成长型产业集群发展,打造一批百亿元和千亿元产业集群与产业基地。推进产业集群内传统产业链条的完善和企业间的协作,探索建立传统产业技术创新联盟,对产业发展的共性技术进行联合攻关,进一步提升产业集聚效应。

(三)抓住重点环节,更加注重薄弱区域、薄弱领域,确保经济发展换挡不降速

1.更加注重投资质量,充分发挥投资稳增长的作用

一是更加关注投资中与发展质量相关的部分。将投资调控的关注点落在投资质量上,提高投资有效性。投资中更直接形成GDP的部分主要是建安投资,因此要大力降低固定资产投资中费用占比,降低单位面积土地的开发成本。通过提高土地利用效率、合理规划土地用途等手段,降低土地费用在整个投资中的比重;投资调控中,持续关注建安投资质量,促进投资落地。

注重更新改造投资。相关研究表明,同样的投资用于企业技术改造比用于基本建设,一般来说利税可高出一倍,建设周期可以缩短一半。按照城乡建设用地规模减量、压缩生产空间规模、构建高精尖经济结构的要求,要将投资尽量集中于符合首都功能定位的产业设备购置、技术升级和降低资源消耗等更新改造内容,应更多地关注更新改造投资的规模及增速。

二是支持创新型项目投资,落实好一批高端引领项目。支持创新领域研发投资。改变依靠资金和物质投入带动产出的外延式投资增长方式,加强新技术研发和应用,深化企业主导的产学研用协同创新机制,增强企业知识产权创造能力和新产品研发能力。组织一批能效提升、清洁生产、资源循环利用等技术改造项目,推动企业向智能化、绿色化、高端化方向发展;鼓励制造业企业"裂变"专业优势,延伸产业链条、开展跨界合作,加快向服务

业制造、平台化经营和个性化服务方向转型，完善服务型制造体系。

围绕科技创新中心建设，继续落实推进一批创新驱动、高端引领项目。进一步聚焦新能源智能汽车、集成电路、智能制造、云计算大数据、新一代健康诊疗与服务、通用航空与卫星运用等领域投资，持续培育新动能。推进昌平新能源汽车设计制造产业基地、房山高端现代制造业产业基地和北京新能源汽车科技产业园等新能源汽车"一园两基地"建设；围绕自主可控、安全可靠的集成电路产业，重点聚焦存储器、中央处理器等芯片，加快推进14纳米等先进工艺技术研发及生产线建设，优化集成电路制造基地布局；围绕智能装备、智能机器人和智能设备建成一批国家工程研究中心、国家工程实验室；对接大飞机、载人航天和探月工程等国家专项，推动北京通用航空产业基地、中国高铁创新中心、中核产业园等建设。

三是提高投资效率，提升项目产出效益。鼓励本地有经济实力的优势企业，以BOT、BOO、BOOT、EPC等模式参与固定资产投资重点领域和过境重点项目，一定程度上解决市级和区级政府财力不足问题，带动一批本地中小企业成长，打造和培育新兴产业相应能力。要缩短建设周期，使项目尽早产生效益。合理控制新开工项目，根据承受能力确定投资规模和投资计划，将新增的建设项目数量和计划投资额确定在合理范围内，防止新开工项目过于集中；妥善解决征地、拆迁等可能影响建设项目进程的有关问题；特别是要确保重大项目开工建设，提高项目竣工投产率。要加快在施工程收尾和决算转固。严格按照相关规定加强固定资产投资预算管理，提高在建工程转固及时率，对完工的建设项目及时办理转固手续，及时体现财务核算效果。提高已建成投产固定资产的使用效率。有效盘活和重组现有固定资产存量，使闲置的充分发挥作用，效率低的提高其利用率，低增值率向高增值率转移。

2.加大非首都功能疏解力度的同时，注重提高既定建设用地上既定人口的全要素生产率

北京目前的功能和人口已经超出了现有资源禀赋的承载能力，疏解已成为新时代北京发展的前提与战略任务。要进一步把疏解非首都功能作为北京城市规划建设发展的牛鼻子，在加大疏解整治中要发展质量的提升。从经济增长函数看，需要提高既定建设用地、既定人口的全要素生产效率。

一是强化结构驱动。在建设用地规模缩量背景下，要加快非首都功能疏解进度，创新腾退用地使用方式，尽快推动新领域投资落地并植入符合首都功能定位的高端产业，提高腾退用地的经济产出效率。

二是强化资本驱动。2017年，北京市金融业资产总计130.5万亿[①]元，比重超过全国六成，因此在经济发展中要坚持"不求所在，但求所有"，加强对外投资、股权并购等资本运作力度，在京津冀、"一带一路"等更大空间布局，提升影响力。

3.加快城市南部地区发展，努力消除南北之间的不平衡

长期以来，城市南部地区发展较为滞后，与北部地区存在较大差距。进入新的发展阶段，南部地区的区位优势逐渐显现出来，"一核两翼"的战略腹地作用越来越突出。北京新机场、南中轴地区的建设以及北京经济技术开发区纳入科技创新中心建设的主平台等有利因素，将为南部地区发展带来新的机遇。要按照"一轴一带多点"的重点空间布局，以高端产业项目、龙头企业、重大活动带动南部地区转型升级，构建高精尖经济结构。"一轴"是将南中轴积极打造为生态轴、文化轴、发展轴，建设大尺度、高品质的森林湿地公园及田园景观，塑造南部地区生态骨架；着力引入文化领域高端要素及重大活动，搭建多种类型、不同层级的交流合作平台，打造首都文化新地标；规划建设大红门、南苑、西红门、磁各庄、魏善庄等重要发展节点，打造融合文化创意、商务服务、科技创新、国际交往等多种功能的高端产业发展轴。"一带"是以北京经济技术开发区为龙头，以中关村丰台园、大兴园、房山园为主要支撑，打造南部科技创新成果转化带。北京经济技术开发区重点发展名牌汽车整车、新能源汽车、新一代信息技术、生物医药、智能装备、产业互联网等六大高端制造业和战略性新兴产业；丰台园重点发展轨道交通、航天科技、应急救援等产业；大兴园重点发展生物医药、新能源汽车、文化创意等产业；房山园重点发展装备制造、新材料、智能新能源汽车等产业，积极培育科技金融产业。"多点"是重点打造北京新机场临空经济

---

① http://finance.sina.com.cn/money/bank/bank_hydt/2017-05-22/doc-ifyfkqiv6651146.shtml.

区、丽泽金融商务区两园区以及都市型现代农业区、文化旅游休闲区两片区，形成对南部地区产业发展的重要支撑。

4.提升特色小城镇品质，使之充分发挥对本地城镇化和城乡一体化的促进作用，努力消除城乡之间的不平衡

要加强对小城镇的分类指导，把握好新市镇、特色小镇和小城镇建设3种形态。新市镇将重点承接中心城区部分专项功能疏解转移，特色小镇将重点探索引导功能性项目、特色文化活动、品牌企业落户。立足不同类型小城镇发展的各自需求，努力提升政府服务质量，积极创新社会力量参与小城镇建设的体制机制，努力破除小城镇建设中的资金、土地等要素制约，充分释放小城镇发展的活力。

5.强化区域协同驱动，拓展发展新空间

以城市副中心、雄安新区"千年大计"布局为契机，加快打造京津冀协同创新共同体。重点是健全政府间跨区域的协调机制、利益共享与补偿机制，建设协同创新载体。按照三地创新分工协作安排，理顺产业发展链条，推进产业转移协作，围绕产业链部署创新链，推进产业链、创新链有机融合。发挥北京创新优势，引导北京创新成果在合作区域产业化，促进以创新驱动为主导的高端产业在京津冀地区逐步形成，以先进技术和设计理念助推区域传统型产业转型升级。

（四）以做好"放管服"为突破，进一步优化营商环境，为经济减量提质不降速提供体制机制保障

长期看，确保经济发展不降速在于深化改革，以制度供给为手段，发挥市场配置资源的决定性作用，在贯彻以人民为中心的发展理念的过程中，着力解决发展不平衡不充分的问题。

为进一步提振企业发展的信心和动力，政府要下大力气改善营商环境，其中关键是做好"放管服"。而"放管服"的关键是服务，放与管都是为了政府更好地为完善企业投资经营环境、为社会经济发展提供更好的服务，要把解决"放得不净""管得教条""服得缺位"作为优化营商环境的重点，以落实"9+N"政策体系①为抓手，针对营商环境的痛点、难点、堵点问题，按照"三精简一透明"原则，精准施策、重点突破，从广度和深度两个方面，不断增强企业和社会对北京改革优化营商环境的获得感。

一是要加强政策宣传，提升政府服务质量。加强"9+N"系列政策措施宣传，开展政策培训，强化督查考核，解决营商环境政策落地"最后一公里"问题。坚持问题导向，通过问卷调查等方式充分了解企业和群众的办事需求，拉出任务清单，用好大数据，再造办事流程，让政府快办事，群众少跑腿，让企业从营商环境改革中获得更多便利和实惠。

二是对标世界银行营商环境报告中排名靠前的先进经济体经验，充分吸收世界银行提交的对我国优化营商环境的政策建议，深化"放管服"改革和"互联网+政务服务"，实现法治化的"放"，智能化的"管"，柔性化的"服"，给企业带来方便快捷。制定优化营商环境三年行动计划，在专门领域加大改革力度。

三是对于已经出台的政策，进一步优化提升和配套完善。充分借鉴世行营商环境评价方法论的有益经验，加大系统性营商环境改革力度，不断向国际先进水平的营商环境迈进。

（五）妥善解决社会问题，加强和改善民生，防范金融风险，切实增强人民群众的获得感和安全感

1.妥善解决社会问题，加强和改善民生，反哺经济

历史证明，经济发展与社会发展关系密切，经济发展带来社会结构的变化和新的社会现象的产生，社会发展水平影响经济上下行周期的长短。从

---

① 在 2017 年出台率先行动实施方案和 136 条政策措施清单的基础上，市发展改革委会同市财政局、市规划国土委等单位，坚持问题导向、目标导向和效果导向，精准制定了一批优化营商环境的政策措施，形成了"9+N"政策体系（九项主要政策和 N 项配套措施），在企业跨境贸易、开办企业时效、社会投资建设项目审批、缴纳税费、登记财产、获得信贷等方面进一步精简环节、精简时间、精简费用并增加透明度，借鉴国际领先标准，营造稳定公平透明可预期的营商环境。

这个意义上来说，本市可以通过社会公共服务均等化建设、降低社会风险等来推动经济难题的解决。

一是降低"民生政策福利化倾向"对经济增长的压力。民生保障是人民美好生活的基本保障。本市医疗、教育、文化、体育等民生资源优势明显，部分民生政策与十九大报告中提出的"既尽力而为，又量力而行"的原则有所偏差，产生"政策福利化倾向"。比如我市医疗报销比例很高，但个人账户未封闭运行，产生了局部浪费；低保水平不断增长，个别区的低保水平达到国内一些地区的平均劳动收入水平。部分民生福利政策看似是满足人民美好生活向往，但实际上透支社会总成本，还可能导致社会资源的局部浪费，特别是福利性政策"能上不能下刚性增长"特征，极易引导出现各社会群体间的割裂和对立，产生政治事件及社会问题。

二是提高公共服务供给效率，降低社会总支出。公共财政投入和社会产出之间存在差距。对卫生领域的测算表明，1个点的公共财政投入仅带来0.8个点的供给产出，供给效率成为实现公共服务均衡发展的重要制约因素。紧缺和闲置并存，造成了社会公共服务资源的极大浪费。如，在医疗领域突出地表现为基层医疗机构门可罗雀，三级医院人满为患；在教育领域，名校"马太效应"愈加明显；在养老领域，"一床难求"和养老床位大量闲置并存。要通过社会公共服务领域的供给侧改革，减少浪费，减少对财政支出的压力。

三是关注低端产业从业人口回潮对疏解工作的影响。2017年疏解整治促提升专项活动造成的影响将在2018年显现出来，低端产业从业人口可能出现返潮情况，从而对疏解整体工作产生影响。因此，要密切关注违法建设反弹的问题，要强化城市管理，强化地下室空间整治，规范城市生活性服务业的发展。

四是警惕"劳不如资"观念出现。近年来，由于我市房价快速增长和金融产业的高速发展，出现了"劳动力不如资本力"的相对贬值现象，引发多数市民担忧。因此，要在充分调查的基础上，制定相关行业的最低工资标准、最高劳动时长等，保护劳动者合法权益。同时，畅通职业发展通道，提高薪酬福利，建立完善技能评级和相应待遇体系等。

2.防范风险，为减量提质不降速剔除安全隐患

防范风险是新时代更高水平发展的保险栓。中央经济工作会议把防风险摆在了前所未有的突出位置，处置一批风险点，强调确保不发生系统性金融风险，抑制地产泡沫，防止大起大落。金融问题叠加周期性、结构性、体制性矛盾，形成了当前金融领域内的影子银行、银行不良贷款、企业债、房地产泡沫、地方隐性债务、违法违规集资等"灰犀牛"风险隐患，具有极大突发性、传染性和危害性。一旦发生"灰犀牛"事件，跨市场、产品关联和机构关联的金融市场特征将极易引发系统性金融风险。既要防突如其来的"黑天鹅"事件，也要防厚积薄发的"灰犀牛"事件。

北京作为全国金融管理中心，维护金融稳定、守住不发生系统性区域性金融风险的责任重大。要着力防控金融资产泡沫，提高和改进监管能力。应密切关注经济下行、转型发展、市场波动以及金融创新可能引发的潜在或显性金融风险，坚持防控并举。要紧跟金融业发展的大环境和金融创新发展对监管的实际需求，要有效防范金融风险，维护金融稳定，牢牢守住不发生系统性区域性金融风险的底线。

地方政府重点在于通过"去杠杆"防控风险。要有效化解地方政府债务风险，做好地方政府存量债务置换工作，积极引入社会资本加快推进国有企业混合所有制改革。加快推进政府社会资本合作（PPP），不能把PPP简单地作为代替地方融资平台的一种变体。要全方位地营造良好的为大众创业、万众创新提供生长土壤的体制机制环境。

要坚持中央对"房子是用来住的，不是用来炒的"的定位，综合运用金融、土地、财税、投资、立法等手段抑制房地产泡沫。加快研究建立符合市情、适应市场规律的基础性制度和长效机制，既要支持合理自住购房，又要抑制投机性购房。

关于推进京津冀协同发展的一点认识

一、新形势新要求

2014年以来，习近平总书记对京津冀协同发展做出一系列重要指示，京津冀协同发展规划纲要得到全面部署。2019年1月，习近平总书记在京津冀考察，主持召开京津冀协同发展座谈会并发表重要讲话。进一步明确了协同发展的新形势新要求，成为我们推进京津冀协同发展的根本遵循。"十四五"时期是京津冀协同发展迈向远期目标的起步时期，是"滚石上山、爬坡过坎、攻坚克难"的具有关键意义的时期，也将迎来京津冀协同发展战略提出10周年。京津冀高质量发展更为迫切。

一是从产业链看，我国产业结构正在发生质的变化，工业发展将从注重规模和体系完整性向注重质量和基础能力转变。新冠肺炎疫情将加速产业链重构，全球产业链将出现本地化、集群化、数字化、协同化趋势，提升地区产业竞争力将成为提升地区竞争优势的主要战略选择。这种趋势必将影响京津冀产业升级转移的内容、形式和进度。"十四五"时期，京津冀既要抓住"新基建"发展机遇，发挥北京科技创新资源优势，促进新技术、新产品、新模式、新业态不断涌现，还要继续加强区域产业配套能力建设，避免或破解断链难题，让更多津冀企业为北京龙头企业做好协作配套，保证三地共同做大产业增量，使之成为支撑区域高质量发展的动力源。

二是从城市群看，世界级城市群是参与全球竞争的新地理单元。在世界百年未有之大变局加速演化与我国高质量发展起步的历史交汇期，中心城市和城市群将成为承载发展要素的主要空间载体，全国将形成以城市群为依托的多极化增长格局。当前，长三角、球三角地区已初步走上高质量发展轨道，全国经济重心进一步南移。京津冀城市群具有国内其他城市群无法潜代的独特地位，是稳定国家经济、带动改革开放的重点区域，也是体现国家综合竞争实力、代表国家参与国际竞争合作的核心区域。京津冀城市群建设既是首都发展的战略问题，也是国家发展战略问题。"十四五"时期，京津冀协同发展战略需要在提升北方经济发展活力和竞争力方面加大力度。

总的来看，"十四五"时期是推进京津冀协同发展的重要"窗口期"，关系到宏伟蓝图能否实现。三地应当更加紧密地融合，推动协同发展迈上新台阶。

二、存在的主要问题

"十四五"时期，协同发展进入实质性深化阶段，更多的"坡"和"坎"需要面对，问题不能回避。

（一）基础设施互连互通不够

区域铁路网仍呈现以北京为中心的单核放射状结构，城际铁路建设滞后于预期，城际间互连互通不够；北京大容量、高效率的市郊铁路系统和区域快线发展不充分，未能发挥大容量运输作用解决周边组团区域的通勤问题。

（二）产业链构建活力不够

一是在产业升级转移过程中，区域承接平台相对较多，空间上集聚效应难以充分发挥。区域产业链中的国企、央企等比重较大，中小企业相对不足。总体上市场化机制发挥不足，产业转移较为分散。二是京津冀三地产业关联性不强，结构差距明显，区域间产业链碎片化、接续难度大，产业链与创新链融合强度不够。与长三角拥有苏州、无锡、常州，珠三角拥有东莞、佛山、顺德等制造业集聚区相比，京津冀地区缺乏完备的制造业支撑体系，导致科技成果难以高效率、低成本就近落地转化。三是产业配套服务体系不够健全。与北京相比，津冀地区还存在着专业技术人才供给不足、生产性服务业支撑不够、投融资渠道不畅等问题，影响了产业链在区域间的延伸布局。

（三）功能疏解和重组任重道远

疏解什么，还需要更加细化；怎么疏解，还需要更加深化；中心城区功能重组，还需要进一步破题。从北京市层面来看，一般制造业、区域性批发市场疏解2020年完成了阶段性任务，教育医疗资源疏解得到持续化推进。但疏解工作的市场化、法制化手段不足，对疏解地区的鼓励措施需要进一步完善，承接地区需要更多的要素投入提升企业搬迁入驻的积极性，疏解地与承接地的政策机制对接还要进一步融洽，以城市更新为主要途径的中心城区功能重组需要进一步加大力度。从国家层面来看，"大疏解"尚未启动，具体操作路径暂不清晰，对本市的影响难以准确估计。要处理好中央与雄安、北京与雄安、北京与河北的关系，需要统筹谋划北京与雄安新区发展，在体制机制上创新性地发挥跨省市规划、工商、税务等专业部门的支撑作用。

（四）人口发展存在风险

一是在人口规模上，外来人口持续减少，总量稳中趋降。常住人口规模从2016年的2172.9万人降到2019年的2153.6万人。新冠肺炎疫情给全国人民的生产生活造成了很大影响。北京作为北方重要的流动人口聚集地，既要防止人口大规模回流无序聚集，又要保持总量规模在合理区间以支撑经济。二是在人口结构上，人口老龄化程度不断加深。虽然人口红利依然丰富，但主要依赖流动性较大的外来中青年人口，稳定性比较差。少子老龄高龄化叠加，劳动力资源缺200万左右。就业结构存在错配，中高端人才（白领）求职竞争激烈，制造业、住宿餐饮等对技能要求不高的行业劳动力存在明显缺口，还有大量的非正规就业和非单位就业。三是在人口素质上，在人才竞争不断加剧的背景下，北京城市发展需要的人才供给有可能受到冲击。四是在人口布局上，核心区人口密度仍然居高不下，城乡接合部地区仍是常住外来人口聚集地，郊区以及环京周边对人口的综合承载力和吸引力不强，难以形成对中心城区人口的反磁力效应，总体上呈现"郊区多中心化、外围多点化、区域集中化"趋势。

（五）总体竞争力与世界级城市群存在差距

京津冀城市群单中心哑铃型结构明显，超大城市过大，小城市数量多，中等城市数量严重不足，不仅限制了核心城市对大中小城市的辐射，也不利于城市之间创新要素和产业单元的合理传导，影响了区域内产业链的构建。总体竞争力弱于长三角和粤港澳，区域GDP总量只有长三角的40%、粤港澳的70%左右，占全国的比重呈现下降趋势。利用外资、进出口总额、港口货物吞吐量、集装箱吞吐量也远低于长三角和粤港澳。

三、下一阶段发展的总体思路

"十四五"时期，北京市推进京津冀协同发展要以习近平总书记对北京工作的系列重要讲话精神为根本遵循，以首都发展为统领，以高质量发展为主题，以供给侧结构性改革为主线，坚持新发展理念，保持历史耐心和战略定力，立足新发展阶段的新要求，牢牢把握首都城市战略定位和自身禀赋优势，紧紧抓住疏解非首都功能这个"牛鼻子"，充分发挥北京"一核"的辐射带动作用，严格落实北京城市总体规划和京津冀协同发展规划，深化与津冀两省市和中央有关部门的协同联动，推动中心城区功能优化重组，促进北京"两翼"联动发展，高质量推动京津冀协同发展向纵深迈进，为使京津冀地区成为具有较强国际竞争力和影响力的重要区域、在引领和支撑全国经济社会发展中发挥更大作用而努力奋斗。

四、下一阶段主要工作举措

（一）完善区域交通网络建设

落实新版区域交通一体化规划，增强对雄安新区、北京副中心等重点区域建设的支撑保障能力。持续打造"轨道上的京津冀"，加快建设京沈高铁京承段、京唐城际、京滨城际等项目，推进北京市域（郊）快速轨道交通系统建设，完善便捷通畅的公路交通网。

（二）健全区域产业链

完善区域产业链整体发展规划，合理构建区域产业链的分工和互补关系。发挥北京龙头企业作用，引导产业要素集聚发展，在津冀布局更多产业链项目和创新成果应用场景，沿京津、京保石发展轴，形成配套产业集群。建立京津冀跨区域企业资质标准互认制度，健全利益分配机制。搭建市场化产业对接服务平台，支持行业协会、产业联盟等社会组织为市场主体开展产业对接提供良好服务。发挥北京科技创新资源优势，支持津冀传统产业改造升级。

（三）构筑协同一体的空间体系

推动"一核"疏解和功能重组。坚持政府引导与市场机制相结合，严格控制增量，有序疏解存量。严格执行新增产业禁限目录、新增项目审批措施，落实北京城市总体规划确定的人口和建设规模"双控"机制，实现减量发展、高质量发展。研究进一步疏解的各类清单，巩固疏解整治成果，健全长效管控机制，持续破解城市治理难题，促进治理能力提升。持续优化提升首都功能，用好腾退空间资源，补齐公共服务短板。深化拓展疏解整治促提升专项行动，以功能提升带动中心城区内部的功能重组，努力为中央党政军领导机关提供安全优良的政务环境。

推动北京城市副中心高质量发展。落实城市副中心控制性详细规划，建成一批重点项目，完成城市框架构建，打造形成亲水、亲绿的生态环境体系。加强主城区与副中心通道建设，形成以轨道交通为主、常规公交为辅的公共交通体系。落实通州区与河北北三县协同发展规划，推进城市副中心轨道交通线路向北三县延伸，完善北三县连通城市副中心的高快速路系统，加快跨区域骨干道路对接；促进北三县与副中心的产业配套，引导北京优质养老服务资源向北三县等环京地区布局，推动北三县更好地发挥腹地作用。

全力支持河北雄安新区规划建设。加快北京支持雄安新区"交钥匙"项目等重点工程建设，创建北京支持雄安新区公共服务合作机制，提升帮扶水平。加快交通直连直通体系建设，推动构建一体化的产业转移、税收分享政策。

聚集"三轴"发展。将京津、京保石、京唐秦等主要交通廊道作为北京加强区域协作的主导方向，以轴串点，以点带面，推动产业、人口等要素沿轴向聚集，共同建设产业发展带和城镇聚集轴。

（四）深化区域能源合作，强化生态环境联防联治

坚持优势互补、互利共赢，优化区域能源布局，促进能源规划衔接、项目对接、市场一体，协同增强区域能源安全保障能力。充分发挥京津冀及周边地区可再生能源资源优势，推动基础建设及受电通道建设，扩大外调绿色电力总量。推动区域政策标准衔接，制定实施京津冀及周边地区统一的煤、成品油、大气污染物排放控制等质量标准和考核评价体系，推动优化区域能源结构。支持本市能源企业"走出去"，发挥本市能源人才、技术、管理、市场对周边省市辐射带动作用，促进提升区域能源发展水平。

加大区域产业升级力度，增强清洁能源保障能力，深化"1微克"行动，持续改善区域大气质量。做好环京周边地区跨界断面水污染共治。加大永定河综合治理与生态修复力度。创新潮白河综合治理模式。支持张家口首

都"两区"建设，完善跨流域生态补偿机制。持续推进京冀生态水源保护林、京津风沙源治理、太行山绿化等京津冀区域重大生态工程建设，共同推进京津保护林工程建设，巩固生态安全屏障。

（五）加强公共服务资源共建共享

扩大养老机构医保互联互通和养老补贴试点范围，支持有实力的养老服务机构输出品牌和管理经验。完善北京对周边地区的医疗、教育等合作帮扶机制，帮助提升当地公共服务水平。鼓励本市优质中小学采取学校联盟、结对帮扶等方式开展跨区域合作办学。持续推进与廊坊、张家口、唐山、承德、保定等地区的重点医疗卫生合作项目落地。

第七部分　他山之石

　　各国首都城市的发展模式不尽相同，但在不同发展阶段又有一些共性规律和探索实践值得我们系统梳理。对发达国家首都城市发展的一般规律应当进行认真研究，对美国华盛顿、英国伦敦、日本东京、法国巴黎等首都城市在明确城市战略定位、疏解非首都功能、治理大城市病、推进区域协调发展、建设世界级城市群等方面的重要经验和政策措施应当进行分析比较，对国内其他一些城市解决基础性问题的成功案例、典型模式和先进经验应当进行积极借鉴。限于作者调研的广度和篇幅原因，本部分没有做系统归纳，只就科创、金融与经济等首都城市发展的基础性问题进行了部分整理，以资为北京的国企改革、金融发展、创新生态建设等提供经验借鉴和政策启示。

嘉陵集团的组织方式 ^①

中国嘉陵工业股份有限公司（集团）（以下简称为嘉陵）是在原兵器工业国营嘉陵机器厂的基础上发展起来的一个国家控股的上市股份公司。改革开放以来，嘉陵贯彻军转民方针，果断调整产品结构，主动走向市场，开发生产摩托车，从一个单一的军品生产企业发展成为"中国摩托车之王"。嘉陵的经验值得我们深入学习。在长时间调查研究的基础上，本文就嘉陵的组织方式进行了初步总结。

一、总体组织结构及管理形式

嘉陵集团是以资产为主要联结纽带，以技术协作配套为辅助纽带的比较规范和成熟的国家级企业集团。集团实行母子公司体制，具有四个层次：核心层、紧密层、半紧密层和松散层。

集团的核心企业——中国嘉陵工业有限公司行使嘉陵集团的运作管理职能，负责集团的重大决策、发展战略、发展规划、融资投资、产权管理、计划管理、主导产品的开发和销售、重大技术改造和技术引进、利用外资、进出口贸易等，对集团成员企业起组织领导和联系协调作用。

核心企业与紧密层企业是以资产为纽带的母子公司关系，集团主要是通过建立资产经营责任制和生产经营承包责任制对其进行管理，通过委派董事会成员和高级经营管理人员实现对其生产经营的日常管理，通过监事会和

---

① 本文是一篇关于国有企业管理的文章，原载于《机电产品开发与创新》（1998 年第 5 期）；收入本书，可以对北京市国有企业改革提供借鉴作用。

中介机构对其进行监管。

对于半紧密层企业，则以技术和知识产权为联结纽带，按协议进行管理；核心企业和半紧密层企业之间建立管理委员会，对半紧密层企业生产经营的重大问题进行磋商和协调。

集团的松散层由嘉陵摩托车协作配套企业组成，主要以产品协作为纽带，以合同或契约形式进行管理。

二、供应链的组织

主机厂设立产品外协配套处和产品外协技术处，应用"动态平衡管理法"进行供应链的组织工作。

（一）信息导向，掌握主动

这里所说的信息包括国家的物资供应政策、市场供求信息、价格信息等。工厂根据市场的变化安排生产，物资供应部门根据市场变化及时调整供应策略，从而达到供应过程的协调和平衡。

（二）产品定点，静中有动

为了保证生产顺利进行，采取相对稳定供需关系的办法，既选准供货厂家，又"不在一棵树上吊死"。同一产品（或材料）布点在两个以上。如摩托车包装箱就有红旗纸箱厂、上海、西安、广州等几家供应，铜芯塑料线、焊接钢管、二氧化碳保护焊丝、铝合金、铜材、铝材等均由两个以上的厂家供应。依托这些生产企业，保持相对稳定的原材料供应基地，可以平衡原材料供应，促进产品质量的提高。

另外，还以经济因素考虑产品定点静中求动。"静"是保持供货厂家的相对稳定，"动"则是根据"三考核"原则来决定对外协厂家的取舍。

一是对产品质量考核，要求所供产品或材料的质量必须达到国家或协议的技术标准。在供货过程中实行"奖优惩劣"，发现所供产品或材料不合格后，除及时退货补产外，对发生严重质量问题的，采取"黄牌"警告，限期整改甚至取消定点资格。对所供产品或材料质量稳定者，次年优先订货。

二是对技术和生产能力考核。对生产厂家进行定点综合考查，看其技术、生产条件、设备能力、工艺检测手段等是否符合要求，是否有大批量生产能力。条件具备的，纳入定点计划。

三是对服务质量考核。配套生产与主机生产同步进行。协作厂家应积极配合主机生产做到既保质、保量、保进度又随计划变动而变动，叫上就能上得去，叫停就能停下来，出了问题能及时处理，迅速整改。

（三）现行生产，动动结合

产品生产受市场、人员、技术、材料等多因素的影响。供应链的工作应该积极主动地适应现行生产的运动状态。除了搞好年度、季度的综合平衡外，还应搞好月度的计划平衡。若主机厂月度计划调整，供应工作则应快速反应。一方面搞好资源平衡，另一方面及时通知协作厂家增加或减少供货，以免造成不必要的停产或积压。

一是设立现场物资调度。现场物资调度参加现场生产调度会议，随时掌握物资需求的第一手资料，协调生产与物资供应的关系，及时处理供需矛盾，在生产过程中起"穿针引线"的作用。

二是进行动态供应管理。改进仓库收发存的静态管理，逐步推行定时、定额、配额送货上门的动态管理。统筹安排，既保证物资供应的合理性，又适应生产现场管理的动态性，逐步实现物流合理化。

三是引入计算机辅助管理，实现计划编制、定额考核、原材料发放的计算机化，确保信息和数据处理及时准确。

三、销售链的组织

嘉陵摩托车自投放市场以来，就确立了"质量第一、用户至上"的经营方针。随着摩托车行业的飞速发展，产品同质化趋势日益增强，营销与售后服务愈显重要。为此，嘉陵的营销思想也升华为"品质尽善尽美，服务至诚至周"的营销理念。

（一）构建以售后服务为中心的营销网络体系

在现代商业竞争中，要将产品推向市场，推向社会，必须有能适应本企业销售规模的销售体系。嘉陵设立了销售有限公司，机构由八个部室、三个经营门市及四个分公司组成，有一支由几百名训练有素的专职人员组成的营销队伍。作为集团控股的直属子公司，它是独立核算、自主经营、自负盈亏的企业法人实体，其内部经营管理实行董事会领导下的总经理负责制。

在产品经销方面，嘉陵摩托车的销售以国营商业部门为主，以中、小商业部门、集团商业单位和少数个体商业专业户为辅，依托各站，分两级构建营销网络。对于与嘉陵直接联系的特约维修站，即一级站，无偿提供技术资料，保证整车定量供应和零部件供应。它们可与嘉陵在一年一度的订货会上签订供销合同，其业务由销售公司进行直接管理和指导。根据业务需要，销售公司对它们进行产品品种调整。根据各站实际情况，制定相应的政策和管理办法。各地特约维修站可在业务范围内建立若干分站（二级），分站业务由一级站来管理和指导。

在维修服务方面，制定了策略和规范，并公开承诺"嘉陵在用户身边，用户在嘉陵心中"，"品质尽善尽美，服务至诚至周"。坚持开展一年一度的全国性优质服务月活动，为广大用户提供义务咨询、免费调试、保养和上门维修等服务项目。至诚至周的服务树立了嘉陵和各维修站良好的社会形象。

在配件供应方面，面对新车型上市和维修量逐年增大等困难，为了确保修车能及时用上质优价廉的正宗配件，嘉陵提出"宁肯少装车，也要保维修"的原则。坚持做到维修配件与装车零部件"三同时"，即同时下达计划，同时检查考核，同时奖惩。从计划上保证了维修配件按质、按量、按时供应，使配件的品种齐全率达到了95%以上。

在信息反馈方面，嘉陵集团成立销售信息中心，通过大量信息依托营销网络体系和其他多种渠道由中心向外"辐射"或由外向中心"聚集"，构建了信息反馈网络体系。体系的"辐射"或"聚集"功能，通过以下渠道来实现，一是有关地区及单位聘请特约信息员，二是组建嘉陵信息网络站，三是直接参加与生产经营关系密切的行业情报网络，四是参加多种层次的展览会、博览会，开展国际技术经济交流与合作。信息反馈的主要内容是市场动态信息、质量信息和管理信息。

在广告宣传方面，嘉陵把它纳入企业文化的范畴来建设，作为树立企业形象的一项重要工作。

为开拓国外摩托车市场，嘉陵还设立了出口代理公司，作为产品出口国际市场的桥梁。

（二）实施灵活多变的营销策略

嘉陵灵活运用了"以需取胜，以优取胜，以新取胜，以价取胜，以变取胜"的营销策略，以变应变，以"变"竞争，以"变"经营，取得了营销工作的主动权，拓宽了市场领域，保持了嘉陵摩托车在市场上的领先地位。

人无我有，人有我优，人优我廉，人廉我新，人新我奇。根据不断变化的市场，灵活经营。视各地区市场需求安排摩托车投放量并调整车型比例。视车种和销售对象的不同，采取不同的结算方式：对畅销车实行款到发货；对经销大户实行优先供货，提前执行的原则；对疲软车种和信得过的重点经销客户实行货发后近期付款、委托收款、垫付销售等办法。

总之，嘉陵成功地将主机企业与其配套企业组织起来，达到了适应性、敏捷性、精质性和益省性的目标。嘉陵所走的道路，是大胆改革、勇于创新的道路，是坚持对外开放、参与国际市场竞争与合作的道路，是国有大中型企业由传统的计划经济体制向市场经济体制转换，由粗放型经营向集约型经营转变的成功之路。

嘉陵集团生产方式初探 [①]

改革开放以来，我国社会生产力得到了极大的解放和发展。目前，我国经济体制正由传统的计划经济体制向社会主义市场经济体制转变，经济增长方式正由粗放型向集约型转变。市场的发育和生产生活水平的不断提高，要求企业生产方式进行相应变革，进而推动产品发展、技术进步和管理水平的提高。本文从设计、制造、管理三个方面，对中国摩托车之王嘉陵集团的生产方式进行了初步的研究和总结，以便于更多的企业学习、借鉴。

一、设计

（一）设计思想和方法

嘉陵采用并行工程的思想，使专业知识相异的人员一起协同工作，充分挖掘交叉学科开发人员的创造力，通过有效的通信和各种人员的相互交流，做到使正确的信息在正确的时刻以正确的方式传送给正确的人，从而做出正确的决策，使产品设计一次成功，大大降低成本。

这种方法从设计一开始就充分考虑产品从概念形成到报废处理整个生命周期中的所有因素，包括用户要求、进度计划、成本和质量等，即同时进行产品及相关过程（例如加工工艺、装配检测、销售和售后服务等一系列下游过程）的设计，从开始阶段就进行工艺优化，从而优化设计。其实质是过

---

① 本文是一篇关于国有企业科技创新和生产方式变革的文章，原载于《汽车工业研究》（1998年第5期）；收入本书，以期对北京市国有企业改革创新有所镜鉴。

程集成。

（二）技术开发中心的组建及运行

技术开发中心是嘉陵集团技术开发体系的重要组成部分，是集团最高层次、最高水平的研究与开发机构。建立技术开发中心有利于技术进步机制和科研成果转化机制的形成，是促进企业成为技术开发主体、提高自我发展能力和市场竞争能力的重大举措。

1.组织模式

嘉陵集团技术开发中心采用开放的模式，广泛吸纳先进技术、先进经验和优秀人才，注重国际、国内两个市场的培育，与科研单位建立多种合作关系，建立市场、科研、生产一体化的科技进步机制，充分发挥各方技术优势，优化资源配置，保持集团在国内的技术领先地位，提高集团的整体效益。

嘉陵集团技术开发体系分为两个层次，第一层是主机企业技术开发中心，由主机企业的计算机应用研究所、产品研究所、工艺研究所和检测站等组成。第二层是配套企业的技术开发机构。各个配套企业正在逐步建立健全与产品发展相适应的技术开发机构，最终形成集团完整的技术开发体系。

2.工作目标与主要任务

技术开发中心的工作目标是为嘉陵集团的产品更新换代和生产技术水平的升级提供技术和技术储备，提高经济效益并增强发展后劲。

技术开发中心的主要任务是开展研究与开发，包括集团内重大关键技术攻关项目的组织，新车型的开发及有关的国际国内技术交流等工作。中心的研究与开发直接面向市场。技术开发中心对配套企业的技术开发机构进行技术上的指导、协调和服务。

零部件配套企业技术开发机构主要从事本企业的产品开发研究与应用，配合集团技术开发中心开展相应的关键技术攻关工作，促进产品的更新换代，同时，参与本企业产品技术与质量的管理工作。

3.运行机制

从投入上来看，嘉陵集团自身为技术开发中心的投入主体，集团研究与开发经费的投入不低于集团销售收入的3%，并优先保证技术开发中心的需要。

人才，尤其是研究与开发高级人才是技术开发中心建设与发展的关键。嘉陵集团对外与南京理工大学、重庆车辆工程学院等高校建立稳定的人才输送渠道，与之联合培养硕士、博士，为集团输入新鲜血液；对内建立完善的人才激励机制，在奖励政策上对有突出贡献的科技人员予以倾斜，使技术开发中心保有一批高水平的研究与开发人员。

技术开发中心与科研单位之间建立以产品和任务为纽带的技术经济合作关系，通过技术转让、技术协作及联合开发等途径，使优势互补，推进技术进步和产品发展。

二、制造

在"启用科技动力，传感全新时代"的理念指导下，嘉陵集团形成了以产品为"龙头"，以工艺技术装备为保证，以培养专业技术人才为基础，以增强自主开发能力为目的，以加大投资力度为手段的制造技术进步工作思路，增强了企业的竞争实力，推动了企业持续、高速发展。重点抓了四个结合，即高起点与循序渐进相结合，引进先进产品与引进先进工艺技术装备相结合，引进先进技术与增强自主开发能力相结合，引进先进技术与企业综合技术改造相结合。

通过引进消化吸收国外技术，立足工厂实际进行技术改造和工艺革命，制造技术装备向多工位组合、半自动化、自动化和程控方向发展；加工过程实现了"多刀一次车、多面一次铣、多眼一次钻、多丝一次攻、多序一次完"；测试手段向自动测量、高精度综合测量、动态测量、数字显示等方向延伸；生产工艺路线、零部件运转流程和生产布局更趋于合理。

三、管理

（一）以人为中心，从严管理

嘉陵从提高员工思想境界入手，坚持高标准、严要求，突出一个"管"字，落实一个"严"字，建立和形成员工自觉接受管理、参与管理的激励和约束机制。领导抓中干，中干抓骨干，骨干带员工，使大家先做机械厂，后做自然人。

（二）以"三元动态平衡法"指导决策管理

嘉陵在长期的生产经营管理工作中，总结创造了具有嘉陵特色的"三元动态平衡法"，在企业经营环境、经营能力与经营目标三元动态中，努力寻求平衡，使企业生产经营始终保持健康发展。

（三）建立健全岗位责任制，狠抓基础管理

一是强化标准化工作，为企业实现有效控制提供标准和尺度；二是加强定额工作，努力提高劳动生产率；三是在计量工作方面，通过推行计量目标管理，建立高效的计量管理体系；四是规范原始记录和统计工作，为生产经营提供准确及时的信息；五是开展规章制度立、改、废工作，努力建立一套与公司制相适应的运行机制和管理制度；六是完善职工教育体系，提高职工文化技术素质。

（四）以精心组织为核心，进行生产管理

生产管理主要就原材料采购、产品制造、物资储存等进行管理，并在有限的时间空间内进行重新组合，生产出新产品。这就要求管理者必须充分利用生产信息和原材料信息等对生产进行精心组织。

一是充分利用生产信息，突破传统的作业计划管理模式，采取滚动计

划，实行动态管理。由原来一次性月度计划改变为多次性的周作业计划。把全月各工作日数的工作目标全部预定安排好，并下达到各车间（分厂）及有关处室。根据每周各工作日目标的实施、市场用户需求和物资能源供应等变化情况，再对余下的工作日数进行滚动作业安排，形成新的滚动作业计划。生产安排得如此循环滚动，形成了公司均衡生产、动态管理的模式。

二是使生产现场整洁规范。制定完善现场管理制度，对生产纪律和各种违反工艺的情况作详细的说明，使生产人员一目了然。划定现场管理的一般区域和重点区域，明确现场管理的主要内容是生产管理优质化、机动管理良性化、技安生产文明化。现场管理的总要求是"一通二齐三不乱"。

实行责任人、责任区制度，各区域指定相应的负责人和检查人。除责任人进行日查外，检查人和车间进行周查和月查。

三是对物资进行科学管理。精心组织，实现物流同步。将月计划通知协作厂，每天又据总装车间的生产任务通知外协厂第二天应送的材料，并要求按品种及规定的时间送货。严格物资管理。凡来料来件一律按实入账，且做到件件点清。

（五）以提高产品实物质量为目标，加强质量管理

在指导思想上，嘉陵响亮地提出了"宁可牺牲数量保质量，宁可牺牲效益保市场"的口号。在对待产品质量问题上，大力提倡只讲自己不讲别人，只讲主观不讲客观，只讲内因不讲外因的"三讲三不讲"原则；切实做到"三不"，即不接受不合格产品，不生产不合格产品，不让不合格产品流入用户，保证入车间、出车间、出工厂的产品100%合格。

在配套管理工作上，嘉陵集团制定了严格的考核与管理办法。一是健全和完善配套生产的约束机制和竞争机制。通过制定技术质量合同书，规范配套厂的行为。二是对产品质量好，管理水平在同行业中处于领先地位的厂家，实行授牌定点，在产品品种、数量方面保证定点企业满负荷生产，重点支持这些企业的发展。三是开展A级产品评定工作。对配套厂获得A级称号的产品，将在合同价的基础上上浮一定比例，让配套厂尝到甜头，增强信

心，得到实惠，真正享受到优质优价的质量政策。四是实行主机厂技术资料有偿使用。

在零部件供应方面，狠抓均衡供货，保证供应的应变力逐步增强，产品的一次交验合格率不断提高，部分产品实现直供到车间。

在主机厂生产环节中，从立章建制、理顺关系入手，加强质量立法，建立健全质量管理制度，制定严密科学的质量考核办法。公司修订、完善了《质量管理手册》、《产品质量法实施细则》，建立和完善了质量保障体系，理顺技术质量与新产品开发的关系。为使生产始终处于受控状态，公司加强对各车间首检、巡检、作业传票、流转标识、废品隔离等工作的检查，有效地控制批次不合格和重大质量问题的发生，并建立、完善关键、重要零部件生产中的管理点。除此之外，为不断增强产品质量保证能力，从硬件和软件两个方面保证产品质量的稳定提高，定期开展对设备、工装、检具的检查、清理、补充、完善，以进一步提高设备加工及检测质量水平。同时，由学科带头人、高级工程师牵头，组织技术人员对发动机、成车、焊接等重要项目开展质量攻关，限期解决，奖惩兑现。

（六）大力推行现代化管理方法

根据自身实际和条件，嘉陵在现场管理上，推行了"定置管理"，在生产组织上推行"一个流"的生产作业法和零缺陷、零浪费、零库存三个"零值管理法"，在生产经营中推行"精益管理"。同时，积极推进管理手段的现代化，广泛采用计算机辅助企业管理技术，将计算机辅助管理推广应用于计划、财务、统计、人事劳资、生产、技术、零部件、销售、运输等基础管理系统，建立计算机管理网络，提高管理效率。

总之，嘉陵集团将设计、制造、管理三者有机地结合起来，积极寻找不同时期的主要矛盾，组织联合攻关，不断建立起新的三维动态平衡，走出了一条"立足市场，改革创新，科学管理，集约经营"的成功之路，为我国国有大中型企业树立了先进生产方式的典型。

常州市农业融资担保对北京的启示 ①

政策性农业信贷担保是农村金融发展的重要保障。江苏省农业融资担保有限责任公司自运营以来，坚持稳中求进工作总基调，积极开拓业务，推进农业信贷规模扩大，助力农村金融协调发展。据财政部有关人员调研统计，截至2019年9月底，江苏省农业融资担保有限公司在全国33家省级农担公司中，在保余额由年初第九名上升至第五名。而其常州分公司（以下简称"常州农担公司"）自2018年成立以来，业务规模及目标完成率均位列全省前列，为农村信贷提供了有力的风险分担和信用保障，切实在一定程度上解决了新型农业经营主体"融资难、融资贵"问题，对北京农业融资担保具有一定的借鉴意义。

一、常州市农业融资担保业务开展情况

常州农担公司自2018年成立以来，围绕乡村振兴战略，坚持政策性定位，通过降低门槛、减小成本、创新模式，成为常州市财政金融协同支农的重要平台，为常州市农业和农村信贷发展提供了有力的风险分担和信用保障。从合作机构来看，常州农担公司已和常州市信保基金、经开育企贷基金、常州市农业产业基金等3家基金及15家银行机构进行了对接合作，开展农业信贷担保业务。从覆盖的行业来看，常州农担公司对粮食生产、畜牧水产养殖、菜果茶种植等农林优势特色产业，农资、农机、农技等农

---

① 本文是作者2019年作为课题负责人带领《北京乡村振兴战略的金融支持研究》课题组人员赴常州市调研形成的案例研究报告。

业社会化服务，农田基础设施，以及与农业生产直接相关的产业融合发展项目（包括家庭休闲农业、观光农业等涉农行业）已经实现全覆盖。从覆盖的经营主体来看，常州农担公司对家庭农场、种养大户、农民合作社、农业社会化服务组织、小微农业企业等5大类农业适度规模经营主体实现业务全覆盖。

截至2019年10月底，常州农担公司累计担保余额9.22亿元，累计担保户数706户。其中，在保余额6.26亿元，在保户数539户，业务规模及目标完成率均位列江苏省前列。户均贷款规模116.17万元，政策性业务占比84.22%，合作金融机构达15家。

二、常州市农业融资担保的主要业务模式及经验

农业信贷担保政策是国家推动金融资本投入现代农业的一项顶层设计和机制创新，是财政支农的一项重要政策工具。按照国家和省市政策要求，常州农担公司积极主动创新财政支农方式，拓展乡村产业的资金来源，为市域农村金融发展提供了有力的支撑和保障。

（一）坚持政担合作，着力构建支农政策体系

常州农担公司通过"一个制度、两个产品、三个基金、四个补贴"方式，稳步推进政担合作。

1. 建好一项制度

常州市率先在全省建立由市政府分管农业的副秘书长牵头的常州市农业信贷担保工作联席会议制度，通过联席会议统筹协调财政、农业农村等相关部门推进常州市农业融资担保各项工作。

2. 开发两个产品

常州农担公司坚持以稳健创新的思路推进农业融资担保业务，既稳步

做大农担业务规模，又注重创新农担业务产品。公司通过认真研究农担业务政策，深入调研常州地区农情特色，创新开发了与市妇联合作推出的主要用于支持妇女创业的"巾帼农担贷"和与共青团市委合作推出的支持青年农民创业的"新农菁英贷"。其中，"巾帼农担贷"已落地项目7个，担保金额950万元；"新农菁英贷"已支持农业青年创业项目37个，担保金额3725万元，在2019年由江苏团省委、省农担公司联合向全省推广。

3.合作三个基金

常州农担公司通过与常州各级政府基金合作，进一步分担业务风险、扩大业务获客来源、增进与政府部门交流合作。目前，常州农担公司与常州市信保基金、经开育企贷基金、常州市农业产业基金等开展了业务合作。其中，常州市农业产业基金自2018年10月签约以来，已通过常州农担公司担保，引导3家银行为9个农业项目落地而发放贷款5400万元。

4.争取四项补贴

担保补贴政策是确保农担业务可持续推进的重要保障。常州农担公司主动协调常州市财政、农业农村等相关部门，积极争取农业产业基金项目的担保费补贴并积极做好其他3类涉农担保业务奖励申报工作，尽可能降低业务风险。

（二）深化银担合作，不断满足多层次融资需求

常州农担公司注重合理利用金融资源，通过与银行业金融机构深入对接、协作推进、多措并举，全面拓展银担合作的广度和深度，放大财政金融协同支农效应。

1.主动对接，抓扩围

常州农担公司积极宣传农担政策，主动对接区域内的银行，有效提升银担合作的积极性。截至2019年6月底，常州农担公司合作银行从上年同期的6家增加至15家，基本实现了对常州地区的省农担公司合作银行的全覆盖。

2.利用资源，重协作

常州农担公司充分发挥资源优势，协助财政和农业农村部门，对接合作农业产业基金，积极推动与合作银行共赢，有效提升银行推进农业担保业务的积极性。

3.主动配合，抓培训

常州农担公司积极组织银企对接会、座谈会等，对合作银行业务经理进行农担政策及业务流程专题培训，并会同相关银行对基层村委书记宣讲农担政策。通过宣传培训，加强了业务各方的联系和对接，促进了政策落地。

4.强化对接，重实效

常州农担公司对合作银行推荐的项目，坚持做到早对接、早反馈，提高项目落地效率，有效增强了银行和客户的认同感、满意度，也提高了农担业务的实效。

（三）严格管控，建立健全风险防范机制

常州农担公司通过不断培训和警示教育，强化自身风险意识。坚持业务合规性操作，严格按照省农担公司各项内控制度办事。定期进行全面风险排查，积极采取有效措施应对风险。

1.优化现行风险防控机制

做好顶层设计，不断完善项目受理、风险审核、审批放款、保后管理等各个环节的工作流程和操作规范，全面落实风险管理责任。深入开展行业调研，初步构建生猪养殖、螃蟹养殖、渔船贷、苗木种植等行业的风险评价模型，并尝试应用于业务实践。

2.加强代偿考核问责追责

做到风险事项早识别、早预警、早发现、早处置。将代偿率作为绩效考核的重要指标，与职工绩效薪酬挂钩，将问责结果与风险金挂钩，从薪酬激励制度上进一步强化风险防控导向。

三、对北京市农业融资担保的启示

常州市农业融资担保的生动实践大幅削弱了贷款需求人的信用不足问题，提高了贷款的可获得性，为破解城乡金融供给的二元现象做出了贡献。北京从市级层面也成立了农业融资担保公司，主要为农业经营主体提供政策性融资担保业务，为农业经营主体融资提供有效的风险共担机制。下一步，借鉴常州市的经验，可以从以下方面进一步加大担保对三农融资的支持力度，更充分地发挥担保的保障作用。

（一）政府层面加大三农融资担保工作力度

可以考虑在北京级层面建立农业信贷担保工作联席会议制度。由市政府分管副秘书长牵头，通过联席会议来统筹协调财政、农业农村、金融监管等相关部门推进农业信贷担保和农村金融各项工作，从而加大对乡村振兴的金融支持力度。

对与北京市农担公司合作、为农业适度规模经营主体提供融资服务的金融机构，按比例每年给予一定的奖补，从而适当弥补金融机构高额的涉农贷款成本，调动银行等机构支农贷款的积极性。

（二）农担层面主动为解决农村金融问题贡献力量，在乡村振兴大业中实现自身价值

全面开展对北京市农业产业发展、农业适度规模经营主体融资需求情况的统计分析，提升发现项目的能力和水平，做好项目储备工作。针对农业部门新型经营主体信息直报系统中的主体和项目情况，推出更具特色、多种多样的农担产品。拓展与农业保险、农村产权交易平台等多种金融工具的合作，不断探索创新接地气、可复制、易推广的担保业务模式。构建"银行+农担"协同机制，通过风险分担、业务拓展等方式，助力银行加大对农业的信贷支持；联合共建"农业合作社+农担"基层服务体系，发挥农民合作经

济组织熟悉农业、了解农民的优势，开发针对性的批量担保业务，提高担保业务的精准性，降低业务成本。

充分依托现有市场、现有产业链条，充分发挥龙头企业、农业合作社、产业大户、致富能手熟悉市场规律、运营管理专业、抗风险管理能力强的优势，实现产业链条延伸融合，提高其经营能力和融资的获得性。突出支持重点产业，根据区域产业特点，选择重点乡镇、重点经营主体、重点项目进行担保融资突破。

提高风险管控能力。建立符合审慎经营原则的担保评估制度、决策程序、事后追偿和处置制度、风险预警机制、突发事件应急机制。构建风险评价模型，从保前的项目选择、尽职调查，到保中的项目研判和风险审查，再到保后项目跟踪管理和过程服务、风险化解处置等方面，加强对担保项目的风险评估和管理，确保实现可持续经营。加强对农业信贷担保队伍的培养、管理和监督，牢牢把握农业信贷工作主动权，防止金融风险转化为廉政风险。

国内外农村金融发展模式及经验借鉴 ①

一、国际经验借鉴

世界各国关于农村金融的模式研究和实践探索经历了较长的时间。以美国、德国和日本为代表的发达国家已经形成了多层次的农村金融组织体系以及完善的农村金融法制框架，以此为基础的高度发达的农村金融正是这些国家农业发展的重要支撑。而以印度为代表的发展中国家则以小额信贷为核心，发展农村微型金融和非正式金融组织，建立了符合本国国情又各具特色的组织与制度体系。这些丰富的国际实践经验对北京农村金融发展具有重要的启示和借鉴意义②。

（一）美国的复合型金融体系

美国在百余年的发展历史中逐渐形成了以商业性金融和合作性金融为主体、政策性金融为保障、保险体系为补充，市场为导向，政府政策扶持干预的复合金融体系。

一是构建农村合作金融。合作金融为主体是美国农村金融体系的最大特点，由联邦土地银行、联邦中期信用银行和农业合作社银行等构成，官方

---

① 本文根据作者 2019 年主持的北京市级财政支持项目《北京乡村振兴战略的金融支持研究》报告中的有关内容改写而成。

② 《农村金融市场发展的国际经验比较与借鉴》，博士生论文，赵志刚，2015 年 6 月。

建立，民营、合作与股份制并行，提供短中长期农业贷款。为保障农村合作金融稳健发展，美国政府实行了税收优惠、扩展融资渠道和差别存款准备金等扶持政策。

二是发挥多元化政策性信贷机构的作用。美国政策性信贷机构主要由商品信贷公司、农村电气化管理局、农民家计局和小企业管理局组成，专门为农业和农村发展提供产品差价补贴和灾害补贴、融资支持、担保服务，并补贴优惠贷款产生的利差，缓解了信贷风险，降低了农场主融资成本[①]。

三是完善农业保险机制。美国农作物保险的运行主要分三个层次：第一层为联邦农作物保险公司，主要负责全国性险种条款的制定、风险的控制、向私营保险公司提供再保险支持等。第二层为有经营农险资格的私营保险公司，它们与风险管理局签订协议，并承诺执行风险管理局的各项规定。第三层是农作物保险的代理人和查勘核损人，他们负责具体业务的实施。美国农作物保险覆盖农业生产、农作物品种、自然灾害以及收入等风险，极大保障了农民的生产经营和生活质量。

（二）日本的"2+1"型合作依托体系

日本一直大力支持农村金融发展，逐步建立了以政策性金融机构、合作金融系统加农业保险机构的"2+1"型合作依托体系。

日本的合作金融以农业协同组织为主。农协组织规模大、程度高、覆盖率广，以市、町、村等行政区域划分基层单位，分工明确，入社率高达100%，除了以信用、供销、保险和经营指导等方式开展业务外，还提供农业贷款、融资等金融服务，贷款总额占比高达90%[②]。依托于农协组织，能够及时准确地获悉农民的贷款需求和偿还能力，有效匹配需求和供给，降低风险。

日本政府通过加大财政拨款，提高农业贷款利息补贴，或提供低息贷

---

① 《国家政策支持农村金融普惠发展的国际经验与启示》，农业经济，董玉峰、戴婧妮、杜崇东，2018年2月。
② 《我国农村金融创新现状及建议》，财务金融，鹿瑶，2019年4月。

款等政策优惠为农村金融保驾护航。同时通过为农业合作组织提供资金支持和免税、补贴等优惠政策支撑农村金融的稳定发展。尤其针对农户分散、个体需求弱等本土特色，专门成立了农林渔业金融公库，为其提供长期低息贷款。

日本建立了强有力的风险防范和保障体系。"村民共济制"依托于世界最先进的农险统计系统和大数据基础，以保险合作社、农业保险组合联合会、政府再保险的三级风险保障制度来提供精准有效的农业风险补偿，真正解决农民的后顾之忧。并建立以农业信用基金协会为贷款担保主体，以农业信用保险协会对其还债事项再保险的双重保障机制，有效提高贷款的获批率和信用度。

（三）德国的农村组合金融体系

德国乡村金融起源于不动产金融，兴起于农业信用合作社，逐步形成了由不动产金融、合作金融和动产抵押信用组合而成的农村金融体系①。

德国银行业对"三农"的金融支持主要表现在两个层次。第一个层次直接服务于中小企业和农场主，主要包括三大支柱：储蓄银行、合作银行和商业银行。按照商业原则运营，但不以利润最大化为目标，专注于区域发展与福利的最大化。第二个层次通过向储蓄银行、商业银行和合作银行等金融机构提供融资，间接服务于中小企业和农场主，相当于德国的政策性银行，主要包括德国农业经济银行等。

德国投资与开发有限公司（DEG）满足了农业的融资需求。DEG专门在发展中和新兴市场国家向企业、项目、基金、金融机构提供资金和咨询。该公司以利润最大化为目标，追求高回报，根据客户实际提供定制化融资方案和顾问服务，提供非标准化的产品。其投资遍布全球，总投资金额达86亿欧元。

德国担保银行体系以较少资金撬动大量银行贷款投放，促进农业的发

---

① 王璐：《北京郊区农村金融服务体系完善与创新问题研究》，硕士生论文，2012年3月。

展。该体系是欧洲最大的信用担保体系，由德国联邦金融监管局和德央行监管。担保银行服务的对象是中小型企业，即员工不超过250人、营业额不超过5000万欧元或者资产负债合计不超过4300万欧元的企业。在担保银行的支持下，德国广大中小企业有效解决了由于缺少担保品而无法融资的问题，不仅促进了中小企业的发展，也对德国经济产生了积极的促进作用。

德国农业保险保证了农业发展的稳定性和可靠性。安联保险集团是欧洲最大的保险公司、全球最大的保险和资产管理集团之一，其旗下全资子公司慕尼黑MMA农业保险股份公司专门面向"三农"提供保险服务，几乎涵盖所有种类的农作物、蔬菜和畜牧业，2016年保费收入3970万欧元，主要来自于冰雹、风暴、山火等自然灾害保险。[①]

（四）印度的多层次农村金融体系

印度构建了由农村政策金融、国有商业银行、农村合作金融和民间金融组成的多层次农村金融体系。

农村合作金融占主导地位。信贷合作社主要满足短、中期贷款需求，土地开放银行主要办理长期信贷业务。合作性金融机构在实践中逐渐形成了层级分明、覆盖面广、职能分工明确的金融服务体系，能够深入扎根于基层和个体农户，真正获悉分散的个体需求，并通过自下而上，层层接续的合作体系保障资金需求的合理满足。

商业性金融机构是印度农村金融市场的重要力量。印度商业性金融机构的突出特点主要体现在支农指标的量化方面：一是商业银行发放贷款必须以一定比例（40%）提供给国家规定的"优先领域"，这其中的18%即为农业贷款。如果逾期未达标，商业银行需要将差额不足部分以低于市场利率的价格存放于农发行用于统筹发放转贷款。二是强制机构网点的配比率，即商业银行在城市的新开网点数必须与偏远地区网点数达到1:2到1:3的比率，这就有力地保障了农村金融机构的覆盖率和渗透性。

---

① 农发行2017赴德国专题培训班课题组：《德国农村金融的现状及启示》，2017年11月。

政府主要通过政府性金融机构开展业务指导和政策落实，通过金融与非金融手段、创新、科技和机构建设等活动，促进农业农村包容、可持续发展，确保农村地区实现繁荣昌盛①。

印度根据实际情况建立了强制性与自愿性相结合的农业保险体系。针对申请贷款的农户强制要求其参保农业保险，对于其他类型的保险，农户可根据情况自愿选择参加。同时，政府通过提供政策红利、政府补贴、再保险等支持，大力扶持保险业发展。除此之外，政府还专门设立国家农业保险公司，专门为农作物生产、经营、加工等提供专业性的保险保障。

（五）以上几个国家农村金融发展的共性经验

一是建立多元化的农村金融组织体系。以上几个国家均构建了由商业性、合作性和政策性金融组成，功能互补、结构合理的多元化、多层次的农村金融组织体系。其中，以农村合作金融为主体，实行自上而下的经营管理，各层级之间不存在行政隶属关系，独立核算、自主经营，政府一般不直接干涉经营。如日本农协是民间合作性金融的经济主体，承担着大量的政策性金融业务，也肩负着农业生产、销售等职责，具有稳定农村基层的组织保障功能。

二是建立多元化的农业信贷风险保障体系。首先是建立农业保险制度。通过立法建立强制性的农业保险机制，对参保农户给予保费补贴，从而降低农户成本。美国《农作物保险法》规定农户要想获取贷款、农作物补贴和农产品价格支持，必须参加农业保险。日本建立以农业信用基金协会为贷款担保主体，以农业信用保险协会对其还债事项再保险的双重保障机制。德国通过欧洲最大的保险公司安联保险集团为"三农"保驾护航。印度采取自愿与强制相结合，为农业保险提供一定的保费补贴。其次建立农业信用担保机制。美国政府成立专业的农贷机构为农场主、中小企业提供贷款担保，如农民家计局。法国有着欧洲最大的信用担保体系。日本、印度也成立了专门

---

① 《印度农村金融体系概况》，《农业发展与金融》，王吉献，牛倩，王方哲，2019 年第 4 期。

的信用担保公司。

三是建立多元化的政策支持体系。首先是资金支持。各国初期由政府直接出资组建政策性或合作性金融机构，并提供长期的优惠低息贷款。其次税收减免。农业的弱质性使得涉农金融机构面临着较高的信用风险，各国采用税收减免措施，提高金融机构的支农积极性。如美、日对农村合作金融组织减免营业税和所得税。再次是财政贴息。政府为鼓励金融机构面向农户、小微企业提供融资，对其发放的低息贷款提供利差补贴。如美、日、德、印等国对涉农贷款普遍实行财政贴息。还有差异化监管政策。考虑到城乡二元属性，各国采取城乡差异化的金融监管政策，如针对农村金融机构制定较低的存款准备金率，给予更多的利率定价权，允许更大的利率上浮空间①。

二、国内部分地区农村金融经验借鉴

相较于世界各国较为统一连贯的成功经验而言，国内的农村金融具有独特的生态环境和发展脉络。根据本土资源禀赋和农业发展规律，制定相对应的农村发展规划是我国发展农村金融的独特路径。下文将对我国农业金融发展中独具特色的地区经验进行案例分析，通过分析其在灵活运用"因地制宜"策略中的运行机制和逻辑体系，为北京农村金融发展提供借鉴和启示。

（一）福建省厦门市的"主导—核心—补充"型农村金融组织体系

厦门市形成了以正规金融机构为主导，厦门农商银行为核心，非金融机构为补充的农村金融组织架构。

政策性金融服务主要由中国农业发展银行供给。其直接为农业生产的各个环节提供贷款支持，且承担着政策性引导、市场监管和风险管控的职能。近年来，农业发展银行不断在实践中寻找新的地位，加大与市场各参与

---

① 《丽水模式——农村金融普惠扶贫的实践与探索》，《区域调研》，钭利珍等，2015年3月。

主体的合作力度，通过建立有效的分工合作关系，以服务厦门市龙头企业为抓手，进一步引导农村金融服务的渗透性和覆盖率。

在商业金融服务方面，随着农业现代化进程的推进，农业初始禀赋日益提升，农民增收能力稳定向上，农村基础设施逐渐完善，新型经营主体显露头角。在新的市场环境下，农业银行、邮储银行、厦门银行等商业金融机构积极参与进来，金融服务网点覆盖率大幅提升，除了满足农户在生产中的各环节资金需求外，还提供保障生活质量的消费类贷款服务，农村金融机构产品创新性高、动力足，金融服务更加多样化、个性化，为厦门市农业发展做出了重要的贡献。

此外，在金融保险服务方面，厦门市重视引入政府要素对市场进行干预和调节。以专业性保险机构和综合性保险机构为市场供给主体，产品类型和覆盖区域差异化明显。专业性保险主要面对经济较发达地区的资质较好、信用级别较高、还款意愿和能力有一定保障的农户，产品以各类农产品为标的，专业性强，灵活性高，服务好。综合性保险机构则在地域、客户群、产品类别方面都呈现出覆盖率广的大宗特色，在专业性设计和管理方面略有欠缺。但不可否认，两类保险机构在厦门市农村发展中，互竞互促、优势互补，能够在一定程度上起到风险分担和防范的功能，为厦门市农村金融发展保驾护航。

（二）浙江省丽水市的四位一体"丽水模式"

自2007年以来，丽水市积极探索农村金融发展出路，逐渐摸索出了"信用惠农、信贷支农、支付便农、创新利农"四位一体的"丽水模式"。

全面开展农村信用体系建设。丽水市率先建立了全国首例涵盖90%以上农户信息的农村信用共享平台，推动实现以"信用户、信用村、信用乡镇、信用县"为基础的信用体系的全面覆盖①。同时，加强与当地扶贫办、农办、妇联等部门的信息合作，加快大数据、信息化技术发展，初步建立动态

---

① 《金融支持精准扶贫的丽水实践》，《农村金融》，钱敏，2018年7月。

信息平台和信用评价体系，大幅降低了金融供给的成本和准入门槛，营造了良好的农村金融生态环境。

顺应"三权分置"的土地改革大潮，扎实推进以"林权、土地承包经营权、住房财产权"为主的"三权"抵押贷款[①]。针对无形的"三权"资产，丽水市专门建立了从抵押、评估、收储、流转到交易转让的全流程服务平台，通过提供覆盖农权抵押各项环节的正规性、专业性、标准性服务，促进三权在农村交易市场机制化、规模化运营，发挥出抵押贷款惠农支农的真正价值。

注重政策性引导、创新政府性资金的扶持路径和监管模式。在信贷产品方面，丽水市首创"政银保"合作扶贫贷款模式，以保险公司和商业银行三七比例入股，政府贴息保驾护航的风险共担机制，为潜力较好的优质低收入农户提供贷款支持。此外，在金融监管方面实行差异化政策，对于偏远落后地区网点的绩效考核放宽标准、提高容忍度，并因地制宜、建立有针对性的绩效评价体系，客观评价扶贫成绩、打消金融机构的枷锁，真正激发其服务乡村振兴的内在动力。

加强政府对于农村金融造血功能的培育。截至2018年年底，丽水市"千万农民素质提升工程"共培训7.29万人，其中，各类农村实用人才1.51万人，农村富余劳动力0.66万人，实现转移就业0.57万人。年末金融系统涉农贷款余额959.49亿元，增长9.4%。林权抵押贷款余额达64.34亿元，增长5.9%[②]。在提升农村初始禀赋、提高农民增收能力方面做出了突出贡献。

（三）以上几个地区发展农村金融的共性经验

一是均注重商业性、合作性和政策性金融合作，发挥金融组织体系的合力。厦门市注重通过建立有效的分工合作关系增大市场各参与主体的合作力度。丽水市首创"政银保"合作扶贫贷款模式，与扶贫办、农办、妇联等

---

① 《丽水模式——农村金融普惠扶贫的实践与探索》，《区域调研》，钭利珍等，2015年3月。
② 资料来源于《2018年丽水市国民经济和社会发展统计公报》。

部门合作，初步建立动态信息平台和信用评价体系。

二是注重农村金融信用体系的建设和作用发挥。厦门市以专业性保险机构和综合性保险机构为市场供给主体，根据覆盖区域不同特点创新不同产品类型，因地制宜；丽水市建立全国首例涵盖90%以上农户信息的农村信用共享平台，推动实现以"信用户、信用村、信用乡镇、信用县"为基础的信用体系的全面覆盖。

三是创新农村金融产品体系。丽水市以"林权、土地承包经营权、住房财产权"为主的"三权"抵押贷款，促进三权在农村交易市场机制化、规模化运营，发挥出抵押贷款惠农支农的真正价值。

其他国家季度 GDP 核算方法

国际上，季度GDP核算最早始于20世纪60年代的OECD国家。20世纪80年代后，尤其是随着电子计算机和数量经济技术在统计领域的广泛应用，这些国家的季度GDP核算方法越来越成熟，不仅在时效性上有很大提升，核算内容也不断得到扩充与细化。与我国的季度GDP核算方法相比，他们的一些做法值得我们学习借鉴。

一、大部分国家采用两种或三种方法核算季度GDP

测算季度GDP的方法有生产法、支出法和收入法三种。大部分国家使用两种或全部三种方法核算季度GDP，进而检验来自不同渠道统计数据的一致性和匹配性。经济合作与发展组织（OECD）的成员国均采用两种或全部三种方法来核算季度GDP。其中，澳大利亚的现价GDP以收入法和支出法两种方法核算，不变价GDP采用生产法和支出法两种方法核算。德国一般在季后55天之内发布详细的现价和链式指数形式的不变价季度GDP数据；现价GDP以生产法、收入法和支出法三种方法核算，不变价GDP以生产法和支出法两种方法核算（其中，生产法和支出法GDP是独立计算的，由于营业盈余无法计算，因而收入法GDP不是独立计算的，收入法起到辅助作用）。意大利的季度GDP数据以生产法为准；由于收入法中的营业盈余和支出法中的存货变动不能独立计算（而是作为平衡项推算得到的），从而收入法和支出法起到辅助和修正的作用。美国在季后31天之内公布现价和不变价支出法GDP以及现价收入法GDP；季度不核算生产法GDP（主要是考虑基础资料的问题，特别是缺乏服务业数据）。

二、采取分季度核算的方式，且对分季数据进行季节调整

绝大多数国家季度GDP采用分季核算的方式，即分别核算一季度、二季度、三季度和四季度GDP，主要有直接计算和估算两种方法。例如，为了得到季度GDP数值，日本根据统计调查数据，对商品流量法中所列的90种商品类别进行了核算。东盟的一些国家利用Chow-Lin相关序列法开展实际季度GDP的间接估计与核算，取得了较好的效果。英国通过工业、农业、建筑业、私人和公共服务五个部门的前两个月的数据来预测第三个月，进而得出季度整体GDP增长的估计。

同时，世界各国对分季数据进行季节调整，对外公布的增长率大多是经过季节调整的环比数据。各国普遍采用的季节调整技术，是将季度GDP序列分解为季节性、趋势、循环和不规则变化等成分，目的是在特定应用时剔除其中的一些成分，以便更好地观察季度GDP序列。

三、对于不变价的季度GDP，多数国家采用物量外推法和双缩法进行核算

通常来说，不变价核算方法归纳起来可分为二大类，即价格缩减法和物量外推法。价格缩减法又可分为双缩法和单缩法。双缩法考虑了货物和服务的投入与产出变化，以及增加值为不变价的总产出减去不变价中间消耗的余额，单缩法就仅对增加值进行缩减。物量外推法主要指使用实物量指标直接测算不变价增加值（这里假设这个变量与增加值的变动相关）。在OECD20个主要发达国家中，服务业核算中使用物量外推法的产业最多，核算值能占到20个国家服务业增加值总额的40%多，双缩法列第二位，占

30%。在欧盟国家，对于工业的核算采用总产出价格指数和中间投入价格指数分别缩减，即用双缩法来缩减工业产出；对于服务业来说，由于服务业产出的价格和物量变化在实际当中很难得到令人满意的估计值，从而，主要采用中间投入或劳动投入的物量变化编制相应的物量指数来计算服务业的不变价增加值。

四、为确保GDP的可靠性，季度核算的行业越趋细化

行业细分，有利于选择相关指标进行推算；发达国家的行业划分非常细致。例如，加拿大季度GDP按223个行业进行核算。其中第一产业按8个行业进行核算；第二产业按142个行业进行核算，其中采掘业就分为煤炭采掘业、铁矿石采掘业、金银采掘业、石材采掘业等12个行业，公用事业分3个行业，建筑业分4个行业，制造业分123个行业；第三产业按173个行业进行核算。由于每个行业产品很单一，选择1~2个相关指标即可代表这个行业的发展情况，如煤炭采掘业使用煤炭产量，金银采掘业使用金产量和银产量数据等；用这些指标的增长率推算总产出变化率，进而即推算增加值。将行业细化，使核算的行业同质性更强，会有利于选择合适的推算指标。推算的指标越细，就越可以从多方面检验数据的真实性，从而确保GDP数据的可靠性。

五、充分利用各部门的行政记录和投入产出核算基础资料，完善资料来源

与年度核算类似，季度GDP核算的资料来源也可分为调查数据和行政记录。虽然统计局有很详细的调查，但各国在季度核算中仍大量使用部门和一些机构组织的行政记录。利用各部门行政记录，不仅可以降低统计成本，保证时效性，而且可以全方位检验推算指标的数据质量。例如，加拿大在计

算零售业增加值时，虽然有销售统计数据，但他们还经常用税务局零售业的联邦税和省税的数据加以调整。

投入产出核算可以提供各行业详细的投入与产出的结构，许多国家季度核算都充分利用了投入产出表。例如，加拿大每年都编制投入产出表，投入产出表在国民经济核算中发挥基础性框架作用。对于加拿大季度GDP核算，投入产出表的作用主要体现在四个方面：一是利用以前年度投入产出表中行业总产出或增加值与相关指标的比例关系，通过一定的数学模型计算出"投入产出调整因子"，用以调整相关推算指标的增长率；二是利用投入产出表中更细的结构来确定多个推算指标的权重。如，推算非住房建筑业产出时，在对劳动工资和沥青等材料消耗额指标加权计算时，投入产出表显示这个行业劳动投入占60%、材料投入占40%，他们就用这个权重对工资增长率和沥青等材料消耗额增长率进行加权，得到非住房建筑业增加值增长率；三是提供平衡生产法、支出法数据的框架；四是作为修订季度数据的依据。

发达国家和先进地区
大数据产业创新生态系统建设经验

一、确立大数据战略

系统性的指导计划，能够帮助一个社会集中力量优先发展最为重要的领域，最大程度地避免资源浪费。大数据作为一项能够决定国家未来的新兴产业，需要政府在战略层面上对其重要意义进行肯定，需要全局性的战略支撑和规划。大数据产业创新生态系统建设离不开政府作为规划者和管理者做出整体部署。顶层战略规划的形成可以为各行为主体提供行为准则，有助于更好地达成目标。

发达国家和先进地区大数据产业生态的打造都是基于当地大数据或数字经济相关的战略规划之上的。例如，美国曾在其战略中指出优先发展大数据在航空航天和国家安全等方向的应用，英国也将农业、医疗等重要领域放在优先发展的地位，以优先对更具国家战略意义的领域进行升级，最大限度发挥出大数据对于国家发展的支撑力量。而在不同的环节，有关国家和地区也对科技研发、人才培养等做出了规划方案。

因此，在大数据产业创新生态系统建设中，应尽早将大数据产业发展上升到战略高度，并且在综合考量社会发展状况与目标的情况下对大数据产业发展进行科学规划，以保障大数据产业创新生态系统的有序、高效运行。

二、发挥政府的重要作用

政府部门由于自身在资源调配、社会公信力等方面的优势，能够有效调动社会各方的力量，激发生态系统中各要素的活力与积极性，从而在资源调度、产业协调等方面达到其他主体无法达到的效果。如，组建研发中心，将社会中最优秀的专家和机构汇聚一堂进行科技研发；或是建立园区，加大产业集聚度等。

在发达国家和先进地区大数据产业创新生态系统建设的案例中，政府无一例外都发挥着重要的支撑和推动作用。无论是在生态建设过程中各主体的设立方面（如英国注资成立开放式数据研究所、新加坡打造数字产业园区），还是在生态环境建设方面（如美国建立大数据公共工作组研究大数据相关概念与标准、英国提供政府资助保障、杭州拓展大数据产业投融资渠道），政府都扮演着极为重要的角色，是整个生态系统建设中的引领人、润滑剂。另外，政府牵头能够在社会中产生很大的示范效应，吸引和带动更多的力量参与到产业创新生态系统的建设过程中，如在数据共享方面，可以由政府牵头，率先进行信息公开和数据共享。

因此，大数据产业创新生态系统的建设离不开政府的大力支持，政府方面的有力保障将成为大数据产业创新生态系统建设过程中的重要推动力和催化剂。

三、提高中小微企业的地位

诚然，在大数据产业创新生态系统建设的过程中，大型龙头企业在资源、能力等方面都有很大优势，容易得到资本的支持和政府的关注，因而发展较快、贡献突出。

然而，科技型中小微企业在大数据产业创新生态系统建设过程中也起着非常重要的作用。发达国家和先进地区政府对中小微科技企业都给予了雪中送炭式的支持，如英国的"创新英国"项目、新加坡针对中小企业的减税政策、贵州省的孵化器项目、杭州市的融资平台建设等。这是因为，一方面，大数据产业正在经历一个"从无到有"的过程，生态系统中的许多环节尚不完备，而中小微企业数量庞大、业务范围广，能够很好地起到补链作用。另一方面，中小微企业往往具有较高的市场灵敏度、灵活性和创新积极性，给点阳光就灿烂，对其进行相应扶持能够有效激活市场活力。

因此，对于像大数据这样的新兴高新技术产业来说，针对中小微企业进行有效的培育和扶持，将有利于当地大数据产业创新生态系统的建设和发展。

四、重视政府企业高校之间的协同

在发达国家和先进地区，无论是政府与企业合作的大数据研发与应用，或是企业与高校合作的人才培养和课题研究，还是三方携手进行的机构建设和活动开展，无不展现出较强的协同效益，产生共赢局面。如，美国因特尔与麻省理工携手成立大数据科学技术中心、英国高校与大数据龙头企业合作、新加坡科技研究局与劳斯莱斯合作成立计算工程实验室、贵州省政府联合国家统计局和贵州财经大学成立大数据统计学院、杭州市阿里云与高校联合培养人才等。事实表明，相比于单个主体主导的发展模式，政府、学校、企业的紧密合作，有效提升了产业生态系统建设的质量和速度，可以创造出更大的价值，促进大数据产业创新生态系统的完善与发展。

五、在交流合作中促进信息共享

发达国家和先进地区都以不同方式积极促进产业内外的交流合作，包括美国政府牵头组织的大数据研讨会、新加坡加速建设的产业集群平台、杭州市一年一度的云栖大会等，为大数据产业创新生态系统提供了有利因素。充分的交流带来了更高效的信息流通，打破了产业生态系统中的"信息孤岛"，促进了信息共享，有利于扩充数据资源规模和深入挖掘数据资源价值，也促使各方的诉求得到满足、所遇到的问题得到解决。在交流合作中的信息共享，是建设大数据产业创新生态系统的重要的动力来源。

参考文献

[1] 中共中央文献研究室. 习近平关于科技创新论述摘编[M]. 北京：中央文献出版社，2016.

[2] 中共中央党史和文献研究院. 习近平关于"三农"工作论述摘编[M]. 北京：中央文献出版社，2019.

[3] 张立鹏. 新型首都圈引领京津冀建设世界级城市群[J]. 投资北京，2018（10期）.

[4] 沈聪. 世界级城市群与京津冀的崛起——访北京大学首都发展研究院院长李国平[J]. 前线，2018（1期）.

[5] 李方，周晓玲，胡曙红，张仁开. 世界级科技创新城市群：长三角一体化与上海科创中心的共同抉择[J]. 智库理论与实践，2018（4期）.

[6] 董谷媛，杜敏，姜姗. 助力首都城市转型[J]. 国家电网，2018（4期）.

[7] 茅朝阳. 世界级城市群：优化金融生态先行[J]. 浙江经济，2010（12期）.

[8] 单菁菁，张杰，邬晓霞. 略论CBD对促进京津冀世界级城市群建设的作用[J]. 城市，2014（12期）.

[9] 刘敏，王海平. 京津冀协同发展体制机制研究——基于世界六大城市群的经验借鉴[J]. 现代管理科学，2014（12期）.

[10] 刘瑞，伍琴．首都经济圈八大经济形态的比较与启示：伦敦、巴黎、东京、首尔与北京[J]．经济理论与经济管理，2015（1期）。

[11] 刘超．利亚德：坚定创新发展，支撑首都产业"高精尖"[J]．新材料产业，2018（4期）．

[12] 刘艳，郑杨．非首都功能疏解背景下京津冀产业协同发展研究[J]．商业经济研究，2018（19期）．

[13] 陆大道．首都北京高端金融商贸区建设的重大意义与天津滨海新区开发的教训——在2017年中国城市百人论坛上的发言[J]．地理科学进展，2018（2期）．

[14] 王飞．非首都功能疏解下的区域协同发展研究[J]．中国战略新兴产业，2018（28期）．

[15] 张瑶瑶．加快新旧动能转换　推动首都经济社会高质量发展[J]．北京人大，2018（8期）．

[16] 中共北京市委组织部，北京市人力资源和社会保障局，北京市科学技术委员会．把握城市功能定位　促进首都持续健康发展[M]．北京：北京出版社，2014.

[17] 钱俊生．自主创新与建设创新型国家学习读本[M]．北京：中共党史出版社，2006.

[18] 中共北京市委组织部，北京市人力资源和社会保障局，北京市科学技术委员会．人文北京　科技北京　绿色北京[M]．北京：北京出版社，2009.

[19] 中共北京市委组织部，北京市人力资源和社会保障局，北京市科学技术委员会．当代科学技术发展前沿与趋势[M]．北京：北京出版社，2013.

[20] 北京市第三次全国经济普查领导小组办公室，北京市统计局，国家统计局北京调查总队．北京市第三次全国经济普查课题研究报告汇编[M]．北京：北京日报出版社，2015.

[21] 中共北京市委组织部，北京市人力资源和社会保障局，北京市科学技术委员会．首都发展与城市管理创新[M]．北京：北京体育大学出版社，2008.

[22] 北京市科技干部局，北京继续教育协会．创造学及其应用[M]．北京：科学普及出版社，1998.

[23] 沈玉春，江子章，陈洛娜．科技管理[M]．北京：科学技术文献出版社，1993.

[24] 中国人民大学工业经济系工业企业管理教研室．工业企业科学技术管理[M]．北京：中国人民大学出版社，1984.

[25] 陈小洪，马骏，袁东明等. 产业联盟与创新[M]. 北京：经济科学出版社，2007.

[26] 马骏，袁东明，肖庆文，来有为. 企业变革大趋势：外包合作与网络化经营[M]. 北京：电子工业出版社，2011.

[27] 贾康，孙洁. 公私合作伙伴关系理论与实践[M]. 北京：经济科学出版社，2014.

[28] 戴相龙. 领导干部金融知识读本[M]. 北京：中国金融出版社，1997.

[29] 中国人民银行. 金融知识国民读本[M]. 北京：中国金融出版社，2007.

[30] 盖锐，孙晓娟. 金融学[M]. 北京：清华大学出版社，2006.

[31] 李心丹，束兰根. 科技金融——理论与实践[M]. 江苏：南京大学出版社，2013.

[32] 王广宏. 方兴未艾的北京科技金融[J]. 合作经济与科技，2015（12期）（下）.

[33] 郑良芳. 经济金融问题对策研究[M]. 北京：中国人民大学出版社，2008.

[34] 绿色金融工作小组. 构建中国绿色金融体系[M]. 北京：中国金融出版社，2015.

[35] 张文远. 农村金融[M]. 北京：北京工业大学出版社，2014.

[36] 武巧珍，刘扭霞. 中国中小企业融资[M]. 北京：中国社会科学出版社，2007.

[37] 王力. 全球金融中心城市城市发展变化的新趋势[J]. 银行家，2018（8期）.

[38] 罗明雄，唐颖，刘勇. 互联网金融[M]. 北京：中国财政经济出版社，2013.

[39] 国家计划委员会，建设部（发布）. 建设项目经济评价方法与参数（第二版）[M]. 北京：中国计划出版社，1993.

[40] 中国国际工程咨询公司（编）. 建设项目评价咨询手册[M]. 北京：中国计划出版社，1988.

[41] 王彤，王心壬，陈贵平，邱志清. 建设项目经济评价方法实用问答[M]. 北京：中国统计出版社，1994.

[42] 郝玉如，王国华. 中国新税制[M]. 北京：经济科学出版社，1994.

[43] 王广宏，等. 北京科技创新体制机制改革[M]. 北京：清华大学出版社，2017.

[44] 王广宏，等. 北京绿色金融发展初探[M]. 北京：经济管理出版社，2018.

[45] 陆小成. 首都发展核心要义研究——基于世界级城市群的视角[M]. 北京：社会科学文献出版社.

[46] 荀怡. 北京市社会发展若干问题探析——基于北京社会发展评价和重点问题的分析[M]. 北京：人民日报出版社，2016.

[47] 北京市经济与社会发展研究所课题组. 深化北京科技创新体制机制改革研究[J]. 北京发展研究报告2016.

[48] 王广宏，于国庆，李星坛，宁子涵. 北京市科技金融创新体系建设研究[J]. 北京发展研究报告2016.

[49] 北京市经济与社会发展研究所课题组. 践行绿色发展理念　构建北京绿色金融体系[J]. 北京发展研究报告2017.

[50] 北京市经济与社会发展研究所课题组. 以政策激励企业创新 助推科技创新中心建设[J]. 北京发展研究报告2017.

[51] 王海平，吴春波. 国民经济管理学[M]. 北京：中国人民大学出版社，1994.

[52] 全国人大常委会法制工作委员会社会法室. 中华人民共和国促进科技成果转化法解读[M]. 北京：中国法制出版社，2016.

[53] 黄孝武，程敏. 习近平关于金融工作的重要论述[J]. 中南财经政法大学学报，2019（1期）.

[54] 张家源. 习近平金融思想及其在十九大报告中的新发展[J]. 探索，2017（6期）.

[55] Geddes Patrick，Cities in Evolution，Williams & Norgate，1915.

[56] Gordon，D.，Ed.，Planning Twentieth Century Capital Cities，London：Routledge，2006.

[57] Hall Peter，The Word Cities，London：World University Library.Weidenfeld & Nicolson，1984.

[58] Industrial Policy in Japan：70—Year History since World War Ⅱ，OKAZAKI T. Japan Spotlight，2017.

[59] Mayor of London，The London Plan：Spatial Development Strategy for London，Greater London Authority，2004.

[60] Neo-industrial Tokyo：Urban Development and Globalization in Japa，s State-centered Development Capitalism，Kuniko Fyniko：Urban Studies，2003.

[61] Olena Ogrokhina，" Persistence of Prices in the Eurozone Capital Cities：Evidence from the Economist Intelligence Unit City Data，" Economist Modelling，2018.

[62] T.L.Pressman and A. Wildavsky，Implementation Berkeley：University of California Press，1973.

后 记

1986年7月大学毕业后，我先后在北京市机电研究院、中国兵器工业规划研究院、北京市平谷区人民政府、北京节能环保中心和北京市经济与社会发展研究所从事机电产品开发、工业项目前期研究、区域经济管理、节能环保促进和决策研究工作。由于性格、学历、工作环境、价值观等方面的因素使然，不知从何时开始，我养成了调查研究的习惯和作风，并撰写了一些经济管理方面的调研报告或论文，其中有的作为上报材料，有的发表在内部刊物上，有的发表在公开出版物上了。特别是在现单位工作期间，我主持市级以上课题近20项，立足北京城市资源禀赋，较系统地研究了北京市经济社会发展方面的一些问题，重点就体现北京资源优势并相互关联的科创、金融及经济等首都城市基础功能问题进行了探究，在科创、金融和经济发展等方面形成了一系列有一定价值的认识。

本书正是我前些年在相互关联的科创、金融、经济领域研究的整理和总结，大体分为科创、金融、技术经济、产业经济、区域经济、综合经济、他山之石等几个板块。《第一部分 科技创新》从体制机制的视角，研究了健全北京产学研协同创新机制、完善产业创新生态、推进工业生产方式变革等问题；《第二部分 金融发展》以习近平总书记关于金融工作的系列重要讲话精神为指导，分别就科技金融、绿色金融、碳金融、农村金融、中小企业融资等方面问题进行了系列研究；《第三部分 技术经济评价》阐述了对项目进行技术经济分析时应把握的概念方法和应注意的问题；《第四部分 产业经济》根据北京城市战略定位，主要研究战略性新兴产业发展问题，突出了对数字经济的研究；《第五部分 区域经济》重点从统筹做好经济技术协作工作和完善GDP季度核算方法两个方面进行研究；《第六部分 综合经济》站在京津冀协同发展的战略高度，研究了如何实现减量提质不降速、如何解决北京发展不平衡不充分问题；《第七部分 他山之石》重点收录了其他一些国家、地区和城市在科创、金融及经济发展方面的一些典型经验做法。以上各篇有机集成在一起，构成了关于首都城市基础性问题的系列研究的专著。

书中的系列文章或研究报告都是笔者独立撰写或在自己主持（包括框架设计、组织调研、指导并参与报告撰写、统稿等）的课题研究报告（或调研报告、决策研究报告）的基础上根据本书内容需要而撰写的。每篇成果都凝聚着自己大量的心血，有些章节内容是集体智慧的结晶。其中，《北京市农村金融体系建设研究》和《北京市中小企业融资服务体系建设方案》均是在原同名课题研究报告（课题组成员还有张洪温、路漫、于国庆、李星坛、周祖文等）的基础上修改完善而成的，《北京市科技保险体系建设的总体构想》也是在原同名课题研究报告（课题组成员还有于国庆、李星坛）的基础上修改完善而成的，《如何实现减量提质不降速》是一篇决策研究报告（参加人还有雷来国、赵永珊、冯丹、高瞻、王铁铮、郭颐、王术华等），《完善北京市支持企业自主创新政策的总体考虑与具体建议》《解决北京发展不平衡不充分问题的总体思路与对策建议》等章节是根据原相应研究报告的内容修改完善而成的。项目组成员们参加了相应调研和研究报告初稿的撰写。书中还引用或参考了其他许多专家学者的观点。在此，一并予以说明。

　　本书的公开出版是对之前自己调查研究成果的一次盘点和总结，也是自己人生路上的一个标记！在此，向支持和帮助我的领导、专家和同事们表示感谢，向所有关注、关心、关爱我的人们表示感谢！

　　本书各篇完成时间有差异，文中引用的数据以具体写作时间为准。由于内容较多、较复杂，加之个人能力水平有限，书中难免会有一些不适合新情况的表述或其他一些纰漏错误，敬请读者批评指正！

王广宏

2021年4月